剥茧抽丝看历史

冤案争议

刘小沙◎著

揭开被历史尘封的千古冤案
惊叹古人现实中的权谋手腕

陕西新华出版传媒集团

三秦出版社

图书在版编目（CIP）数据

冤案争议 / 刘小沙著. -- 西安：三秦出版社，
2014.7（2022.3 重印）

（剥茧抽丝看历史）

ISBN 978-7-5518-0788-3

Ⅰ.①冤… Ⅱ.①刘… Ⅲ.①历史事件—中国—古代
—通俗读物 Ⅳ.①K220.5-49

中国版本图书馆 CIP 数据核字(2014)第 103895 号

冤案争议

刘小沙　著

出版发行	陕西新华出版传媒集团　三秦出版社
社　　址	西安市雁塔区曲江新区登高路 1388 号
电　　话	（029）81205236
邮政编码	710061
印　　刷	三河市燕春印务有限公司
开　　本	710mm×1000mm　1/16
印　　张	16
字　　数	200 千字
版　　次	2014 年 7 月第 1 版
	2022 年 3 月第 3 次印刷
印　　数	6001-11000
标准书号	ISBN 978-7-5518-0788-3
定　　价	59.80 元

网　　址	http://www.sqcbs.cn

前　言

中国是一个对历史文化的传承极其重视的国家。中国拥有五千年的历史，创造出了无比灿烂的文化。如果你想要更好地了解中国的历史，那么最好从历史上重量级人物的争议以及重要事件的争议上细细地进行观看。

皇帝是历史的缩影，从他们或悲或喜的一生中，或神奇或平淡的故事中，隐现了中国封建历史的发展轨迹。正所谓"观看君王沉浮间的经历轶闻，洞悉君王宝座中的权利奥秘"。

宰相是一人之下、万人之上的大人物，在中国古代的政治舞台上扮演着非常重要的角色。如果一朝之宰相清正刚廉、直言敢谏，那么，将会有利于社稷的安定与百姓的幸福，会流芳百世，被后人称赞；倘若一朝之宰相阿谀逢迎、卖官鬻爵，那么必将会对社会的安定与百姓的生活带来危害，会遗臭万年，遭后人唾骂。

在历史的长河中，不只有帝王将相，还有很多花容月貌的妃子。千万不要小看了这些女人，她们在很多风云大事、江山更迭中起着至关重要的作用。可以说，这些女子在潜移默化或一颦一笑间，就可以舞动政治的波澜。

宦官是世界上古代所有帝国的一个特殊的人群，在中国历史上扮演着非常重要的角色。他们或谨守本分，努力工作，为整个朝代做出了突出的贡献；或操纵天子，总揽大权，加速了朝廷的灭亡……

除了重要人物之外，几乎每个朝代都会出现几个不同的党派，他们因立场不同、观点不同，对事物的看法也不相同，为此他们常常争论不休，各自阐述自己的理由，为了战胜对方，甚至不惜使用政治手段。本套丛书再现各朝党政内幕，坐看权柄更替。

在历史的长河中，曾发生过多起叛乱，比如八王之乱、安史之乱等。他们在权力、钱财、美色或其他诱因的刺激下，对权利充满了无限的欲望，渴望通过政变获得更大的权利……

中华民族的历史是一部多灾多难的历史，几千年来出现了众多大小冤案。在这里，读者将看到最具代表的冤假奇案，探知最不为人知的隐秘故事。

本套丛书分为《皇帝争议》《宰相争议》《后妃争议》《宦官争议》《党争争议》《叛乱争议》与《冤案争议》七册，从不同的方面详细地再现了历史的真相，正所谓"抽丝剥茧看历史，清晰明了又深刻"！

目 录

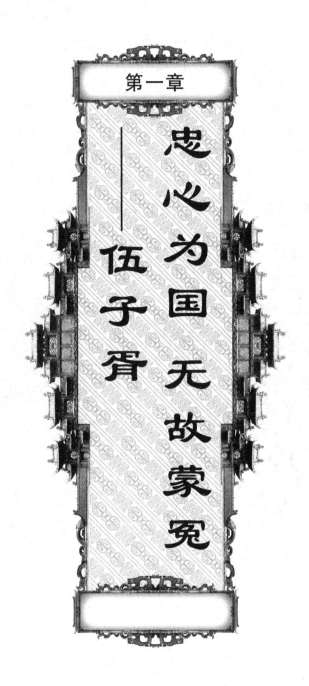

第一章

忠心为国 无故蒙冤

——伍子胥

个人档案

☆姓名：伍子胥

☆民族：汉族

☆出生日期：前559年

☆逝世日期：前484年

☆生平简历：

公元前522年，伍子胥的父、兄被楚平王杀害，不得不只身逃往吴国。

公元前506年，伍子胥协同孙武带兵攻入楚都，伍子胥掘楚平王墓，鞭尸三百，以报父兄之仇。

公元前506年，经过伍子胥的多年谋划，吴国联合蔡国、唐国向楚国发起了大规模进攻，并取得了胜利。

人物简评

　　伍子胥是春秋时期的楚国人，他的父兄均被楚平王杀害。而后，伍子胥逃到吴国，还发誓要倾覆楚国，以报父兄之仇。待到吴国以后，他在相面者的指导下，阴差阳错地受到公子光的赏识，两人由于趣味相投，于是伍子胥打算帮助他。起初，他帮公子夺得了王位宝座，而后又一起共谋大业，他们西破强楚，南灭越国，让吴国的实力大大提高。阖闾死后，他拥戴夫差即位，而后又尽心尽力辅佐其励精图治，称霸天下。只是，夫差过于自负，听不进伍子胥的话。为了吴国大业，伍子胥几次劝夫差杀勾践，但都被否决了。后来，夫差还听信大宰嚭的话逼迫伍子胥自杀。事情，也按夫差的意愿发展下去，只是在他会盟诸侯的时候，受到越国的偷袭，也使得夫差得到了国亡家灭的结局。这时的夫差突然醒悟了，他后悔当初没有采纳子胥之言。只是世上没有后悔药，一切都太晚了，一代贤臣在他的手里陨落了，一个国家也在他的手里灭亡了。

　　纵观伍子胥的一生，他逃离了自己的国家——楚国，来到了外国——吴国，在有的人看来，也许是不能理解的。但也不能因此而抹杀其功绩。在他参与吴国的军国大事期间，可以看出他的忠心、才智以及为相的气度，那种即便是死也不放弃进谏的精神，让我们肃然起敬。

　　总之，无论是他背井离乡受人非议，还是为别国君王建立功勋，他的治国才能和为相精神是值得肯定的。至于历史如何去评价它，我们尚且不作定论。

审时度势　扶持阖闾

伍子胥，名伍员，字子胥，春秋末期吴国大夫，由于他受封于申（今河南南阳市北），因此，历史上又将称他为申胥。伍子胥，原是楚国人士，出身于官宦家庭。因遭到奸臣的迫害无奈流亡到吴地，而后在吴国发展。

伍子胥流亡到吴国后，为了躲避楚国的追杀，他便披发装疯，涂脸露脚，一路沿街乞讨，在大街上，没有人能认出他的身份。总之，是金子总有发光的机会。一天，有一个擅长相面的人见了伍子胥后，非常惊讶。他说："经我相面的人有很多，只是还未曾见过这样一个人的相貌！这个人大概是一个外国的士臣吧！"于是，相面之人便把这件事报告给了吴王僚。吴王僚听说后十分高兴，便命相面之人带伍子胥进殿面见。很快，消息传到了吴王僚的庶兄公子光的耳朵里，他听到这个消息后，暗自高兴，心想："这件事有点意思，之前我听说楚王杀了忠臣伍奢，据说他有一个儿子名为伍子胥，此人有勇，有谋，这次来到吴国的那个人一定是他了。"因此，公子光便想在暗中结交他。

再说相面之人，这个人到街上找到了伍子胥，便将他带去见吴王僚。吴王僚见到伍子胥后，眼前一亮。心想：此人体形强壮，身高一丈，腰粗十围，气宇非凡啊。于是，他同伍子胥一谈，就是三天，并且所谈的内容没有重复。事后，吴王僚感叹道："他真是一位贤人啊！"从此，便让伍子胥参与到谋划军国大事中。伍子胥在见过吴王僚以后，公子光便将他接回府中，与他促膝交谈，向他诉说肺腑之言，于是两人结成了无话不谈的知心朋友。

　　周敬王二年，即公元前518年，吴国与楚国的边境上发生了争执，事出之因是两家女子因采桑叶之事大打出手，甚至到了两家互相攻杀的地步。紧接着，边境上的两县又开始互相攻杀。吴王听到消息后，大怒不已，于是派公子光率兵伐楚，还攻下了楚国的居巢（今安徽六安县东北）、钟离（今安徽凤阳县东）两邑。这时，伍子胥抓住时机向吴王僚建议说："机遇难得，楚国完全可以攻下，希望大王能再遣公子光伐楚。"公子光却不以为然，他对吴王说："伍子胥因为父兄被楚王杀害，他想借此报私仇，才劝大王伐楚。其实，在现在这种情形下，楚国怎么可能被攻破呢！"伍子胥听公子光这么说，立即心领神会，认为他并非真的认为现在楚不可伐，而是想先集中精力以夺取王位，然后再考虑向外建功立业。

　　原来，公子光认为，吴国的王位无论如何都应当由他来继承，而并非僚来继承，因为他才是真正的嫡传之人。为了将君位从僚的手中夺回来，他在私下已经做了多年的准备。伍子胥明白公子光的心思，又见公子光的才能远胜于僚，一旦坐上君位，他会是一个有为的君主。借助于他的力量，自己为父兄报仇的愿望就可以实现了，因此他决定帮助公子光实现为君的愿望。

　　吴王僚，是一个非常武勇之人，平常戒备森严，要想对他下手，并不是一件容易的事。伍子胥思索了良久，想起自己曾结交过一位名叫专诸的人，这个人也是一名勇士，并且有万人莫敌之勇，此人侠肝义胆，借助于他的力量可以帮助公子光实现目标。于是，伍子胥便把好友专诸推荐给了公子光，他自己却暂时隐居起来，他想借助这个机会来静观其变。

　　公子光觉得专诸是个不错的人选，于是收下了他。在周敬王五年，即公元前515年，公子光抓住机会，借助专诸的力量成功地刺杀了吴王僚，并且顺利夺得了王位。公子光多年的愿望终于变成了现实。公子光即位为吴王，他便是吴王阖闾。

　　吴王阖闾即位后，立刻召来了伍子胥，让他来辅佐自己，并参与吴国的军国大计。自此之后，伍子胥便获得了大展才能的机会，这样一来，他为父兄报仇的机会也就更多了。

吴王阖闾是一个很有作为的君主。他希望自己可以西破强楚，南灭越国，北威齐晋，以此来称霸中原。为此，他任用贤能，励精图治，并且以施恩行惠的方式以争取民心。一天，阖闾问伍子胥："寡人想让国家变得富强，并成就霸王之业，要怎样做才行得通呢？"伍子胥说道："但凡想巩固君位，治理好国家，并建立霸王基业的人，都会先修筑好城郭，完善守备，充实仓廪，强化军事力量，这就是可行的办法。"阖闾听后，很赞同伍子胥的意见，于是，他把修缮城郭、完善守备的之事交给伍子胥。伍子胥欣然受命，很快便行动起来。他先察看山川河流，审视各个地形，认真规划和建造坚固的城郭，并且修建了仓库，为此还打造兵器，使吴国的武备力量大大增强。

在周敬王六年六月，即吴王阖闾元年，公元前514年，楚国有一个名叫伯嚭的人也逃到吴国来了。伍子胥得知这个消息后，心里十分高兴。有人问伍子胥为何高兴，他回答说："我的仇怨和伯嚭的仇怨相同，我们这叫同病相怜，同忧相救。"这时的阖闾对伯嚭并不十分了解，也不敢加以任用，便找来伍子胥问道："伯嚭是怎样的人？"伍子胥答道："伯嚭是楚国左尹（即副丞相）伯州犁的孙子。楚平王因为听信谗言，杀害了伯州犁，在这种情况下，伯嚭逃出了楚国。他听说我在吴国，因此他也来到了吴国。大王，请您接见他吧。"在伍子胥的建议下，阖闾接见了伯嚭，还让他做了吴国的大夫，令其与伍子胥一起参与吴国大事。

用计破楚　鞭楚王尸

阖闾在伍子胥的全力帮助下，巩固了在吴国的统治地位。他还不断地加强吴国的实力。自此以后，他不再忧内，而是全心全意向外扩展。

当时的楚国与吴国是近邻关系。吴国想要向外扩展，必须先从楚国下手，可以说楚国是吴国扩张的最大障碍。吴王阖闾认为，若是攻破强楚，那么越国就不是什么问题了。这样一来，他就可以先称霸东南，而后再向北——争霸中原。

周敬王八年十二月的一天，即公元前512年。当时，吴王阖闾对伍子胥说："当初您劝僚伐楚的建议是对的，也知道在那个时候伐楚是可以成功的，只是怕僚让寡人去伐楚，因而误了寡人的大事，但又不愿别人去夺取伐楚的功劳，为此才竭力阻挠您的伐楚计划。现在寡人将亲自完成伐楚的大业，你觉得该实行怎样的战略呢？"伍子胥思考了片刻，便献计说："楚国的政治十分混乱，执政的人员也是互相不和，有事都会互相推诿，没有人敢去承担责任。我们正好利用这一点，去加剧楚国执政者间的矛盾，如此一来，也能打击和削弱楚国的实力。"阖闾问道："那该如何做呢？"伍子胥说："我们不妨组织三支军队，以轮番作战的方式对楚国进行袭击。第一支军队派去攻打楚国，楚国见此必定出动大军前去迎战；待楚军一来，我们就迅速撤退。等楚军刚立稳阵脚，我们再出动第二支军队去给予袭击；等他们前来迎战，我们又立即撤退。经过不停地轮番袭击，必定令楚国疲于奔命。同时，每进行一次袭击，就会对楚国造成破坏。另外，在他们反击无功的情况下，就会造成楚国执政者间的相互指责，这样也就加剧了楚国的政治混乱。待楚军近于疲惫状态，政治上较为混乱的时候，我再派三军出动，这样势必会大获全胜。"听完伍子胥的建议，阖闾依计而行。

在一番准备以后，自第二年开始，吴国便对楚国实施了轮番袭击的计划。在关键时刻，吴国先派军队攻打了楚国的夷邑（今安徽亳县东南），而后又侵袭了潜邑（今安徽霍山县南）和六邑（今安徽六安市东北）。楚国见此，便派左司马戌率军救援，只是楚军的增援军队到达时，吴军又迅速撤走了。接着，吴军又一次攻楚，还包围了楚国的弦邑（今河南息县南），军队一直抵达豫章。正当楚国派大军前去抵御时，吴军又迅速撤离了。经过对楚军进行轮番不间断地袭击，使得楚军开始疲于奔命。

为了取得突破性的进展，于周敬王九年，即公元前511年，伍子胥又向吴王阖闾推荐孙武。孙武是我国古代的名将，也是著名的军事家，他著述了《孙子兵法》十三篇，直至现在还被人们所熟知，还被世界上众多国家所重视。只是，当时孙武隐居于吴国，很少被人所知。还好，人才终究没被埋没，是伍子胥发现了他，还及时地把他推荐给了吴王。有了这样一位杰出的军事家去做将士们的首领，吴国对楚国作战就有十足的把握了。

没过不久，阖闾无意间得知吴国遗失多年的一把名为湛卢的宝剑被楚昭王拿到了手里。于是，阖闾大怒，当即派伍子胥、孙武和伯嚭带兵伐楚，并一再嘱咐一定要夺回湛卢剑。其实，要论攻打楚国的准备情况，吴国还不适合向楚国发动大规模的进攻。不过，在阖闾的盛怒之下，伍子胥等人也只好听从。

当时，楚国也有一位贤臣，这个贤臣的名字叫子期，颇得楚人之心，加之善于用兵。伍子胥想，若楚国任用子期为将，那么想打赢这一仗，就很有难度了。于是，伍子胥心生一计，他派人放话说："吴国最怕与楚国的子常打仗，若楚国令子常为将，那么吴兵会避免与他交锋，而将军队迅速撤离。吴国最希望楚国能以子期为将，若以子期为将，那么吴军就一定能打败楚军，并且杀死子期。"楚昭王原是任命子期为将，后来，由于听了吴国放出的流言，未加思索，便信以为真，于是，他又把子期撤了下来，重新任命子常为楚军将领。结果，在打仗时吃了败仗，还丢了两座城邑。吴国在夺取二座城邑的战果后，立即撤了回来。伍子胥、孙武和伯嚭的心里十分清楚，现在对楚国发动全面进攻，在时机方面还不够成熟，并不能取得全面胜利，打一仗给吴王阖闾出出气就可以了。

在周敬王十四年那年，即公元前506年，也是吴王阖闾即位的第九年，阖闾准备破楚入郢（今湖北江陵）的心已经迫不及待了。一天，阖闾对伍子胥和孙武二人说："刚开始，你们认为时机不够成熟，楚国的郢都还不能攻破，眼下这种形势，你们认为怎么样呢？"伍子胥、孙武二人见吴王的决心已定，想再劝说其等待是很难的事情，于是，他们向阖闾献计，应当借助蔡国、唐国与楚国的矛盾，也就是联合蔡国、唐国的力

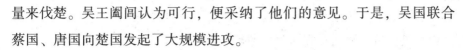

量来伐楚。吴王阖闾认为可行，便采纳了他们的意见。于是，吴国联合蔡国、唐国向楚国发起了大规模进攻。

吴军与楚军在汉水对阵。这时，吴王的弟弟夫概看准了一个机会，他率领部下五千人对楚国发起攻击，紧接着，吴国的大军掩杀过去，把楚军打了个大败。楚军的统帅子常因战败而逃奔到郑国去了。在楚军群龙无首的情况下，楚国的士兵们四处逃窜。

吴军趁机追击楚军，五战五胜，很快，便攻入到楚国的郢都。无奈之下，楚昭王逃奔至随国去了。

吴国终于战胜了楚国，吴王阖闾破楚扩郢的心愿也实现了！论其功军，应归功于伍子胥的多年谋划。

攻下楚国后，伍子胥也报了自己的家仇。遗憾的是，楚平王已经死了。而昭王又外逃在外。为了解恨，伍子胥挖开楚平王的坟墓，搬出平王尸体，用鞭子在尸体上抽打了三百下，而后又用左脚踩着尸体的腹部，用右手抠出尸体的双眼，并讥讽地说："谁让你听信谗言，错杀害我的父兄？今天，你落得这个下场，也不冤枉吧！"随后，他又将平王焚骨扬灰。

这时，楚臣中有一个名为申包胥的人逃亡到山里，他与伍子胥原是好朋友。当他听说伍子胥在郢都掘墓鞭尸后，心里很是气愤，还派人去责备伍子胥说："您报仇，未免太过分了吧。您原是平王的臣子，而今居然对平王掘墓鞭尸，这样的报仇法，也太不顾及天道了吧！"伍子胥却对来人说："请替我告诉申包胥，就说我日暮而路远，不得已而倒行逆施。"

只是，吴军对郢都的占领时间并不是很长久。很快，楚国的申包胥又从秦国搬来了救兵，楚军重整旗鼓后，与秦军联合杀至吴国。这时，吴王阖闾的弟弟夫概认为这是一个好时机，他趁阖闾在楚国打仗的时间，而吴国国内正处于空虚之机，便跑回国去自己称王。同时，越王允常也趁机兴兵攻打吴国。本来对吴国十分有利的形势，瞬间变了个样。为此，吴军也不能留恋于楚国，只得从郢都撤兵了。

只是，吴国并未放弃再次攻打楚国的战略计划。又过了两年，吴王阖闾又派儿子夫差率兵伐楚，还夺取了番地（今江西鄱阳湖附近）。楚国因惧怕吴国再次兴兵侵犯郢都，便把国都迁至都（今湖北宜城）了。

攻下越国　劝杀勾践

在周敬王二十六年，即公元前494年，吴王阖闾以越国不出兵跟从他攻打楚国为由，兴兵攻打越国。越王勾践得知消息后，亲自领兵迎击。两军交战于会稽（即今浙江嘉兴市西南），结果越国大败于吴军。当时，阖闾一只脚的大拇指还被越人击伤了。为此，吴国只好收兵。

自这次受伤以后，阖闾便一病不起。这时，吴王还没有选立太子，当他感到自己快要不行的时候，便考虑立太子之事。对于吴国的下一个继承人，伍子胥也很是伤神。他希望吴王选立一位好的继承人，这样能让他千辛万苦辅佐阖闾的基业得以保持。正在这时，夫差前来求助伍子胥，他说："父王正想立太子，现在除了我，还有谁更适合呢？我知道，你是父王信任的人，这件事就凭您的一句话了。"

通过平日对夫差的了解，伍子胥认为他在诸公子中，的确是最好的太子人选。于是，他决定帮助他。正在这时，阖闾召伍子胥商量立太子之事，伍子胥认为这是一个好时机便对吴王说："我听说，王业的废坏，多是因为后继无人；而王业的兴盛，多是能够选立贤嗣。依我看，要选立太子，在诸子中没有谁能比夫差更合适的了。"阖闾却说："我看夫差很是愚蠢，并且缺乏仁慈之心，他恐怕担当不了大任。"伍子胥说："公子夫差，待人诚信、友爱，并且恭行正道、敦守礼义。父死子代，经书上早写下了明文。因此，请立夫差为太子，不要再有什么犹豫了。"

阖闾对儿子夫差虽不满意，但经伍子胥的分析和劝说，又因对伍子胥的信任，心想也许自己对夫差的看法并不是很正确，就依了伍子胥的建议，于是，阖闾听从了伍子胥的话。夫差就是在这样的情况下被立为太子的。没过多久，阖闾就死了。临死前，他把太子夫差召到身边问道："夫差，你忘了越王杀父的仇了吗？"夫差立即郑重其事地答道："不敢忘!"阖闾之所以这么做实际上是让夫差为自己报仇。

阖闾死后,夫差继任王位,在伍子胥等人的忠心辅佐下,他准备伐越报仇。经过三年的精心准备,也就是周敬王二十六年春。当时,夫差亲自率领大军,进行了大规模的伐越战争。双方经过激战,吴军在夫椒(今浙江绍兴)将越军打得大败而逃。据说,越王勾践仅带着五千人逃奔至会稽山(今浙江绍兴市东南)上。只是,吴军早有准备,他们把会稽山围得水泄不通。在那种情况下,越国灭亡的命运似乎已成事实了。

在这生死存亡的紧要关头,越国的君臣也不甘心就此认输。他们经过紧张的谋划,决定先卑躬屈膝,打算向吴国请和投降,只要能赢得一丝生的希望,就要不惜一切代价,而后才能为将来作打算。他们还以贿赂的方式买通了大宰伯嚭,伯嚭是个贪财之人,在收下钱财后,他答应为越国说话,并说服夫差同意媾和。就这样,在越国极其谦卑的言辞下,加之伯嚭的怂恿,当然,还有一个重要的原因是夫差急于北上伐齐,进而雄霸中原。夫差也想尽快了结越国的事,最后夫差决定接受越国的求和。

对于夫差的做法,伍子胥看在眼里急在心里。他看到了吴国与越国讲和的巨大危险,因此他竭力反对,提出应当乘胜前进,将越国彻底消灭,以绝后患。他再三劝说夫差不可接受越国的求和,要抓住机会把越国灭掉,还分析了两国间的利害关系。只是,无论他怎么说,被胜利冲昏头脑的夫差就是不采纳,最终他答应了越国的求和。

在吴国和越国的讲和条件中,勾践应当与他的大臣随夫差去吴国,给夫差当奴仆。于是,在周敬王二十六年五月,勾践留下文种守国。自己却带着范蠡等大臣前往吴国当奴仆。夫差还把他们君臣密闭于宫中,让他们做苦役。勾践与他的君臣都知道,在这种情况下,唯有一切隐忍,逆来顺受,才有机会求得吴王夫差的宽容和赦免,进而获得一条生路。因此,他们在做苦役的过程中,表现得兢兢业业、毫无怨言。夫差见到此景,心中自然高兴,同时也放松了心理上的警惕。

吴王夫差是放下了,唯有伍子胥为此忧虑。他认为,勾践与他的臣子一天不除，隐患就会一直存在，并且会酿成大的祸害。因此，他总想找机会劝说吴王夫差杀了他们，以便斩草除根。终于，他找到了绝好的一个机会劝说夫差。在这次劝说中，夫差似乎醒悟了，于是下令将越王召来，他准备亲自盘问一番。

勾践见到夫差后，表现得非常从容，在交谈的过程中表现得极为谦卑恭顺。在勾践的好言好语下，夫差的心又开始动摇了，于是决定把他先关押进石室，而后再做安排。伍子胥见此，又一次劝谏夫差，只是这时的伯嚭用一些华美之词赞扬夫差的宽宏大量。其实，他的目的是想让夫差不杀勾践。夫差在听过伍子胥和勾践的话后，一时不知如何是好。当时，他身体也不好，正处于生病阶段，便说："这事先放一放吧，待我病好了以后再处理。"

聪明的勾践已经感受到现在的形势对自己很不利，能否免除一死而逃脱虎口，命运难以预测，因此他的内心十分不安。谋臣范蠡见此，便安慰他的大王要沉住气，还向他献计，让他在趁夫差生病的机会，向夫差表现出自己的忠顺和真诚，以这种方式来感动夫差。如此一来，就有机会取得夫差的信任和赦免了。勾践听后觉得言之有理，便依计而行，他通过伯嚭来探视夫差的病情，还亲自尝试夫差的粪便。他的这一行为的确让夫差感动了，为此当夫差的病好以后，便决定不杀勾践。

夫差的身体康复后，举行了一次盛大宴会，还请了勾践参加，让他与自己对面而坐，还要求群臣对勾践以客礼相待。酒宴上，勾践为夫差举杯祝寿，称颂他的功德，极尽华美之词。夫差听后心里十分高兴。唯有伍子胥听到这些祝酒词，表现得更加忧虑。伍子胥见夫差正处于兴头上，不便在这个时候来扫他的兴，因此在第二天，他对夫差说："在昨天的酒宴上，大王已经听到了吧。我听说，心怀虎狼之心的人，口中有谀美言词。现在，大王喜欢一些动听的言词，而不去考虑其中的忧患；不听忠直的言语，而喜欢听谗夫之语。不去诛杀生死仇敌，不去灭刻毒的仇怨，这就如将同羽毛放于炭火之上，投禽卵于千钧之下，这样还想求得保全，可能吗？臣听说，夏桀曾因登高而知道危险，但却不知如何才

能求得自安。前当白刃之人自知必死，却不知如何才能生存。受迷惑之人知道反悔，迷路之人知道回头，能做到这些的人为时还不晚，所以，请大王认真慎重考虑吧。"

夫差听了伍子胥的话，很不高兴地说："我病卧在床有三个月之久，却没有听到相国您说过一句安慰的话，这说明相国您的心地不慈；也没有见您进奉过一次我想吃的东西，心里从来就没有想过我，这一点说明相国您的心地不仁。作为人臣，一不慈、二不仁，还谈什么忠信呢？越王原来受到他人的迷惑，放弃了边防守备，进而导致了越国破亡。如今，他却能亲自率领他的臣民，来归附于我、归附于吴国，这就说明了他的义。他能来吴国做奴仆，其妻作妾，对我没有怨言；在我生病期间，来探视我，敢尝试我的粪便，这说明他心慈。他拿出越国珍藏的所有珍宝钱币，都奉献给吴国，置自己的亲朋好友于不顾，前来追随我，这说明了忠信。现在，他恪守上述的三条品德来侍奉寡人，而寡人竟然要听相国的话杀他，那是我的不明智，成全相国之心事小，但辜负上天之意事大，您认为这样合理吗？"

伍子胥说："大王的话在理，但正好把理说反了。老虎在伏下身子的时候，是为了有机会捕获；狐狸在伏下身子的时候，是为了有机会猎取。雉（野鸡）的眼睛因被彩绸迷惑而被拘获；鱼因贪求诱饵而被捕。大王您认为越王归附吴是为义，而尝试粪便是为慈，用尽献其府库是为仁，实际上，这些不过是越王做出的假姿态，其目的是为了求得生存、求得发展，大王千万不能凭借听言以观其貌就信以为真。现在，越王臣服于吴，这恰恰说明他的深谋；尽献其库府，而没有表现出任何怨恨，这是为了欺骗大王；亲尝大王的粪便，正是为了上大王的心。在越王的称颂之词中，吴国是被颂美得伟大了，但最终吴国必将被越国所擒！为此，希望大王您能认真地考虑这个问题。我作为吴国的臣子，决不能为逃避死亡而辜负先王的托付，假若社稷变成废墟，宗庙生出荆棘的时候，难道还有机会再追悔吗？"夫差说："相国算了吧，不必再说了。我不想再听到这样的话！"最终，夫差把越王勾践以及他的随臣都赦免回国了。同时，他也开始讨厌并且疏远伍子胥了。越王勾践回国以后，开始练兵，准备攻打吴国复仇，而吴王夫差却将心思放到了谋划争霸中原的事上。

陷入谗言　伍子胥死

吴王夫差经过积极谋划后，准备北上争霸中原，他要打击的第一个目标是齐国。

对此，吴国早就做了准备，在交战时，交通和粮食运输十分重要，吴国也为考虑到了这一点，因此还让自己的子民开了一条大运河——邗沟，这条运河是将江、淮两大干流连接起来。在这点上，伍子胥的想法却与夫差想的很不一样。因为越国没有灭掉，他对此忧心忡忡。伍子胥竭力劝说夫差，应将战略重点放在防越上，不应急着北上伐齐。但是，急于争霸中原的夫差很是顽固，他根本听不进去。

在周敬王三十一年，即公元前489年，齐景公死，新一任新君的名字叫宴孺子。宴孺子因幼弱，于是贵族争权，政局十分混乱。齐国的这种情况，夫差探知得十分清楚，他认为这正是伐齐的大好机会，于是便决定兴师北上。伍子胥深谋远虑，他在纵观全局后劝谏夫差说，以前天赐良机吴国没有灭掉越国，使得越国得以保存。现在，越国国王正在改弦更张，励精图治，已经变得强大起来，如今，越国已经是吴国的隐患，勾践一直都记着仇恨，从来都没有忘记过复仇。现在，吴国应当把重点放在越国上而并不是北方的齐国。只是，近一段时间夫差的生活奢靡，以致于劳民伤财，灾荒不断出现以致于百姓饥困。若是夫差北上伐齐，民众定会背离他，最终造成内政的混乱。然而夫差不但没有听信伍子胥的意见，反而更加疏远他了。

有意思的是，夫差在伐齐的过程中似乎很顺利，不但没有出现伍子胥所说的危机，还在艾陵（齐地，今山东莱芜县东）大败齐军。夫差凯旋而归，于是变得更加趾高气扬。他召来伍子胥，对他说："从前，先王在的时候，相国您辅佐他开创基业，西破强楚，是有功绩的。而今，相国已经老了，但却不去颐养天年，而是成天给吴国找麻烦。寡人要兴师出兵，相国却诬说民众要背离，扰乱国家法度，还危言耸听，蛊惑民众。说伐齐会导致什么亡国之祸。现在，天降福于吴，齐军被寡人降服了。但寡人却不敢妄自夸功，这都是先王的神灵在保佑。现在，寡人冒昧地将战况通告给相国。"夫差这样做，实际上在责备伍子胥，为此，夫差显得很是得意。

伍子胥听完夫差的这番意得志满和责备自己的话，心想，再这样下去，吴国的大业将会毁于一旦，因此他还要尽自己的全力，来劝说吴王，以试图令其醒悟。伍子胥说："从前，吴国的先王都有辅弼大臣，以此来决疑防患，使国家免陷于大难。现在，大王竟然想抛弃老臣，而同那些没有经过事的头脑发热的人合谋，说什么'我的命令他们不会违背'。这样是不违背您的命令，但却违背了治国之道。只是一味地顺从，而不违背您的意志，这是亡国的现象啊！上天想抛弃谁，定会先满足他的一些小欲望，使他得意忘形，而大的灾祸紧跟其后。大王您这次若在伐齐的过程中未能取得胜利，也许还会觉悟，吴国的大统还有希望。打了一次胜仗，就变得更为迷惑了。先王在取得什么的时候，会走正道得到；要抛弃什么的时候，也会走正道把它抛弃。因此，在他们去世的时候，依然能保持国家的强盛。即便偶尔出现危机，也能及时规避。大王您现在不能以正道去获取，定会导致吴国的祸端，大王要深思啊！"只是伍子胥的苦心并未打动夫差。

然而越国的日益强大也是有目共睹的事实，为此，夫差也开始忧虑了。因此，在周敬王三十六年，当他再次北上伐齐前，为了让自己免除后顾之忧，消除可能发生的隐患，他想试探一下越国的实力以及态度，他准备先去伐越。越王勾践得知消息后，采用了文种的计谋，以卑躬屈膝的姿态向吴国求和，并做出一副对吴国忠诚的姿态，与此同时，还拿出了许多珍贵的财物来贿赂夫差身边的人，也就使得这些人一个接一个地帮越国求情。在这样的情况下，夫差的心又动摇了，于是决定接受越国的求和，并且放弃攻打越国的计划。

伍子胥见此，他觉得自己不能坐视不管。他不能再让夫差错过灭越的机会，便劝谏道："越国是我国的隐患。我国与越国同处于一片土地上，他们对我国不仅仅是臣服那么简单，他们是有欲望的。他们的假意臣服，不过是为了达到他们的更高欲望，并不是出于真心。不如借此机会灭掉他们。事实上，我们攻打齐国而获得的土地，对我们来说就如同满是石块的田，没有任何用处。越国要是不被灭掉，那么吴国就可能被其吞掉。让医生看病，却对他说要留下病根，这是从来没有过的。《盘庚之诰》说：'若有猖狂捣乱者不听话，就全部诛灭而不留后代，切不可让他们留下余孽！'在这样的情况下，商朝兴起了。现在，大王您却反其道而行之，还想让吴国强大，这怎么可能呢！"如此激切的话，夫差不但听不进去，心中还颇为反感。

夫差不想再听伍子胥说三道四，于是，派他出使齐国。临行前，伍子胥对儿子说："为父多次劝谏大王，而大王不听。现在，为父已经看到吴国的祸端了。即便你们跟着灭亡，也是没有用处的，不如随为父到齐国避祸吧。"于是，他趁着出使齐国的机会，把儿子暗中托付于齐国的贵族鲍氏，这便是后来齐国的王孙氏。

在吴国，伯嚭因与伍子胥的政治意见不统一，两人的矛盾已是越积越深。

当他得知伍子胥把儿子托付给齐国鲍氏，便乘机在夫差面前说伍子胥的坏话，他说："相国子胥为人刚暴，待人少恩而又多猜忌。现在，他对大王您充满怨恨，只怕会酿成大祸。上次大王伐齐，子胥认为不可，可大王却能取得大功而回。子胥因他的计策未被大王采用，心中生了怨恨。现在，大王又打算伐齐，子胥却刚愎自用，一味地强谏，动摇了军心，希望吴国军队战败，以此来证明他的谋略正确。现在，大王您亲自率领大军伐齐，国内空虚，子胥在出使齐国回来后，却装病不起，不随同大王一起出征，大王对此不可不备啊。若在大王出征期间，他在国内兴起祸乱，到时想避免恐怕是来不及了。况且，我已派人暗中探知，他前次在出使齐国时，已经将自己的儿子托付于齐国的鲍氏。作为臣子，

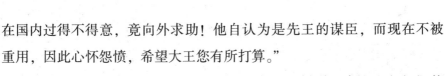

在国内过得不得意，竟向外求助！他自认为是先王的谋臣，而现在不被重用，因此心怀怨愤，希望大王您有所打算。"

听完伯嚭的话，夫差说："不光是大宰您这样说，寡人也很怀疑他呢。"于是，夫差决定，在北伐前先除掉相国伍子胥。他赐给伍子胥一把名为属镂的剑，派人送给伍子胥，并对他说："请你用这把剑自裁吧！"伍子胥接到夫差的命令后，仰天长叹说："啊！谗臣伯嚭作乱，大王没能明辨是非，却要杀我。是我让你的父亲成就了霸业。在你父亲临终前，那时尚未立太子，当时，诸公子争位，是我置自己的生命于不顾，在你的父王面前替你说话，为你争得了太子之位。在你立为太子后，为了感激我，想分吴国给我，我不敢奢望，坚辞不受。而今你却听信谗言，竟然要杀长者！"在临走时，他吩咐门人说："我死后，请你们在我的坟上种上一棵梓树，让它长大以后可以做棺材，还要把我的眼珠抠出来。悬于吴国的东城门上，我要亲眼看看越军是如何进城消灭吴国的。"说罢，拔剑自刎而死。其实，伍子胥口中所说的棺材，实际是暗示吴国必亡，棺材是留给夫差的。

只是天下没有不透风的墙，很快，夫差便听人报告了伍子胥临终时说的话，夫差大怒说："你想看见的事，我决不让你看得见！"于是，他命人用一只皮革做的袋子将伍子胥的尸体装了起来，抛入了江中。

伍子胥死后，吴国的人民哀怜他，便在江边的山上立了祠，以此来祭奠他，还将这座山称为胥山。

夫差杀死伍子胥后，便放心地挥师北伐，他打败了齐国。一时之间，吴兵的气势变得越发嚣张，无所顾忌地横行于江淮间。

在周敬王三十八年，即公元前482年，夫差经过两次大败齐国，自认为天下已经无人可以与之匹敌了，便会诸侯于黄池（今河南封丘），还与晋国争做盟主。然而正当盟主地位快到手的时候，越国乘吴王夫差会诸侯之际，发兵袭破了吴国都城姑苏（今江苏苏州市），并杀死了吴太子，夫差得知消息后，不得不将与晋争霸的事宜草草收场，仓皇回国，只是一切都来不及了。

后来，越国又多次伐吴国。在周元王三年，即公元前473年，越国最终把吴国彻底消灭，走投无路的夫差只得自杀而死。临死前，他终于意识到自己的错了，于是痛斥伯嚭说："作为臣子，你不忠不信，是你亡了国灭了君！"随后，他拔剑杀死了伯嚭。接着，他悔恨万分地说："我悔不用子胥之言，而今落得这个下场。现在，我又有什么颜面去地下见子胥啊！"于是拔剑自杀。吴国的结局最终被伍子胥的预言言中。

第二章

不能自脱冤死狱中

——韩非

个人档案

☆姓名：韩非

☆民族：汉族

☆出生日期：前281年

☆逝世日期：前233年

☆生平简历：

公元前246年，韩非著述了《说难》等著作流传于秦国。

公元前233年，韩非被逼迫服毒药自杀。

人物简评

　　韩非，出身于韩国，是法家的杰出代表人物。作为韩国的子民和臣子，本应为韩国效力。只是，未受到韩王的重用。最终，走上了著文游说的道路。而后有幸被秦王嬴政发现，但却因同学李斯等人的谗言使他陷入自己亲自设立的以法学游说治国的牢笼中，最后还死于非命。

　　在他的一生中，最值得人们肯定的便是他的法家学说。学说中的著作，为后世人民留下了宝贵的精神财富。遗憾的是，他未能亲自施展政治抱负，就被同学李斯葬送了性命。有关的学说，会被历史所记载，但他的人生价值、政治生涯，未存争议。至于他的功过是非，我们留待后人给予评论吧！

生平故事

政治思想　以法治纲

　　韩非，出身于贵族，是在李悝、吴起、商鞅、申不害和慎到等战国早期变法家之后，另起的一批战国后期代表人物。韩非本人"喜刑名法术之学，而其归本于黄老"。韩非是一名很传奇的人物，为人口吃，不善于言辞，但却擅长著书立作。韩非与李斯皆师从于荀卿，韩非很有才能。无论是在学业上还是思想上，李斯都自认为自己不如韩非。

　　经过春秋时期的大兼并，到战国时期形势已经有了大改变。在战国时期，争雄的基础实力在于经济上的增长，各国统治者为了达到这一目的，先后开展了相应的变法运动，他们对旧的经济基础和上层建筑进行了合理改造。以此来巩固和加强地主阶级的专政。

战国后期，秦国的势力逐渐强大，基于这一点，其他诸侯国都是有目共睹的。在这个时期，统一各诸侯国已经成为历史发展的必然趋势。在这种严峻的形势下，韩非继承了法家思想，并适时地提出了具有发展因素的历史观，以论证战国时期的政治地位、经济地位的变动性和财富权力的转移具有一定的合理的、并且是进步的，还有一点是批判儒家一成不变的守旧观点，并在此基础上加以发展。韩非认为，历史是一个变体，它需要不断地发展、不断地变化，随着时代的变化，社会和政治制度也要相应地发生改变，一味地复古是行不通的。有了这种认识后，韩非总结了一个结论说："今欲以先王之政，治当世之民，皆守株之类也"。其实，韩非的这种思想体现的是新兴地主阶级要改革旧制度的一种进取精神，他用这种精神彻底地改革旧制度。

在历史的发展过程中，诸侯割据必然会走向统一。在这个时期，韩非认为，应当建立起"法"、"术"、"势"相结合的中央集权制，并且要体现出专制主义的政治体制。商鞅重"法"，为此，编制了成文法令；申不害重"术"，何为"术"呢？所谓的"术"是指国君操纵臣下的一种手段；慎到重"势"，何为"势"呢？所谓的"势"是指国君拥有至高无上的权力。对于"法"、"术"、"势"，韩非有自己的独特见解，他将这三者完美地结合起来，以此来加强中央集权。对于中央和地方之间的关系，韩非也有自己的理论。他提出"事在四方，要在中央，圣人执要，四方来效"他提出的主张，为结束各方的诸侯割据，建立起统一的中央集权制的国家，提供了坚实的理论依据。

韩非希望国家得到统一。他虽然是韩国子民，想为韩国效力，但韩国的国王韩王安昏庸，他的政治抱负无法得到施展。再看秦国，这个国家因政治改革逐渐变得强大，加之秦王嬴政自己也有远大的政治抱负，这就使韩非对秦国兼并各个诸侯、结束割据抱有很大的希望。毫无疑问地说，韩非是有心于秦国的。对于这一点，可以从韩非的文中看到。即："万乘之主，有能服术行法以为亡徵之君风雨者，其兼天下不难矣。"若从当时的历史背景来看，所写的"亡徵之君"指的就是昏聩的韩王安一类的君主，在当时，能"兼天下不难矣"的"万乘之主"的人，也只能是虎视六国的秦王嬴政。

韩非是法家思想的集大成者，在人口问题方面，他也提出了有悖于前人的观点。在他的人口思想中，可以在《五蠹》篇章中看到相应观点。他说："古代的人，即便男人不出去耕作，那么大自然中的草木也能养活人；妇人不去纺织，那些禽兽的皮毛也能让人有衣可穿。不用出力，生活可以过得充足，人民的数量少，但财富却有余。为此，人民不争，厚赏行不通，重罚也用不着，人民不治而治。再看今人，有五子并不为多，子又有五子，大父未死却又有二十五孙，所以人民多而货财寡，出力虽多但供养较薄，为此，人民就不可避免地起了纷争，这样做会付出相应的生命代价，但是这样的事情却不见终止。"韩非将"民争"与社会"祸乱"归于"人民众"，在那个生产力极其低下的社会，能够认识到"人民多，而货财寡，出力虽多但供养较薄"的矛盾给社会发展带来的困难，也带来了沉重负担。韩非的这种不墨守成规、敢于打破前人观念的思想是中国古代人口思想的一个进步。

为了解决人口与社会发展这一矛盾，韩非提出了相应的解决办法。他认为，人口在发展的过程中，应当以农为本："有道的君主……在治人时，也要务本"，"富国应当重农，抵抗敌人应当依靠士兵"。此外，他还指出，社会应当发展农业，要制定一个长期稳定的、适合农业生产发展的相应政策。这样一来，才能使人民安居乐业，也才能提高劳动生产率。在以农为本的前提下，韩非强调要发挥人的主观能力，要结合自然力、手工技术和科学管理的方法来提高劳动生产率，以此来生产更多的社会财富，只有这样，才能达到富国强兵的目的。

为展抱负　著文游说

社会在发展，时代在进步，相应的制度也要及时得到改革。于公元前355年，韩国君主韩昭侯任用申不害为相，以此来实行国家的改革。

申不害是战国早期的法家人物，他建立起"循功劳、视次第"，其大意是君王在表彰一个人的功绩时，应当遵循因功行赏的制度。申不害强调了"术"的作用，即君王在任免、考核和赏罚各级官吏，应当有成文的制度，并借此来加强国家专制主义的中央集权制。

申不害在韩国为相十多年中，他"修术行道，国内大治，没有诸侯侵伐"。

只是，在申不害死后，韩国的国势逐渐衰弱，最初是秦国攻占了韩国的宜阳（今河南洛阳西南），而后又遭遇旱灾。在内忧外患的特殊形势下，韩昭侯认为，自己得想一个控制祸端的法子，思来想去，他加强了城池的建设，修筑了一座高大的城门。当时的楚大夫屈宜臼做了深入分析，他说："韩昭侯出不了这座城门了。为什么这么说呢？因为时运不济。在申不害为相时期，韩昭侯并未建造高大的城门。就在去年，秦国攻占了韩国的宜阳，而今年国内就发生大旱，在这个关键时期，韩昭侯没有及时去安抚人民的疾苦，反而变得更加奢侈，这样做，是为'时绌举赢'（即衰敝的时候却做奢侈的事）。"待等城门筑成后，韩昭侯也死了，屈宜臼说得很有道理，韩王果然没出这座城门。

对于韩国的衰弱，韩非看在眼里，他也曾屡次上书劝谏韩王，只是都未被采纳。于是，韩非很不满韩国的制度，他从心里抱怨君主治国不讲求法制，不借助权势的力量来统御臣下；不能让自己的国家变得富强，军事变得强大；也不能任用贤能的臣子，反而任用一些浮夸淫乱之人，还认为这些人是有能力有贡献的。韩非认为，儒者经常用文词来诠释法术，那些"侠义"的人又经常用武力来添乱。法宽，就能恩宠到那些名誉人士；法严，就有利于启用那些穿甲胄的武士。在平日，培养的人都并不是所用的人，而所要用的人又并不是平日里培养出来的人。他还为那些清廉正直的臣子打抱不平，因君王未能明辨是非而被小人所害。察古今国君的得失和变异，最令人悲伤的，还是韩非自己。因此，韩非写下了《孤愤》、《五蠹》、《内外储》、《说林》和《说难》等著作。在他众多著作中，《说难》篇较为完备，其内容主要阐述了在当时的历史条件

下，如何做才能得到君主的欢悦，进而也提出自己的建议。他希望君王能采纳他的建议，从而收到切实的效果。

在他的《说难》中有这样论述：

"凡是遇到游说难题，不在于将自己所知道的向对方来游说为难题；也不在于对方能了解自己的意思以说之为难题；又不是自己敢有闪失，所用词理能说出自己的情为难。凡是遇到游说难题，在于懂得国君的心意，而后用你所说的去打动他，暗自与国君的心意相吻合，这才是最难的一件事情。"

"你游说的君王，若想为自己建立很高的名望，说臣应当陈述以厚利，这是下策，因为国君并不能领会其中的奥妙。所以，国君会认为你卑贱而远斥你。你游说的君王，若他的意在于厚利，而说臣却陈述名高之节的内容，那么会出现说者无心，听者有意，进而造成远离君意的局面，定不会取得什么成效。你游说的君王，若是注重实为厚利，但他的表面却装作欲为名高之节，而说臣却以名高之节游说，那么君王会在表面接受你的意见，但实际上会疏远你。若君王实好厚利，但表面装作名高之节，而说臣也陈述厚利，这时君王会在背后使用你的说教，但会在表面上疏远你。这一点，也是说臣容易忽略的。"

"天下的大事，以能保密才能取得成功，若是泄密，就会失败。这种泄密并非我们有意去泄露，只是天下的事大致相同，当我们说到相同的事情时，别人就会觉悟，进而无形泄露，这样一来，我们就遭遇了祸端。君王有过失的事，说臣却引用一些美善的议论来推论国君的恶，这样就会遭遇祸端。若臣子对主上的恩德不是很深，也就是关系不深时，臣子若以知心的语言游说国君，即便说得好，说得有功，那么君王也不会以为德，若说得不好，就会失败，还会被怀疑，在这样的情况下，就会身遭不测。若国君先得了计策，而且想据为己功，这时臣子若预知了这件事，也会身遭祸端。君王显然已经有了主见，并且想有所作为，这时臣子若要预知他的计策，也会身遭不测。君王不想有所作为，而说臣强令为之；国君已经有所作为，而说臣却制止，也会遭受危亡。因此，若随便谈论君王的短处，那么国君会认为你是在讥刺他；若说臣随意举荐几个细微的人，就会被认为是在挟诈和弄权。若说臣论说君王的爱行，国君会认为是在利用他；若说臣论说他所憎恶之行，会被认为是在试探他。若说臣话说得太少，会被认为是无知而被降低身份。若说臣话说得太多，会被嫌弃为迂纵而无当。若说臣顺着国君的意思陈述事情，会被认为是怯懦而不能做事。若说臣考虑得太多，广为陈词，会被认为是庸俗而倨傲侮慢。上述所论述的都是游说中最为困难的事，也是说臣容易忽略的细节。"

"在游说十分重要的事情时，要知道君王敬重的事，并要适时以言辞文修饰。对于君王避讳或是认为丑陋的事，要避而不谈；君王自知失误的事，说臣不可再以此失误的事来讽刺他；君王自认为是勇敢的决断，说臣切不可再以自己的意愿来攻击他，以免招致不必要的麻烦；君王自认为是在表现自身能力的事，说臣就不可以困难的事来拒阻他；若国君与某人同计，或者是与某人有同行，说臣要适时地规劝他或者赞誉他，要以文辞饰之而并非去中伤他。若君王赞誉与其一同但出现过过失的人，说臣的言辞要明确饰出没有过失。忠义人进谏，君王最初不会听从，说臣应当暂时退止，待君王愉悦之时再行进谏，切不可违背君的意愿；忠义的言辞，本意在于安人兴化，君王喜欢愉悦地接受，而后对其恩泽，君臣的意见相合，这才能算智。这是亲近君王却不被怀疑的一种方法，也是一名臣子知君上之意最难的地方。君臣之道相合，且能旷日持久，君王的恩泽普及于臣，鱼水各补所需，献计时君王不会怀疑，与君王交争时不会被怪罪，这样一来，就可以以明计的利害关系为国立功，直指君王的是非，加爵禄于终身，以此君王臣子相互执持，用这样的方法来游说才是最为成功的。"

"伊尹是有莘氏的媵臣，希望担作辅佐君王的大任，以滋味说汤的方式来说王道，百里奚用媵侍秦穆姬，这些都是他们以求亲的方式来近君上的大道。所以，这两个人成为了圣人，但仍然免不了要劳役其身。用这般低下的道来涉世，这并不是求仕人的所走的大道。"

　　"宋国一个富裕的家族，因为下雨不幸毁坏了墙壁。家族里的一个儿子说：'若不赶快修补好，就会招来小偷。'他们的邻居也有一个人这么说。果然被他们言中，到第二天时，这个家族果真丢了财物。家族里的人并未怀疑自己的儿子，却怀疑邻居预言的那个人。从前，郑武公想攻打胡国，正面交锋行不通。于是，郑武公先将自己的女儿嫁过去，而后又问群臣：'我想用兵，现在，可以攻打哪一个国家？'谋士关其思回答说：'可以对胡国用兵。'郑武公听后让人杀了关其思，并说：'胡国是郑国的兄弟之国，你为何要说出去攻打这个国家呢？'很快，这件事情传到了胡国君王的耳朵里，于是，他们放松了防备。后来，郑国举兵攻打胡国，很轻松地就占领了胡国。其实，这两件事情，君王和臣子的推断都是对的。然而，太过严重的却会遭致杀身之祸，较轻微的又要被怀疑。可见，要想了解一件事情并不是很难，而如何去处理和对待一件事才是最难的。"

　　"从前，卫国大夫弥子瑕被君王宠爱。按照卫国的法令，一个人若私自驾驭君王的车子是会受到砍去手脚惩罚的。有一次，弥子瑕的母亲突然生病，弥子瑕得知这个消息后，心急如焚，他就擅自驾着君王的车子出去了。当时，卫国的国君听说后，不但没有责备，反而赞美弥子瑕。他说：'多么孝顺的孝子啊！为了给母亲治病，居然不顾砍去手脚的处罚。'还有一次，弥子瑕同卫国国君前往果园里赏玩，无意中，作为臣子的弥子瑕发现树上结的桃子很甜美，于是吃了起来，最后，他把吃剩下的桃子拿来敬奉君王，卫国国君却说：'弥子瑕是忠于寡人的，在吃桃子时会因忘掉甜美而想到寡人，可是，在弥子瑕容色衰退时，卫国国君对他的宠爱也渐渐减少。后来，弥子瑕因犯事得罪了卫国国君，在这时，卫国国君却说：'弥子瑕，你曾经擅自驾着寡人的车子，还把吃剩下的桃子送给寡人吃。'实际上，弥子瑕的德行与以前一样，没有任何改变。但是，卫国国君对他的看法却前后发生了变化。为什么会这样呢？这是因为卫国国君的爱憎观发生了改变。所以，若被国君所喜欢，那么你所做的一切都会被认为是对的，并且会受到加倍的宠信。若被国君所憎恶，那么你所做的一切都会被认为一无是处，并且会被疏远。所以，喜欢进谏的臣子，一定明察国君对你的爱憎情况，而后再进行游说。"

"谈到龙这种虫类，你可以先将它驯顺而后靠近再去骑它。但是，在它的喉咙下端却长着大约一尺长的逆鳞，你若故意去触摸它的逆鳞，就会遭受被咬的痛苦。现在的国君大都长有逆鳞，游说的人若能不去冒犯他的逆鳞，就可以很好地谏说了。"

在韩非所著述的文章中，都深刻地揭示了封建专制主义制度下贤臣在施展自身才能的同时受到的各种限制和危害，虽然有那个时代的腐朽和糟粕，但却有着深刻的历史背景，也有许多表现得淋漓尽致的地方。尤其是当他联想到自己反复进谏而不被采纳，反而遭排挤的经历，因此心里不免感慨万千。虽然在《说难》篇章中，韩非对于游说的难题阐述得是面面俱到，可是到头来，就连他自己也不能对论述的内容自圆其说，最终死于游说。

身陷谗言　无故冤死

很快，韩非的文章便传入了秦国。当时，想完成统一大业的秦王嬴政看到他的文章，对其见解和才能大加称赞，说："若有幸见到这个人并同他交往，那么此生就死而无憾了！"正在这时，站在秦王身边的李斯进言说："这几篇文章是我的同学韩非写的。"秦王知道韩非的名字后，为了得到他便加紧进攻韩国。韩王在无奈之下，不得不派韩非出使秦国以此来缓解秦国的进攻。但是，韩非到秦国以后并未受到任用，等待他的不是别的而是他的同学、自认"才能不如韩非"的李斯，以及姚贾的诽谤和陷害，并且最终导致他含冤而死。

现在，我们来看看李斯其人。在史书中是这样记述李斯的："见吏舍厕中鼠食不洁，近人犬，数惊恐之。斯入仓，观仓中鼠，食积粟，居大庑之下，不见人犬之忧。于是李斯乃叹曰：'人之贤不肖比如鼠矣，在所

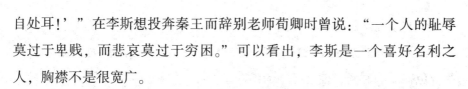

自处耳！'"在李斯想投奔秦王而辞别老师荀卿时曾说："一个人的耻辱莫过于卑贱，而悲哀莫过于穷困。"可以看出，李斯是一个喜好名利之人，胸襟不是很宽广。

一次，李斯在外的儿子回家探亲，当时，朝中的文武百官前往李斯的家里祝贺，在他家门前的车马看上去竟然有好几千。其实，这些人都有自己的目的，他们借助探望李斯儿子的借口来讨好李斯。对于这一点，李斯的心中也是有数的。为此，他十分感慨地说："唉！我曾听老师说过：'富贵权势不可享受得太过分。'我李斯起初只不过是上蔡的一介布衣，民间一名普通百姓而已。皇帝却不知我是一个没有才能的人，而今把我提拔到朝中要位。现在，朝中众大臣的地位已经没有人位居我之上，可以说，我的富贵已经达到了极点。当事物发展到尽头时，必定会衰微下来，真不知，日后的结局是福还是祸呢！"李斯是楚国上蔡（今河南省上蔡县西南）人，后来跟随荀卿学习帝王之术，学成以后，他分析了当时大国争雄的局势，考虑之后，认为回楚国成就不了什么大业。因此，他选择了投奔秦国。有关的政治野心，可谓不言而明，而他的结局也并不比韩非强。

李斯与韩非在向老师荀卿学习时，就"自以为不如非"。而秦王嬴政看过韩非的文章后，便发出"若能见到这个人并且同他交往，此生死而无憾！"的感叹时，实际上已经加剧了李斯的妒忌心理。韩非刚入秦，李斯就迫不及待地奏他一本："韩非，韩国的诸公子也。今大王想兼并各国诸侯，韩非最终不可能为秦效力，只会是韩……不如用超出常规的方法诛之。"可以看出，李斯怕夜长梦多，怕同学韩非取代自己的位置。后世的人也说："李斯与韩非皆师从于荀卿，李斯自知其才能不如韩非，若韩非掌握了大权，他的措施规划必定会高于自己，所以李斯与姚贾的计谋不谋而合，他们合力排挤韩非，又恐嬴政有朝一日反悔从而赦免韩非，为此，就下药杀害韩非于云阳"。李斯所写的《谏逐客书》中，有一句"士不产于秦，而愿忠者众"的观点，如今却诬陷韩非"终为韩国效力不会为秦国着想"的言语，他竟然忘了自己也并非秦人。可以看出，李斯想置韩非于死地的想法已经到了不择手段的地步。最终于公元前 233 年，李斯派人给韩非送上了毒药，令其服毒自杀。当秦王后悔时，派人去狱中赦免韩非的时候，他已经一命呜呼了。

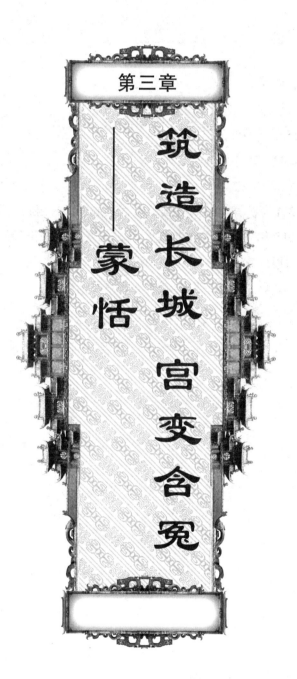

第三章

筑造长城 宫变含冤

——蒙恬

个人档案

☆姓名：蒙恬

☆民族：汉族

☆出生日期：不详

☆逝世日期：前210年

☆生平简历：

公元前221年，蒙恬攻打齐国，最后全胜而归，还担任了内史职位。

公元前215年，蒙恬为大将军，率三十万兵士北击匈奴，收复了河套地区、黄河以北直至阴山一带广大地区。

公元前210年，在秦二世的逼迫下蒙恬吞药自杀。

人物简评

　　蒙恬是秦始皇嬴政时期的著名将领。因受到家世的关系，被秦始皇封为秦国将领。为了大秦帝国的江山社稷，他率三十万大军收复了河套地区、黄河以北直至阴山一带广大地区。由于蒙恬的表现突出，赫赫战功，便在众多武将中脱颖而出，还被秦始皇提拔为内史，成为皇帝身边的心腹大将。

　　只是，中车府令赵高在这时正得宠于小公子胡亥，他想立小公子胡亥为太子。于是与丞相李斯、小公子胡亥暗中谋划了一场政变，最终将胡亥立为太子。可是，赵高因曾经触犯法律秦始皇交由蒙恬的弟弟蒙毅执法，虽然事情已经过去，但却埋下了他对蒙氏的怨恨种子。在胡亥即位后，他想公报私仇，由于蒙恬与扶苏的关系密切，因此，他派使者以捏造的罪名的方式赐大公子扶苏、大将军蒙恬死。扶苏遵从"父命"自杀，但蒙恬内心疑虑重重，他请求复诉。最后，使者将蒙恬囚禁于阳周。胡亥在杀死扶苏后，便想释放大将军蒙恬。但是赵高怕蒙氏日后得势，对己不利，便执意要消灭蒙氏。于是，他利用立太子的问题，诽谤蒙毅，说他曾在秦始皇面前说胡亥的坏话，不辨是非的胡亥便又一次囚禁蒙毅。臣子婴力谏，都无济于事。胡亥不听谏言，最终还是杀了蒙毅，同时又派人前往阳周去杀了蒙恬。

　　蒙恬的一生是辉煌的，他为大秦帝国和大秦百姓贡献了自己的力量。但却由于小人当道，秦二世的昏庸，葬送了自己的生命。他的死，让人们痛惜，因为他的人生结局不应当这样。只是在那个社会，他又能做些什么呢？如今，留给人们的只有无尽的叹息……

驻边守疆　功绩累累

蒙恬，为姬姓，蒙氏。他的祖先是战国时期的齐国人。蒙恬的祖父，其名为蒙骜，在秦昭襄王嬴稷时期投奔于秦国。从祖父蒙骜时起，祖孙三代都是秦国著名的将领。身在将门之家的蒙恬，为他的成长带来了不少好处，他不仅学习过狱法，还担任过狱官职位，掌管过朝中的文书，并且在率兵征战方面也是一名好将帅。秦始皇二十年，即公元前221年，蒙恬亲自率兵攻打齐国，这个国家是秦王嬴政统一全国的最后一个目标。在蒙恬的指挥下，秦国凯旋而归。战争结束后，蒙恬因战功赫赫担任了管辖京城咸阳的最高行政长官，即内史。也是在这一年，华夏历史上的第一个统一专制主义中央集权制封建王朝——大秦王朝建立了。

当秦王朝建立以后，秦始皇嬴政颁布了一系列的措施，以巩固统一。其中，边疆经略和北防匈奴就是措施中的重中之重。

匈奴是一个历史较为悠久的民族，居于的北方草原上，过着游牧式的生活。在战国中后期阶段，匈奴民族的心变得不再安分，他们经常对内地进行无故的侵扰和掠夺，经常与秦国、赵国和燕国发生战争。为此，三国相继地修筑起长城，以防备匈奴对他们进犯。秦国在灭掉六国时，匈奴乘机侵入了黄河河套以南的各个地区。秦始皇嬴政统一全国以后，为了彻底解除匈奴的骚扰忧患，保障边境地区的安定和中原百姓的生命财产安全，巩固大秦帝国的封建中央集权统治，于公元前215年，任命蒙恬为大将军，令其亲率三十万兵士北击匈奴。很快，蒙恬就收复了河套地区，紧接着，他又率军渡过黄河，找到了匈奴的主力军，并与其交战。匈奴首领单于怯于与蒙恬的交手，便率兵士北退了七百多里。蒙恬抓住时机，乘势夺回了黄河以北至阴山一带地区，并且在那里建立起数十个县。

匈奴被蒙恬赶走了，但秦始皇还是心怀忧虑——担心他们会重整旗鼓，为了解除北部的祸患，秦始皇亲自巡视了这个地区的边境，最后，他确定用修筑长城的方式来抵御匈奴的进犯。他委派蒙恬担任总管，前往边界指挥修筑长城，为了保证修筑长城的进度，他又命长子扶苏负责监军。在这次的长城修筑中，一方面是把原来赵国、燕国和秦国的长城连接和加固，另一方面还要补筑一些新的长城地段，其长度有千余里。为了能使长城发挥出防御匈奴的作用，蒙恬思前想后，想了一个绝妙计策，他组织一批善于筑城的能工巧匠，利用山势与河川的走向，进行多次的实地考察，并且取历代筑城的优点，在此基础上进行了精心设计。绝大多数的地方都是以山脉为修筑基础，依循山势的高低起伏逐渐变化，有的地段建于距地面千余米的高山之上，并借助于山势陡峭的地段，以山脊来作为基础筑墙，这样既能控制到险要，又有利于施工；在河岸和深谷之处，便利用原来的陡坎和山崖筑城，从外面看上去，地势十分险峻，而在较为平缓的丘陵地带，墙的基地则修筑得宽厚高大，能有效地限制人马的攀登和翻越；在一些适合筑城的地段，则会因地制宜，采用多种筑城形式，比如，设置烽火台、小土城等报警和防卫设施。历经五年时期的修筑，一条来自西起临洮（今甘肃岷县），东到辽东（今辽宁辽阳）的长城便筑成了。这条长城绵延万余里的，就如同一条巨龙屹立在中国北方，并且成为了匈奴再次进犯的重要障碍。

蒙恬守卫边境上郡多年，一直都有很大的威慑力，匈奴不敢造次，他为秦朝北方的安定作出了重要贡献。在筑守长城的过程中，蒙恬和秦始皇长子扶苏的关系也发生了微妙变化，他们因朝夕相见结成了非比寻常的亲密关系。同时，也为蒙恬的命运埋下了无形的祸端种子。

蒙恬威慑匈奴之事，是大家有目共睹的，也因此，他得到了秦始皇的信任，蒙恬的家族也因他的缘故受到了尊宠。当时，蒙恬有一个名叫蒙毅的弟弟，由于哥哥的因素也被秦始皇视为亲信，职位居于上卿。上朝时，蒙毅侍从于皇帝左右，还经常为国家出谋划策，外出巡视时，蒙毅则坐于皇帝车内，作他的贴身护卫。

蒙毅由于在执法上出了分歧，因此在无形中与秦始皇的另一个亲信赵高结下了仇恨。赵高是一个宦官，秦始皇听说他的力气很大，并且通晓狱法律令，于是提拔他做了中车府令，负责皇帝的车马出行。赵高善于观察，他发现秦始皇对小儿子胡亥十分疼爱，于是，他便利用一切机会接近公子胡亥，还教他狱法，没过多久便成了胡亥的心腹。有一次，赵高触犯了邢法，秦始皇让蒙毅秉公惩治，蒙毅依法行事，实事求是地撤了赵高的官职，并且处以死罪。后来，嬴政念在赵高平时办事认真，因此下令赦免了他，还让的官位恢复原职。当然，为赵高出力的还有秦始皇的小公子胡亥。赵高虽然官复原职，但他是一个记仇的人——内心深处很是痛恨蒙毅，也是这个原因，他还恨上了蒙恬。

假诏为祸　不幸下狱

秦始皇三十七年冬，即公元前210年，始皇外出巡游，一起出行的人有左丞相李斯、中车府令赵高，还有他最喜爱的小公子胡亥。到十一月，秦始皇与同行的人来到了云梦泽，在九疑山祭祀了舜。而后，与同行的人沿江东下，很快，便到了绍兴，他们登上了会稽山，在此祭祀了禹，还为这次出游立了碑——想借此作为纪念。

在回来的路上，走到平原郡这个地方时，秦始皇不幸得了病。随着时间的推移，病势变得越来越重，同行的大臣们也都感到情况的严重，可是，由于秦始皇平日里忌讳说死字，所以大臣们谁也不敢提醒他要在这个时候准备后事。在秦始皇三十八年七月，即公元前209年，当他们行至沙丘（今河北广宗县西北）时，秦始皇的病情进一步恶化，生命到了垂危时刻。但是，此地离京城咸阳还有两千里的路程。这时，秦始皇才感到死神离自己越来越近，他感叹自己将要撒手人寰，只得尽全力勉强地支撑着虚弱的身体，他令赵高草拟了遗书。他让赵高替他给上郡监军的大公子扶苏写信，信中内容是："将军队交给大将军蒙恬，尽快返回咸阳为朕举行葬礼。"秦始皇死前，独赐遗书给大公子扶苏，不赐给其他诸子，其大意是让大公子扶苏即位为帝。遗书已经封好，但尚未对外发

出去。秦始皇便突然死去，享年50岁。

当时，李斯担任着左丞相职位，由于秦始皇死于巡游路中，生前又没有立下太子，他怕皇子们知道此事后会争权夺位，又怕消息一旦传出会令天下大乱。于是，他与胡亥和赵高等人商量，决定暂时封锁消息，将秦始皇嬴政的棺材装入他的座车里，让亲信的太监负责赶车，到吃饭时间，照样像往常一样端上饭菜；大臣们有事时，照样禀报。同时，他们安排了一个太监坐在车里，主要负责批阅和答复大臣们的奏章。由于时值七月，天气十分酷热，以致于尸体都腐烂发臭了。遇到这种情况，李斯想了一个招，他命令在秦始皇的车上载上一石鲍鱼，以此来以腥乱臭。就这样，他们将秦始皇的死讯通过瞒天过海的方式瞒住了随行的所有大臣。当然，除了胡亥、李斯、赵高和五、六个心腹太监外。在这样的情况下，也给赵高提供了大耍政治阴谋的机会。

赵高阴险狡诈、诡计多端，他仗着自己掌握了玉玺和遗书，便想将胡亥扶上皇帝宝座，以便他有机会操纵政权。有了这个想法后，赵高就开始行动了。他先说服小公子胡亥，让他继承皇位，紧接着，他又找到丞相李斯，他对李斯说："皇帝死了，临死前给大公子扶苏留下了一封遗书，要他立即到咸阳主持葬礼、继承皇位。这封信还在我的手里，还没有发出去，皇帝已经死了，其他的人还不知道这件事。皇帝留给大公子扶苏的信以及玉玺都在小公子胡亥那里。现在，立谁为太子，并继承皇位，决定权全掌握在丞相您和我的手里了！丞相您看这事怎么办吧？"李斯听后，一本正经地说："你怎么能说出这样的话呢？这是亡国的话啊？由谁来当太子，这件事并不是作臣子应该说的话！"赵高却略微一笑，从容地说："丞相自己掂量掂量，论才能，您能比得上蒙恬吗？论功绩，您能远胜于蒙恬吗？论谋略，您能比得过蒙恬吗？论带给百姓的好处，您能超出蒙恬吗？他与大公子扶苏的亲密关系以及信任程度，您与蒙恬相比较，谁又略胜一筹呢？"

李斯思考了片刻，说道："这五点我都不及蒙恬，可是您为何这样苛求于我呢？"赵高接着说："皇帝一共有二十多位公子，对于公子们的情况，想必丞相对他们都十分了解。在众多公子中，大公子扶苏最具有优势。大公子个性刚毅武勇，威望较高。若是扶苏即位，定会让蒙恬作朝中丞相。到那时，丞相您就只能佩戴着侯爵印信告老还乡了，这样的道理不是显而易见的吗！我受到先帝的信任，负责教胡亥法律，到现在已经有好几年了，从未发现他有什么不对的地方。公子胡亥，为人憨厚老实，并且重情重义，他轻视财物，敬重读书人，思想上较为敏捷，从不轻易表态。同时，还礼贤下士。对于这一点，在秦国所有的公子中，没有哪一位公子能赶得上他！因此，胡亥是当太子的最佳人选，也是皇位继承人的不二人选。"紧接着，赵高又进一步告诫李斯，只要听从他的安排，还能长期保住其爵禄，并且世代富贵。否则就会祸及子孙，结局也是可以想到的。最后，李斯只得仰天长叹道："苍天啊！我为何偏偏遭遇这乱世啊！我既然无法以死报答先帝，那么我的归宿又该归于何处呢？"就这样，李斯在赵高的威胁和利益诱导下，只得俯首听命。

于是，在赵高、胡亥和李斯三人的策划下，他们将秦始皇嬴政写给扶苏的信毁掉，还伪造了一道秦始皇在沙丘时期留给丞相李斯的遗诏。他们在遗诏上写着立胡亥为太子；同时，还伪造了秦始皇留给扶苏、蒙恬的命令，在命令中说："朕巡视天下，向名山、诸神祷告，以便降祥瑞于大秦，并且延长了朕及子孙的寿命。如今，公子扶苏与将军蒙恬领兵数十万驻守于边疆，算算日子也有十多年了。不仅没有开疆拓土，反而花费了许多，没有立下什么功劳，反而多次上书攻击朕的一切行动，并且还因为没能回京当太子，日夜私下埋怨。扶苏作为儿子实在不孝。鉴于此，赏他宝剑一把，让他自行了断！将军蒙恬同扶苏一同驻守边疆，不仅不帮助扶苏改正错误，反而任其曼延，作为臣下是为不忠，命令他自杀！手中的兵权交付于副将王离。"这封假诏写好后，由小公子胡亥的一个亲信送至上郡交于大公子扶苏手中。

很快，胡亥的使者快马加鞭地到了上郡，这个使者当着扶苏的面，宣读了秦始皇（伪造版）的信。扶苏听后，简直不敢相信自己的耳朵，于是，便失声痛哭起来。他不明白父亲为何会无缘无故地置自己于死地。但是，在封建伦理道德中，君若叫臣死，臣就不得不死。况且，大公子扶苏也是一个仁厚的人，自知蒙受了冤屈也不能违背皇命，于是走进内

宅，挥剑准备自杀。碰巧，蒙恬也在此，他劝阻扶苏道："陛下一直不曾立过太子，派末将率三十万大军驻守边疆，还命公子您来作末将的监军，这足以见陛下对公子器重。公子一定要慎重为之，因为这关系到一个国家的安危啊！现在，仅凭一个使者来信，公子您就要作了断，实在太不应该了。况且，公子如何能知道这里面有没有假呢？公子不妨再写奏章请示一番，若是陛下的答复仍然如此，再去了断，也不会迟啊。"

使者见扶苏迟迟不肯动手，便等得不耐烦了。他劝说扶功不要做无谓挣扎，催促他按照皇帝信里的意思办。为人忠厚仁义的扶苏明白使者的意思，于是对蒙恬说："父亲下令让儿子死，那只有死，何必再去请示！"说完，就自杀了。蒙恬不相信这是真的，为此，他不肯自杀。于是，使者将蒙恬交给了当地的官吏，将他囚禁于阳周城（今陕西子长）。

使者回来向小公子胡亥作了如实汇报。胡亥、赵高和李斯听说大公子扶苏已死，心中顿时轻松了许多，他们认为皇位的威胁减轻了，便想赦免蒙恬。恰巧此时，蒙恬的弟弟蒙毅也从会稽山做完祷告回来。昔日蒙毅若没有得罪过赵高，事情有可能就此结束，但现在似乎不行。赵高打心里怨恨蒙氏兄弟，他惧怕他们日后得势，会对自己不利。于是，便编造了一个谣言对胡亥说："我听说先帝认为您贤能，早就想立您为太子，只是蒙毅从中阻拦，他知道您贤能，反而从中使坏，这便是蛊惑君主，是作为一名臣子不忠的表现！依我的意见，应当了结他的性命。"胡亥本来就是一个没有主见的人，听了赵高这样说，便将蒙毅囚禁于代郡（今河北蔚县西南），而蒙恬也因弟弟的原因没有被赦免。

再逢陷害　蒙恬冤杀

胡亥回到都城咸阳以后，顺利地登上了皇帝宝座，这便是秦二世。紧接着，赵高被封为郎中令，全权负责皇宫中的警卫，在实际的权力行使过程中，远远地超过了郎中令，他成了胡亥身边最具决策力之人。

赵高在独揽大权以后，心里并不满足，因为他非常清楚，要想真正掌握朝中大权，必须尽快除掉朝中的旧臣以及秦始皇的其他儿子。否则的话，待阴谋败露后，他的死期就到了。于是，他又开始策划着新的阴谋。

一次，秦二世胡亥问赵高，一个君王如何做才能又保江山，又尽情享乐。赵高听后，心里暗自高兴，他认为实施第二个阴谋的机会来了。在沉思了片刻以后，挑唆说："对于陛下的问题，臣不敢回避。现在，臣就说给陛下听听，希望陛下能够考虑，说到沙丘篡改诏书、篡改皇位继承人的事，诸位公子和朝中大臣都有怀疑。现在，陛下刚刚即位为帝，这些人的心里总是不服气，恐怕他们是要造反的。为此，臣也是心惊胆战，就怕没有什么好下场。在这样的情况下，陛下又如何能够尽情享受呢？"秦二世听赵高这么一说，心里不免慌了起来，忙问，那该怎么办呢。赵高见秦二世的面部存有惧色，认为扫除自己弄权障碍的时机终于来了，便说："可以实行严厉的法律，一个人犯罪，诛灭其九族。要尽量除掉先帝的旧臣，更换为您的亲信大臣。只有这样，陛下才可以免去忧虑，尽享欢乐。"秦二世听后，对赵高的话没有半点疑虑，便让赵高全权处理此事。于是，赵高就在朝中大开杀戒，但凡是他觉得不顺眼的，一律处决。

赵高想除掉的第一个劲敌便是蒙氏兄弟，只是蒙氏兄弟尽忠于秦王朝是有目共睹的，就连秦二世的侄子子婴也是这么认为的。在秦二世处理蒙氏兄弟时，子婴竭力替他们辩解，他说："我听说从前赵王杀害良臣李牧，而改用了颜聚，齐王杀数名忠臣而用后胜，最后这些国家终于亡国。现在，蒙氏家族是大秦王朝的重臣和顶梁柱，陛下却打算杀之，我认为这样做并不合理。我听说，考虑不周的人不能治理好国家，不善纳众人言的人不能保全自己的君位。除掉忠臣而任用没有品德的人，对内无法取信群臣，对外会造成军心涣散，我私下认为这样做是不可以的。"

只是秦二世似乎只相信赵高的话，对于子婴的劝告一点也没听进去。于是，他派御史曲宫乘驿车前往代郡传达对蒙毅的诏令。诏令说："先帝要立太子，而你却从中加以阻拦。现在，丞相认为你不忠，判你灭家之罪，但我却不忍心你这样，只好让你一个人自杀。"蒙毅听后分辩道："若要说臣没能得到先主的欢心，那么臣从青年时做官偈顺从先帝的旨意

而得到宠幸，一直到先王去世，这样总称得上能知先王的旨意吧。若要说臣不知太子的贤能，但太子独自跟随先王周游天下，这种宠爱远胜于各位公子，那臣还有哪里可以怀疑的呢。先王选立太子是考虑多年而作的决定，臣还有什么话来阻拦他，还有什么计谋去策划呢？这些都不是臣巧言辩解来为自己逃避死罪的，而是怕为此损害了先王的声誉，希望大夫慎重考虑，以便臣死得其所。"

在说完这些话以后，蒙毅为了强调自己的观点，又列举了历史上的某些君主，由于让忠诚、贤臣惨遭冤死，因此受到了天下人的指责，还扣上了昏君帽子。御史曲宫深知胡亥和赵高的心意。因此，他并没有听进蒙毅的话，照样杀了他。蒙毅到死也不清楚，真正让他死的祸端是他以前种下的，由于他公正的执法方式得罪了赵高，而当赵高左右着至高无上的皇帝时，他的命运字典里便只剩下悲剧。

在杀掉蒙毅以后，赵高又把屠刀指向了蒙恬。秦二世胡亥派使者前往阳周，宣判了蒙恬的死罪，还令其服下皇帝赐的毒酒。诏令的内容是这样的："作为臣子，你的过错实在太多了，而你的弟弟蒙毅如今又犯有大罪，依法是要牵连到你的。因此，请你自裁"。只是，蒙恬对秦王朝忠心耿耿，自问从来没有犯过什么过错，出于对秦王朝的前途忧虑考虑，在临死前，他要向皇帝进一番忠言。他用真挚的言语对使者说："自我的先人，直至子孙，对大秦国累计大功，为国建立威信已有三代。如今，臣统率三十万大军，虽然遭遇囚禁，但却有足够背叛的实力，但臣知道，作为一名将士，应当守义而死，臣这样做的原因，在于不敢辜负先人的谆谆教诲，不敢忘记先帝给予的恩惠啊。"

在蒙恬的自我辨白中，表现了他自己本有反叛力量，但并未反叛，其目的是让秦二世胡亥放心。紧接着，蒙恬又动之以情，晓之以理，讲了一段周朝初期的历史，他希望借此，秦二世胡亥能够有错及时改。他说："当年，周成王刚刚即位时期，还是一个幼儿。辅臣周公旦便背着周王接受了群臣们的朝见，这样一来，稳定了周朝天下。在成王生病时期，周公旦曾剪下自己的指甲，将其沉入河中，并祷告说：'君主尚且年幼，一切都由我代为行事，若有罪过降临，一切由我来承受惩罚。'还把这些话用笔记录了下来，将其收藏于档案馆里，可以说，作为一名臣子，他尽了自己的忠心。只是，当成王能够亲政时，却有奸臣巫陷他，还造谣说：'周公想要作乱，已经蓄谋很久了。君主若不加以防备，就会危及江山社稷。'周成王听后，并未加以分辨。无奈，逼得周公旦逃至楚国避难。后来，周成王无意中发现了周公旦的祷告词，这才明白真相。于是，他杀了造谣的人，还用真诚请回了周公旦。因此，《周书》上说'国君在处理事情时一定要多方面考虑，并且要反复审查。'现在，我蒙氏家族蒙冤，世代都忠心于朝廷，并没有什么二心，不曾想遭遇这样的结果。若是这样，一定有人在从中叛逆作乱。周成王犯了过失，尚且能够改正，听从了规劝及时觉醒。有事会向群臣百官咨询盘查，这样才是一个圣君治国的法则啊。"蒙恬多次明辩，他说的这些话，并非是为了请求免罪，而是临死前对君王的忠诚规劝。希望秦二世胡亥可以多为百姓考虑。

使者听完蒙恬的话后，坦率地对他说："我受诏处理将军的事情，不敢把将军的话呈报给皇上听。"蒙恬沉默了片刻后，长叹了一声说："我到底犯下什么罪呢？"使者并没有给予回答。随后，他又不紧不慢地说："我的罪过是应当受死刑，从临洮至辽东，修筑城墙，挖了壕沟，其长度有万余里，在这中间，不可避免地截断过地脉，这可能是我的罪过了。"说完，便喝下了使者带给他的毒酒。

从蒙恬的辩白中，可以看出他认为自己所犯的罪是修筑长城带来了灾难。实际上，他真正的死因并非如此。蒙恬的死具有一定的必然性，因为他是封建统治集团之间争夺权利的必需品。由于他与大公子扶苏关系的密切性，就使得小公子胡亥上台，必令其九死一生，加之他的功劳过大，威信过高，兵力过强，更需要以他的死来完结统治阶级间的利益。因为赵高、秦二世胡亥不会让一个潜在的劲敌留存于这个世界上的。因此，蒙恬之死，既有一定的冤屈性，也有一定的合理性。

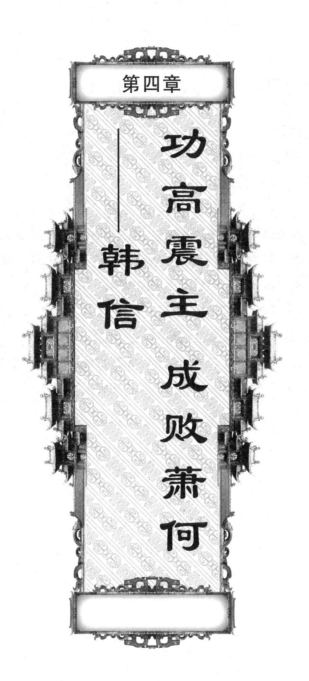

第四章

——韩信

功高震主 成败萧何

个人档案

☆姓名：韩信

☆民族：汉族

☆出生日期：前231年

☆逝世日期：前196年

☆生平简历：

公元前208年，韩信投奔项梁，参加了反秦斗争。待项梁阵亡以后投奔项羽，担任郎中，由于多次献策，未被采纳，因此由楚归汉。

公元前205年，刘邦在兵败彭城（今江苏徐州）后，韩人迅速派兵与其所剩兵士会合荥阳，阻挡了项羽的攻势。

公元前202年，韩信带领汉军与项羽的楚军进行了最后决战。最终，汉军大败于楚军，项羽在乌江处自刎。

公元前201年，有人告韩信谋反，无奈被拎，而后降为淮阴侯。

公元前196年，韩信冤死长乐钟室，被夷灭三族。

人物简评

　　韩信，是西汉的开国功臣，也是杰出的军事家。韩信少年时期，父母双亡。为了生存，沿街乞食，还在亭长家吃过闲饭，还得到过老妇人的帮助，而后也经历过胯下之辱。凡事都有坏有好，韩信的命运就是坏到了极点，总有好运的时候。在一次偶然的机会，韩信投靠了项梁的军队，自这以后便走上了改变命运的征程。

　　待项梁战死以后，韩信被拜为郎中，因多次向项羽献策，未被采用，便另谋出路。在经过反复思量后，韩信决定投靠于刘邦，只是他无意犯上了杀头之罪。只是大祸到来之际，必有大运。韩信在与监斩官腾公交涉之后免除了罪刑，而后被刘邦拜为治粟都尉。但是，韩信并不满足，还偷偷地逃跑了。刘邦帐下的萧何慧眼识英才，得知此事后，他在月下追回了韩信，接跟着，刘邦拜韩信为大将军。韩信为报刘邦的知遇之恩，为他分析了天下形势，在征战的过程中，在刘邦困于荥阳之际，及时为其解围；东西征讨，破赵国，断楚粮；还与项羽进行了最后决战，致使其自刎于乌江，使得汉室一统。只是，功勋过高的他，朝廷容不下他。为此，在他人的告发下，刘邦争一只眼闭一只眼，任由吕后用计将其骗入长乐钟室，而后将其腰斩。

　　韩信死了，而且是死于一妇人吕雉之手，他心有不服，为了汉室王朝，他鼎力救助，而且平定了天下，却不想落得个冤死的下场。对于他的冤案也许只有他自己能够深刻体味，但历史不能重写，只盼后人能给他一个公正的名号。

生平故事

投靠刘邦　拜为将军

韩信，淮阴（今江苏淮阴市东南）人，西汉时期的开国功臣。韩信在年少时家里十分贫穷，并且父母早亡。生活在这种环境下的韩信，既不能被推举为吏，又没有钱来经商。为此，他只好流落于街头，沿街乞食，也因此遭到不少白眼。他经常下乡去南昌亭长家吃闲饭。时间一长，亭长的妻子非常不满，甚至深感厌恶。于是，她想了一个办法，每天提前吃饭，即使韩信来了也吃不着闲饭。

无奈之下，韩信只得另寻出路。他打算到城下钓鱼，在那里，他见一些老妇人在漂絮。其中有一位老妇人见韩信经常饿肚子，便将自己的饭菜分给他吃，并且持续了很长一段时间。韩信心怀感激，他说："待我日后发达了，必报您的大恩。"老妇人听后，愤怒地说："大丈夫不能自食，吾哀王孙而进食，岂望报乎！"

在淮阴屠户中，有一个年轻人，他见韩信的身材高大，喜好佩带刀剑，然而却到处乞食，便当众侮辱他说"你若想死，就一刀刺死我。若不想死，那没有别的选择——从我的胯下钻过去。"围观者见此，一同起哄，等待着韩信做选择。韩信想了想，便强忍着耻辱从这个年轻人的胯下钻过。

又过了一段时间，项梁率领的起义军经过淮河，韩信佩着剑前去投靠，想在项梁的军营中谋一份差。只是，由于无声无名，在军营中谋的只是一份普通兵士的差役。待项梁战死以后，项羽才将韩信拜为郎中。自此之后，韩信多次向项羽献策，但终究未被项羽采用。没有得到重用的韩信决定离开项羽另谋出路。于是，在经过反复思量后，他决定投靠刘邦。

　　在投靠刘邦后，很快便被拜为连敖。只是没过多久，韩信无意在战事中犯下了砍头的大罪。当时，与他同行的已有十三人被处决。在轮到韩信时，他从容地仰视着监斩官腾公，说："陛下不是想取天下吗，为何要斩我这样的壮士？"腾公听后，对韩信的话深为惊奇，再看看韩信的英武的相貌，便把他放了。随后，腾公与韩信进行了深入交谈，他觉得韩信是个值得培养的人才，便建议刘邦重用。刘邦听了腾公的建议后，便拜韩信为治粟都尉。官至都尉的韩信仍不满足，他还是觉得英雄无用武之地，于是偷偷地逃跑了。萧何听说这件事后，因来不及请示，便星夜兼程将韩信追了回来。紧接着，他极力向刘邦推荐韩信，说："普通的大将可以很轻松地得到，但是像韩信这样举世无双的人才是很难得到的。大王想夺取天下，少了韩信是万万不能成功的。"于是，刘邦准备拜韩信为将。萧何说，拜将仍然留不住他。刘邦见此，便拜韩信为大将军。

　　正式拜将那天，刘邦说："丞相很看好将军，还屡次说好话。请问将军能教给寡人什么计策呢？"韩信没有直接回答，而是反问说："大王想争取天下，对手可是项王？"刘邦答："是。"顿了顿，韩信又问："大王您感觉勇悍仁强，同项王相比，谁会更强一些呢？"刘邦答："项王更胜一筹。"待刘邦回答了这些话，韩信才提出如何从强者手中夺取天下的计策。他分析说："项王勇武，叱咤风云，即便千人与他过招都不能匹敌，但是他也有致命的弱点，就是不能任用贤将，为此，他的勇属于匹夫之勇。项王对待兵士恭敬慈爱，同人谈话和气，但是，有功当封爵者，却时常得不到封赏。所以，他的仁属于妇人之仁。项王虽然能称霸于天下，然而他的性格残暴，喜好杀人，分封不公，天下有怨，百姓并不亲附。所以，项羽虽有霸王之名，但却失去了天下人的心。鉴于上述分析，臣得出了'其强易弱'的结论。"韩信还进一步地说："大王若能反其道行之，任用天下武勇之人，那么，任凭谁也不是您的对手？用天下的城邑分封功臣，又有谁会不服？以正义之师顺从将士们的愿意，又有什么样的敌人不能被击败？况且，项羽曾经分封过的三个王，即，章邯、司马

47

欣和董翳。原是秦朝的将领，还率领秦地的兵士打过好几年仗，那些被杀死的和无奈逃跑的，人数多得没法计算，还用欺骗的手段让他们的部下向项王投降。而到达新安后，项王却没能履行当初的承诺，却活埋了已经投降的秦军二十多万人，仅留下了章邯、司马欣和董翳。现在，秦地的父老乡亲对这三个人已是恨之入骨。而今项羽凭恃着威势，强行封立这三个人为王，秦地的百姓没有谁爱戴他们。而大王您却不同，自从大王进入关中后，秋毫无犯，还除掉了秦朝的苛刻法律，与人民约法三章，对此，关中的百姓都很拥戴大王，他们盼望大王您能早日在关中称王。现今大王举兵向东，对于三秦用一纸文书就可以降服。"韩信说完这些话，顿时让刘邦感到自己与韩信相识太晚。韩信的一席话，大大地增强了刘邦夺取天下的信心。随后，刘备按照韩信的计策行之，还部署诸将出击。

汉元年八月，即公元前206年，刘邦向东挺进，很快，他便击败三秦，夺得了关中。汉二年四月，即公元前205年，刘邦乘项羽征伐田荣、田横兄弟的时机，当机立断，他率领诸侯兵五十六万，攻占了彭城。项羽得知后，率三万雄兵去救，大败于刘邦。当时，汉兵的死伤人数已有二十余万。在这紧急时刻，刘邦率领数十骑突出重围，逃到荥阳。得知刘邦大败的消息后，韩信从关外集结散归之兵，快马加鞭地前往荥阳，由于救援及时，便阻止了项羽西进，也缓解了刘邦的困境。

东征西讨　助汉一统

刘邦自彭城战败以后，翟王翳、塞王欣亡汉归降于楚国，齐国、赵也随之与楚谈讲和条件，各诸侯相继攀附于楚而背离于汉。其中，最有代表性的人物便是魏国的魏豹。当时，魏豹占据今山西省南部，把守着临晋关，向西可以夺取关中，向东可以令刘邦的腹背受敌，对汉造成了极大威胁。刘邦知道魏豹的势力，便派郦食其前去游说。让刘邦没有想的是，魏豹不仅没有归顺汉，反而派兵前往黄河东岸的蒲坂，切断了渡

口临晋关，让刘邦与关中失去了联系。在这紧要关头，韩信用武力击降了魏豹。在用兵上，他使用声东击西、避实就虚的战术，将船只集中于临晋，摆出了渡河架势，以吸引魏豹的兵力。同时，韩信还在暗中调兵遣将，准备着渡河用的木罂缻。待一切准备妥当后，他便出其不意，从阳夏抢渡黄河，获得圆满成功。渡过黄河以后，直逼魏国的都城安邑。魏豹听说后，仓皇迎战，最后战败被俘。紧接着，韩信又击破代国兵士，擒获了代国丞相夏说。做完这些后，韩信又将收编的魏国和代国归降兵士以及自己的精兵，一起支援到荥阳前线，以帮助刘邦增强正面的战斗力量，使其军队恢复元气。

汉三年，即公元前204年。韩信提出对外作战方略。具体内容是："北举燕国、赵国，东击齐国，南断楚国粮道，西与大王会师于荥阳。"刘邦给了韩信三万人兵士，令其与张耳率兵越过太行山，以此来攻击赵国。当时，赵国以二十万大军把守着井陉口，正准备与韩信交战。赵国谋士李左车认为，韩信涉过西河，俘虏了魏豹，擒了夏说，想乘胜远斗。看其兵峰，锋锐不可当。为此，李左车想以井陉的有利地形来制伏韩信。于是，李左车向赵国大王献策说："现在，井陉之道，车无法顺利通过，战马亦不能成列，若行数百里，那么，韩信、张耳的军粮肯定在这之后。所以，希望大王借给臣奇兵三万人，臣从中间之道来断绝韩信的辎重，大王只要深挖壕沟，高筑壁垒，坚守井陉。不让兵士与其发生战争就可以了。他们前进不能与我军交战，后退又没有退路，我暗中用奇兵断绝他们的后路。这样一来，行军于野外的他们，就找不到粮食吃，这样的日子支撑不到十日，韩信和张耳必败无疑。"成安君陈余却认为，韩信以少数的兵力远征，士卒经过长途跋涉已经疲惫，他们经不起一击。建议时行正面攻击，于是李左车的计策被否定了。

再说韩信，在经过井陉之道前，他派人探知了赵国的用兵之策。在得知赵王没有采纳李左车的计策后，韩信即刻加速了进兵步伐，到井陉口三十里时，便停止前进。而后，挑选了轻骑兵两千人，每个人的手里拿着一个赤旗，埋伏于赵国军营的侧后。这些人的任务是待赵国兵士倾巢而出，进攻汉军时，便闯入赵国军营，而后拔掉赵旗，插上汉军的赤旗。为了诱导赵军出营交战。韩信想了一个法子，他故意背水列阵，把将领士兵布置在编蔓水东岸的微水村，以此来摆出容易受到攻击的阵形。做完这些后，韩信又亲自率军出井陉口。赵军很快便找到了韩信的军营，于是，他们准备出营狙击。经过一番激战，韩信假装战败，还丢掉旗放弃战鼓，向绵蔓水的方向后退。并且背水列阵，其实，这种阵法通常被认为是兵家大忌。所以，赵王歇和成安君陈余都误以为韩信不懂兵法，见他一直后退，便下令追击。赵军倾巢而出，争抢旗鼓，快速前进。就在这时，韩信派人埋伏的两千人，便乘机占领了赵营，他们迅速拔掉赵旗，插上汉军的赤旗。韩信在同绵蔓水的将领和士兵会合后，大大地助长了汉军的气焰，他们拼死战斗，勇猛非常。赵军见打败汉军没有希望，便准备退回。在退回之际，却见营寨上插满了赤旗。在这样的情况下，赵军只得仓皇溃逃。韩信军队前后夹击赵军。并将其追至祇水，全部歼之。同时，还俘虏了赵王歇，斩杀了成安君陈余。

汉军战败赵军后，韩信又立即下令：不准杀李左车，还高价悬赏，士兵们生擒李左车者奖赏黄金千金。没过多久，李左车被捆至汉军营前，韩信见此，亲自为其松绑，还邀请他坐下。而后，韩信向李左车请教了攻燕伐齐的计策。李左车顾念韩信的不杀之恩，便分析了汉军的长处和短处，而后提出了一个和平取燕的计策。最终，韩信使用了李左车的计策，没有使用一兵一卒，便将燕国降服了。

就在韩信所向披靡之际，刘邦却被项羽困于成皋。走投无路之际，刘邦和腾公从北门逃出，渡过黄河，前往脩武。在这样的情况下，韩信再次将精兵交于刘邦。得到韩信的军队后，刘邦重整旗鼓，重新振作了起来。

韩信收到"赵兵未发者"以及刘邦挑选剩下的士兵后，准备向东行进攻打齐国。当齐国的守备正处于懈怠之际，韩信一举击破齐历下军；夺取了齐国都城临菑。在穷途末路之际，齐王田广仓皇逃至高密，求助楚给予救援。项羽派龙且率军火速救齐。大家都劝龙且坚壁清野，等待

齐王派使招所亡的城郭，以此来逼迫汉军不战而降。为此，龙且自恃手中有大军二十万，齐将田间也有二十万，因此，就变得非常傲慢，便与韩信夹潍水摆阵交战。当时，韩信的军队居水西，龙且的军队居水东。韩信夜里派人用沙袋万余截断了水流。而后，带领军队渡河，刚过一半，便假装战败而还。龙且见此，心里十分高兴。他说："我就知道，韩信已经害怕了。"于是穷追其后，还带领兵士渡水。只是，在龙且的军队刚渡水近半时，韩信派人撤去沙袋，顿时，大水骤然而至，将龙且的军队分成了两半。已经渡过河的龙且军，其人数并不比韩信的军队少，只是由于分割原因，将士们的心里很恐慌。在这种情况下，韩信轻易地打败了渡河的楚军，并且杀了龙且。那些没有渡河的楚军则惊慌逃散。韩信乘势追击，到城阳时，将楚军全部歼灭。同时，还俘虏了齐王田广和守将田光。又大败齐相田横于赢下，杀死齐将田既于胶东，就这样，将齐地摆平。只是，齐田氏仍在做无谓抵抗。

汉四年，即公元前203年，韩信以"齐国伪诈多变，是反复无常的国家，南边的楚国，若不用王来镇之，那么形势就不会定下来"为理由，派人申请做假齐王。刘邦并不同意，大怒道："我困在这里，而你韩信却在那里称王！"张良和陈平听后，急忙踢刘邦的脚，并且咬耳说："在这样的形势下，大王您现在能阻止韩信称王吗？不如善待韩信，令其守齐。不然，韩信生变，到那时后果不堪设想。"刘邦突然醒悟，便改口说："大丈夫平定诸侯；应当做真王，为何要以假王为之？"就这样，刘邦违心地派张良拜韩信为真齐王。

汉五年，即公元前202年，韩信领兵前往垓下，参加了楚汉的最后决战。当时，项羽手里的兵力约十万人。因为"楚战士无不一以当十"，为此，可以看出项羽方的战斗力仍然很强。当时，汉军的阵势排列独特：韩信以三十万军当之，孔将军居左，费将军居右，是出战时的第一线。刘邦居后，是出战时的第二线。而周勃和柴将军在刘邦之后，是出战时的第三线。战斗开始，起初韩信假装战败。项羽极力追击，孔将军、费将军二人从两侧出击，楚处于不利局面。韩信立刻杀回马枪，大败楚军。

第二条、第三条战线尚未出动，楚军便被打倒。顷刻间，项羽也丧失了再战的信心。现在，项羽唯一的出路便是突围，战至乌江处，无路可逃的项羽拔剑自刎，楚汉战争就此结束。

楚汉战争结束以后，刘邦抓住时机，他立马"袭夺齐王军"，封韩信为楚王，封地下邳。韩信到达下邳后，找到了当年的赐食老母，馈赠了千金，以报答赐食之恩情。至于下乡亭长，韩信给了百钱，对他说："你，是一个小人，做好事没有始终。"而后，又找到逼迫他钻胯的年轻人，将其拜为中尉。已为封王的韩信，面对当年的恩恩怨怨，这般处理，足以看出他的为人。

兔死狗烹　冤于钟室

汉六年，即公元前 201 年，有人告韩信意图谋反。刘邦得知后，使用陈平的计策，假装去云梦游览，趁机擒获了韩信。这时，韩信才恍然大悟地说："果真如人们所说的，'狡兔死，良狗烹；高鸟尽，良弓藏；敌国破，谋臣亡。'天下平定，我固然当烹！"刘邦说："有人告你企图谋反。"于是，将韩信押至洛阳，降至淮阴侯。然而，并未让韩信前往淮阴，而是将其留在了长安。

经过被捕这件事，韩信深刻地认识到，刘邦"畏忌我韩信的才能，为此经常托病不参加朝见和侍行"。一次，刘邦同韩信谈论众将领带兵的能力。刘邦说："如果是朕，可以带多少兵？"韩信说："换作陛下，不过能带十万兵。"刘邦又说："那么换作将军你呢？"韩信说："臣多多益善。"刘邦又说："多多益善，那又为何被我擒了呢？"韩信不紧不慢地说："陛下虽不能带许多兵；但却有驾驭将领的本领，这也是臣为什么被擒的原因。"刘邦本来就"畏忌韩信的才能"，但韩信却没有顾及到阶下囚的地位，一点儿也没有隐瞒自己的观点。他这样做，进一步触到了刘邦的痛处。

高帝十一年，即公元前 196 年，刘邦前往代地平定陈稀叛乱。当时，

韩信的舍人得罪他，于是韩信准备杀之。舍人的弟弟去刘邦那里告韩信叛变，说他与叛将陈狶合谋造反。刘邦、吕后和萧何诈称已经诛杀陈狶，骗韩信入宫祝贺。韩信进宫以后，吕后派武士捉了韩信，将他斩杀于长乐钟室。韩信在临斩的时候说："我后悔自己没有听从蒯通的计策，现在却被一女子所诈，这难道就是所谓的天命吗！"

韩信死后，他的家族又被夷灭了三族。待刘邦回到长安后，对韩信的死，"既有喜又有怜"。并问韩信在临死前留下了什么，吕后答道："韩信说后悔没有听从蒯通的计策。"

那么蒯通之计又是什么呢？原来是韩信定齐后之事。当时，项羽派武涉游说韩信反汉，以此来三分天下。韩信顾念刘邦授给他的上将军印，予数万众兵士，对其心怀感恩，还表示"虽死却不改节"，他委婉地回绝了武涉。齐人蒯通能知天下事，他对韩信说过"权在韩信"的话，便想用奇策来打动韩信，以三分天下。蒯通自相面入手，对韩信说："相君之面，不过是封侯，又有危险和不安。相君之背，贵不可言。""面"，指的是继续跟着刘邦走；"背"，指的是背叛刘邦。蒯通又说："在当今，有两主的命运悬于足下，足下帮汉则汉胜，帮楚则楚胜。""如果让两利都俱存在，则可以三分天下，鼎足而立，这样的形势没有谁能改变。""现在，足下戴有震主之威，挟有不赏的功劳。归附于楚国，楚国人不会信任你；归附汉国，汉国人震惊恐慌，您带着这样大的功绩和声威，哪里才是您的归属地呢？"几天以后，蒯通再次催促韩信叛汉。韩信却以坚定的语气回绝道："汉王待我不薄，用他的车驾让我乘，用他的锦衣让我穿，用他的饭菜给我吃。我听说过，乘别人的车子，要与他共患难；穿别人的衣服，要为他分忧解难；吃别人的饭菜，要以死效命。我又怎么可以见利忘义呢！"在那个时候，韩信若想反叛刘邦，并不难。只是，他坚定地回绝了蒯通的计策。"后悔没有使用蒯通的计策"，可以说明韩信之前未曾谋反。若说韩信同陈狶合谋造反，这显然是诬陷。陈狶之所以叛乱，是由养客引起的。因为陈狶的养客有很多，几乎是门庭若市，大臣周昌怀疑他谋反，上报给了刘邦。刘邦派人调查，因事多牵连到了陈狶，陈狶因为恐惧，于是仓促起兵叛乱。

对于韩信的死，又能怨得了谁呢？要怨也只能怨他当时没有听从蒯通的计策，而后才会导致这样的悲剧。对了他的死，除了同情，似乎没有其他的了。

第五章

屈辱宫刑　奋笔著书

——司马迁

个人档案

☆姓名：司马迁

☆民族：汉族

☆出生日期：前 145 年

☆逝世日期：前 87 年

☆生平简历：

公元前 108 年，司马迁担任了太史令，开始了官吏生活。

公元前 99 年，司马迁为了帮李陵说话受到了牵连，被汉武帝打入狱中。

公元前 98 年，司马迁没钱交纳五十万钱赎死，选择了令他痛苦的宫刑。

公元前 96 年，司马迁被放出牢狱，担任了中书令一职。

公元前 93 年前后，司马迁完成了宏伟著作《史记》。

人物简评

　　司马迁，西汉时期的著名史学家。拥有良好的家世，有着深厚的史学渊缘与史学功底。

　　司马迁其父有很深的学问，司马迁在父亲的教育下也学到了许多知识。同时，在游历了祖国的大好河山之后，更为司马迁打下了写《史记》的深厚功底。这里要提及的是，《史记》本是司马迁父亲要完成的事业，只是父亲因病不能完成这一宏大著作，临走时嘱咐儿子帮他完成心愿。对于父亲的托付，司马迁铭记于心，只是正当他下笔著书时，却因李陵的事件遭遇了祸端。而且还被打入狱中，为了完成《史记》著作，司马迁在没有选择的情况下，痛苦接受了宫刑。之后，投入了著述《史记》的事业中，在他坚强的毅力下，终于完成了这部著作。他的这一著作，给后人留下了宝贵的精神财富。他写的史记囊括了政治、经济、文化、军事、法律、伦理、宗教、道德、科学、文学和艺术等内容，无论是体例上还是内容上都推动了历史学的发展。

　　人们欣赏司马迁的才华，也佩服他的意志力。只是这样一个伟大的人物，为何要承受这样的痛苦，这一点，无论放在谁的身上都是无法接受的。但事情已经发生了，怪只能怪当时的残酷刑法以及统治者的无情。欣慰的是，这些痛苦没能打倒他，相反，他战胜了挫折。因此，他所受的冤屈人们应该铭记于心。当然，历史也会记住他的！

生平故事

史家出身　博学多才

　　司马迁，字子长，汉左冯诩夏阳（今陕西韩城）人，西汉的史学家和文学家。

　　从秦王朝统一以来，虽然汉武帝实行了"罢黜百家，独尊儒术"的方针，但是仍属于各种思想的过渡期，这个时期是一个承先启后的历史阶段。经过改造的儒家思想占据着主导地位。百家思想仍然并存，并没有达到后来所说的那种"独尊"地步。因此，在那个时期的思想文化领域里，仍然闪烁着古代进步思想的光辉。若是没有这个时代，司马迁恐怕很难写出名垂千古的《史记》。

司马迁能写出《史记》，这并不是靠侥幸，靠的是他自身所具备的优秀条件和能力。

司马迁有很好的家世，也有着深厚的史学渊源。对于这一点，在司马迁的《自序》中，就做了详细介绍。司马迁将传说中的颛顼时代——掌管天地的重黎氏引用为自己的祖先，这样做大概是为了强调他的家族是一个具有悠久历史的史官世家。早在周宣王时期，重黎氏的后代程伯休甫就担任了司马，自此以后，这一支便改姓为司马。到后来，司马氏并没有集中到一处生活，而是分散全国各地，直至公元前7世纪，司马迁的先祖才迁到少梁（即今韩城）。

在司马迁的成长历程中，对他影响最大的当属他的父亲司马谈。汉武帝初年，司马谈被任命为太史令。太史令这个官位并不是很高，但司马谈父子对此十分重视，司马谈还以"世典周史"的世传祖业来教育儿子司马迁。唐都、杨何和黄子三人，都是西汉初期政治舞台上有学问的大家。司马谈有幸拜他为师，并跟随其学习，也使得他成为了一个通晓天文星象、阴阳吉凶以及信奉黄老学说的学者。在司马谈的众多文章中，《六家要旨》是我国古代思想史上较为重要的学术论文。在这篇文章中，司马谈用概括的手法、简练扼要的文字分析了阴阳、儒、墨、名、法和道六家的长短，从这一点上，可以充分地看出他的才华，也足以说明他是一个知识渊博的人。司马迁生长在这样一个世家，所受到的教育自然也是与众不同的。

在司马迁的《自序》中，他说："迁生龙门，耕牧河山之阳，年十岁则诵古文"。其大意是，离司马迁出生地不远处有一座山为龙门，传说这里就是鲤鱼跳龙门的地方。司马迁就是生活在这个充满神奇，且风景秀丽的地方。为此，也使得他从小就养成了热爱大自然的性格。很多人喜欢从字面上理解"耕牧河山之阳"，他们认为司马迁自小就过着耕牧生活，家境贫寒。其实，这样来分析是不对的。因为司马迁的祖上非常富有。据说，司马迁的祖父司马喜还在汉文帝时期花四千石粟买了"五大夫"（具有二十级军功爵中的第九级）的爵位。在当时，司马谈在武帝初年担任太史令，朝廷给他的俸禄为六百石，司马迁家的生活虽然并不是非常富裕，但也绝不会伦落到以耕牧的方式来求得生存。司马迁说："耕牧河山之阳"，不过是文人笔下的一种浪漫说法，不妨将这句话理解为他在农村里过着田园风光般的童年生活。

司马迁自小就喜好读书，在他十岁那年便能背诵古文。后来，司马迁有幸向著名的儒学大师董仲舒和孔安国学习。董仲舒是当时有名的经学大师，在那个时候，司马迁在他那里学到了《公羊春秋》。而孔安国是当时的古文经学大师，司马迁在他那里学到了《古文尚书》。董仲舒和孔安国都是著名的学者，这两人对司马迁的思想有很深的影响，并且对他写《史记》也起到了一定的帮助。司马迁能有这样的家世和老师，可以说是得天独厚的。正是在这样的前提下，使得他成为了一个博学多才的史学家。

司马迁在父亲司马谈的长期培养和教育下，继承了其父研究历史的思想。在司马迁二十来岁时，为了进一步学习和研究历史，在父亲司马谈的支持下，准备漫游祖国的大好河山。

司马迁要游历的地方，主要是江淮一带。这一点，从他的《自序》和《史记》的篇章中，可以大致了解司马迁此次漫游的路线：自京城的长安出发，南到江陵，再渡江到汨罗江畔，在此地悼念伟大的爱国主义诗人屈原；而前，他又前往"浮沅湘，窥九疑"，在游览中顺便考察舜的祠堂以及他的伟大事迹；紧接着，他又登上了庐山，在这里，他全面地了解了大禹疏九江的美丽传说，而后"上会稽，探禹穴"；又由越到吴，登了浙江的姑苏，游了五湖，还游览了春申君居住的宫室；游览了这些地区之后，他又渡江北上，与淮阴的父老乡亲进行了一次亲密接触.。在这过程中，他了解了韩信等人传闻；而后"北涉汶、泗，在齐、鲁的都城，参观了孔子的遗风"；紧接着，又向西前行，到秦汉时期的风云人物的故里进行了访问。同时，还去楚汉战场进行了一番实地考察；最后，"过梁、楚以归"都城长安。有了这般丰富实地考察经历，司马迁决心要做出一番令世人瞩目的事业来。

这次漫游对司马迁来说，是一次伟大壮举，对他的思想以及著《史

记》都产生了至关重要的影响。

那么，在司马迁游历名山大川以及名人故居时，到底收获了什么呢？

第一，司马迁在通过这次实地考察以及到民间采访，切实地印证了历史文献以及传闻；第二，通过游历，使得司马迁掌握了大量的、并且生动的历史史料；第三，在这次漫游中对司马迁的写作风格，也产生了重要影响；第四，司马迁在游历名山大川中，在无形中培养了他热爱祖国河山的感情。

有了这次游历经历，司马迁被朝廷选中担任一名郎中。郎中的官职不大，是最低一级的小官，主要职责是"掌守门户，出充车骑"。在元封元年，即公元前110年，汉武帝为了弘扬自己的风光伟业前往泰山举行了封禅大典。当时，担任太史令的司马谈因病不能前往，便滞留于周南（今河南洛阳附近）。恰巧此时，司马谈的儿子司马迁刚从西南归来，于是，他匆忙赶至周南同父亲告别。此时，司马谈的身体已经不同于往日，很虚弱，几乎到了撒手人寰的地步。司马迁赶到父亲的病榻前，并听从了司马谈的遗言。司马谈说："为父已经开始着手为撰写《史记》做了不少的前期工作，所以，我儿'无忘吾所欲论著矣'，'汝其念哉！'"司马迁点头答应了父亲，并且还立下誓言，一定要著《史记》，以完成父亲的遗愿。

壮志未酬　身陷腐刑

汉武帝元封三年，即公元前108年，司马迁担任了太史令。自此以后，便开始了官吏生活。正如他自己讲的那样，为了写《史记》，他整理和阅读了"石室金匮之书"。"天下遗文古事，靡不毕集太史公"，在他实际行动中，足以看到工作的辛劳。于汉武帝太初元年，即公元前104年，司马迁进行了"太初历"的改制工作。没过多久，他就开始了撰写《史记》的工作，准备完成这件大业。可是，正当司马迁用心著《史记》时，却不想，李陵的祸端降临到了他的头上。

汉武帝天汉二年，即公元前99年，汉武帝调派妃子李夫人的哥哥贰师将军李广利攻打匈奴，命李广的孙子李陵负责后方的辎重。在这种情况下，李陵自告奋勇，他愿意带领五千士兵出击匈奴。只是由于寡不敌

众，导致全军溃败，最后李陵不得已投降了匈奴。对于李陵的这件事，司马迁有自己的看法。司马迁早就同李陵相识，并且认为他的品德良好，有"国士之风"，即便投降也是无奈之举，并非出自真心，一旦有了机会，他就会为汉王朝出力。为此，恳请汉武帝不要深责李陵。不曾料到，司马迁的此举被汉武帝认为是为李陵开脱罪名，其目的是为了贬低贰师将军李广利。于是，将司马迁打入狱中。为了治司马迁的罪，于天汉三年，即公元前98年，汉武帝给定了个诬罔主上的罪名，要将他判为死罪。当时的法律规定，如果犯死罪的人想求得一条生路，可以通过交纳五十万钱来赎死，也可以用受宫刑的方式抵死。此时此刻，司马迁已经没有钱去赎死，又不愿意接受宫刑，认为这是奇耻大辱。接下来，司马迁经过了激烈的思想斗争，思前想后，他准备委曲求全。那么，是什么因素让他委曲求全的呢？据说，司马迁在想到历史上的那些成就大事业的人经受的各种磨难，又想到父亲司马谈留下的遗言，并且《史记》尚处于"草创未就"之际，在这样的情况下，他选择了"宫刑"。这种刑罚很残酷，它能使一名男子失去生育功能。

在太始元年，即公元前96年，司马迁被放出牢狱，汉武帝念他是个人才，就让他担任了中书令一职。在当时，中书令官职是皇帝的秘书，属于文官，当时的人认为，这个官职是个"尊宠任责"的官职。但司马迁却不这样想，他认为这个官职无非是个"扫除之隶"、"闺阁之臣"的职位而已。司马迁每想到自己所受的宫刑痛苦，他就将全部的精力放在撰写《史记》的事业上。功夫不负有心人，在经过辛勤努力之后，于太始四年，即公元前93年前后，司马迁完成了宏伟著作《史记》。在司马迁著述的《史记》中，有十二本纪、八书、十表、三十世家和七十列传，一共有一百三十篇，字数有五十二万六千五百字。司马迁所著的《史记》，体例非常完备，内容涵盖中外，贯通于古今，是一部令后人称赞的鸿篇巨作。

史学巨制　恩泽后世

司马迁所著的《史记》，位于二十四史之首，成为历代学者研究的对象。在这两千多年的岁月中，人们对司马迁的评述可谓是经久不衰。司马迁为什么会受到这么多学者的评述呢？原来，这都在于他在历史编纂方面做出的贡献，归纳之后，有如下几点。

第一，司马迁在撰写《史记》时开创了纪传体编纂史书体例，最大限度地扩大了历史研究领域。

在我国，历史学的起源较早，对于这一点，在奴隶社会时期就曾出现过较多的历史典籍。在这些历史典籍中，大都以编年体的形式著述，依据年月的方式来纪事，记述方面十分简单。但在司马迁撰述《史记》时，却有很大的改观，他以"究天人之际，通古今之变，成一家之言"作为指导思想，一方面，他继承了前人的著述体例，撰写成"勒成一书，分为五体"，完成了我国第一部纪传体通史，并且还以创造性的方式探索了以人物为主题的历史著作。

而从司马迁撰写的《史记》体裁来看，分为本纪、表、书、世家和列传五体，有的体裁前人已经使用过，可以看出并非全是司马迁的个人发明。但是，他却能在这基础上将这五种体裁有意识地结合在一起，并且有机地形成了一个较为完备的体系，这是司马迁的智慧体现，也是他的一大创举。当然，纪传体这种编纂方法在今天看来有很明显的缺陷与不足。但是，将其放在两千多年以前，司马迁的这种历史学编纂方法是值得人们赞扬和称颂的。

事实上，《史记》的五体结构属于一个相当完整的体系，无论缺少其中的哪一项都是不可取的。在《史记》著作中，本纪是全书的框架，以王朝的更替为核心体系，借助编年的形式，撰写成书。而《史记》中的世家，主要记载诸侯以及有着特殊功勋的各种人物。对于列传，记述的内容是各种人物的生平传记，其中包括专传、合传和类传等形式。至于表，是以谱牒的形式来表现，一方面包括了错综复杂的史事，另一方面又能表现出历史的线索。为此，对于《史记》中的本纪和列传所记载的史事可以起到穿针引线的效果。另外，司马迁所著的《书》，主要是记述王朝中的典章制度沿革。司马迁能自如地运用各法，详此略彼，相互补充，也使得五体的结构相辅相成、浑然地成为了一体。

在历朝历代的学者研究中，有的学者只注重《史记》的五体结构，但却忽略了所用的互见法。其实，细察它们之间的关系，就能发现，互

见法与五体结构有着十分紧密的联系，并且这也是司马迁别具一格的创造。司马迁著述的《史记》是以帝王将相为主线，对于人物的传写也是按照等级来写的，通过本纪、世家和列传的规格进行载述。可以说，司马迁的五体结构的表现形式，是他大一统思想的具体体现。并且，他的这种思想间接地反映了汉武帝时期的为政面貌，从司马迁记述的内容中，也能看到统治者严厉打击割据势力的手段，这也是一个帝王加强中央集权的要求。与此同时，从他的《史记》中，也能看出司马迁加强中央集权的思想，并且这种思想是以君主为中心的。

接下来，再来谈谈司马迁在历史编纂学上的另一重要贡献，经过研究他的《史记》著作，发现了在编撰方面扩大了历史研究领域。

在我国古代，一直有着左史记言、右史记事的传统，通常将历史看作是统治阶级的个人活动，在记载上较为狭窄，对于这种说法，显然很不科学。在圣人孔子以前，史书都属于官书，是史官们按照统治者的意愿以及规范来记录历史的书籍。孔子所修的《春秋》，史事的记载过于简单。而司马迁《史记》却有所不同，他第一次涵盖了古今中外的事情，并且汇总了百科方面的知识，令其自成一套体系，很好地完成了一家之言语。无论是内容上的深度，或者是广度，都是没有人能够超越的。

司马迁开创的学术史传，综合了古今之学术，辨别了源流间的得失。值得一提的是，在《史记》出现以前，我国未曾出现过学术史，不得不说，是司马迁的《史记》开创了学术史的先例。另外，司马迁引用他的父亲司马谈的《六家要旨》，可以看出，这是对六家的学术撰写的一个总论。在这基础上，司马迁还为各个先秦诸子们立传，并议论了他们所取得的学术成就。无论是兵家、数术家，或是方技家等，均作了相关记载。在后来史书中出现的《艺文志》、《天文志》和《律历志》等形式，都是编撰者对司马迁所开创的学术史进行的继承和发展。

在司马迁开创的民族史传中，通读其内容，可以看出民族一统的思想观念。此外，在司马迁的《史记》中，还给各个少数民族立了《东越列传》、《南越列传》、《西南夷列传》和《匈奴列传》等篇章。所立的篇章，每个史传都各自独立成篇，记述的风格是详今略古，重点叙述了汉武帝时期周边地区的少数民族同中原汉王朝的紧密关系。对于这一点，从哪里可以得到印证呢？不妨从《史记》中的民族史传找到答案。民族史传贯穿着一个主题，即：东南西北的各个少数民族均是天子武汉帝的臣民，并且他们的历史发展是倾向于统一大方向上。可以看出，这也是司马迁给少数民族立传的主要原因。在这里也许有人会说，司马迁愿意为少数民族立传，那么他心中的民族一统思想的内容是什么呢？其实，司马迁的民族一统思想是民族等列；他认为，但凡是中国境内的各个民族均是炎黄子弟的子孙；为此，各民族均能享受革故鼎新的权利。对于司马迁的这些见解，到后来却遭致众多封建史家的责难。对于这些责难，我们暂且不去计较。但是，值得肯定的是，他为民族立史传的思想还是值得称赞的。

在司马迁开创的经济史传，明确地指出了生产活动在历史中所占的重要位置，他的这一功勋不可磨灭。同时，也为我国的史学树立起了重视经济活动的传统。基于经济史传的源流，班固进行了继承，他在撰《汉书》时，就根据《史记》的《平准书》作了《食货志》。后代的史学家在修史时，大多数也继承了这个传统。要补充的是，"食货志"记叙的内容是一朝的经济状况。到了唐代以后，又在《经济史》的基础上发展成了《通典》等专史。司马迁是值得人们去肯定的，像中华两千多年有关经济史的记载，均是这位史学家为人们开创的好传统。

至于其他，不在做一一论述。只需记住，司马迁在《史记》中第一次将政治、经济、文化、军事、法律、伦理、宗教、道德、科学、文学和艺术等方面都包容于历史学的研究范围内就可以了，并且他开拓的历史学研究领域，快速地推动了历史学的发展。

第二，司马迁是以实录的精神编撰的《史记》。

在司马迁著述的《史记》中，核心是以"信史"来著称的。司马迁认为，史学所记述的内容就应当求是存真，他反对"誉者或过其实，毁者或损其真"的做法。对于他的求是存真方面，主要有以下几方面的体现：

其一，重搜集散佚的资料。

在汉王朝初期注重文化事业的发展，在撰写这方面的历史时，他搜集了许多书籍，并且对这些资料进行了整理。做了这些还不够，他还广泛地网罗各种散佚的资料，以便求得历史的真实性。

从司马迁的《史记》的记载中，可以看出这位史学家的游历很广，几乎遍及今天中国的大江南北。他游历的主要任务是搜集遗闻逸事，以补正众多历史史实。在记述五帝的传说时，司马迁就利用扈从武帝巡视的机会收集的一些传闻进行了撰写。同时，在编撰的过程中，他还用孔子的著作以及相关文献记载进行过验证。在这样的情况下，才撰写出了《五帝本纪》。司马迁的写作手法，遵循着实事求是的作风，有着重要的史学价值。

其二，能扫除"疑者传疑"，"疑者缺焉"的观点。

在历史上，经常会有许多问题说法不一，真假难辨的现象。有时，在众多说法中，似乎都有其道理。面对这样的问题，司马迁也有自己的处理方式，那便是运用"疑则传疑"的方法进行处理。比如，比干之死与箕子为奴的两件事中，究竟哪个在前，哪个在后，司马迁无法下结论，于是在记述时，就将两者都记入史中。在《殷本纪》中，记载比干谏死以后箕子为奴，这个记述结果与《韩诗外传》的所载内容相同；但在《宋微子世家》记述中，其内容是箕子为奴以后，比干才死的，这个记述结果与《论语·微子篇》的所载内容一致。司马迁这样记述的目的，是为了方便后人来进一步研究。司马迁采取的"疑者缺焉"的办法，很好地避免了以讹传讹的历史风貌。

第三，司马迁所用的"寓论断于序事"，发挥了"史以道义"的作用。

"史以道义"是以怎样的形式出现的呢？原来，"史以道义"是我国史学的传统之一。在孔子著述《春秋》时期，就已经充分体现了这个思想，因此也有"春秋笔法"的称呼。司马迁十分看重这一思想，为此，他在《自序》中也陈述了《春秋》的这一作用。司马迁说："《春秋》所用的道义"；"拨乱世的混乱为正，最近的发生就在《春秋》时期"；在《春秋》上"对上著述了三王的王道，对下辩论了人事纲领，别除了嫌疑，明辨了是非，定了犹豫，善恶，贤贱不肖，存亡之国，继而绝世，补敝以后起废，是王道的大道。"但是，《春秋》也存有史事的载述过于简单，喜欢以个人的好恶来总结史事以及过分地强调了义理的弊病。尤其是到了战国秦汉时期，有的文人学者喜欢空发议论，对于这一点，司马迁很是不满。为了消除这种弊病，彻底地改变这种学风，于是，他决心写出一部事与理结合的著作来。

"史已道义"的思想很古就有了。但是，在撰写《史记》时要以怎样的方式才能体现出这种思想呢？对于这一点，司马迁有自己的看法。他认为，撰写时可以用历史的事实来阐述义理，同时总结出历史经验，这样做既能结合实际，又能令史书的内容深刻。因此，他深有感慨地说："我欲载之空言，不如见之于行事之深切著明也"。"寓论断于序事"，这句话的大意是说司马迁能够以史实的陈述方式将自己的论点完整地表达出来，这种方式也是他表达自己对史学思想的一种特别形式。当然，从这一点上，也足以看出司马迁驾驭文字的能力以及在文字表达水平上的高超。

司马迁在撰写刘邦与吕雉的史书内容时，能够看出他对这两个人物在历史地位中的肯定。唯一不满的是，对这两个人的品德并不欣赏。在司马迁的眼中，汉高祖刘邦是一个地地道道的无赖，而吕雉是一个心狠手辣的野心家。但司马迁并没有下什么结论，只是通过叙述史事来表达他的爱憎情感。在司马迁撰写的《高祖本纪》中，详细地记载了在未央宫宫殿修筑好以后，汉高祖刘邦在群臣面前，手里捧着玉杯为他的父亲祝福时说："在很小时候，你老人家就说我无赖，不能治家立业，没有老二勤快。如今，我成就了事业，若与老二的相比，您看谁的更多呢？"不难看出，刘邦在当了皇帝以后还与兄弟比富，向自己的父亲夸耀，足以看出他对当年父亲的批评耿耿于怀。同时，从另一个侧面可以看出，即便刘邦当了皇帝，那么他的无赖禀性依然没有减少。对于刘邦的无赖相，也可以在司马迁的其他篇中看到。比如，司马迁在写《叔孙通列传》中，就写了叔孙通建议制定礼仪，刘邦听后却说："可试为之"，后来，在长乐宫修成以后，朝中的文武百官按照礼仪行事于是刘邦说："吾乃今日知为皇帝之贵也！"从这一句话中，也能看到刘邦的得意忘形，同时，也让我们看到即便他当了皇帝，仍然没有失去无赖的本性。

司马迁在著述《史记》时，对于笔下的每一个历史事件以及每一个历史人物，都隐含着他自己的看法，有的还在无形中寄托着他的思想。但是，司马迁撰史的方式是以叙事的形式来表达的。把这一点放在今天，可以让人们深刻地感受到"论从史出"观点。

第六章

开国功臣丧于妇手

——长孙无忌

个人档案

☆姓名：长孙无忌

☆民族：汉

☆出生日期：597 年

☆逝世日期：659 年

☆生平简历：

公元 597 年，长孙无忌出生。

公元 617 年，李渊起兵太原。长孙无忌进见，李渊爱其才略，授任渭北行军典签。

公元 626 年，长孙无忌参与发动玄武门之变，帮助李世民夺取帝位。

公元 631 年，长孙无忌与房玄龄、杜如晦、尉迟敬德四人，以元勋封每人一子为郡公。

公元 637 年，长孙无忌奉命与房玄龄等修《贞观律》。

公元 643 年，图功臣二十四人于凌烟阁，长孙无忌居第一。

公元 655 年，唐高宗终于不顾大臣们的冒死极谏，诏废王皇后和萧淑妃，册立武则天为皇后。

公元 659 年，在武则天的授意下，由许敬宗费尽心机，把长孙无忌编织进一桩朋党案，进行恶毒陷害。同年，长孙无忌去世。

人物简评

　　他的一生都效忠于大唐王朝，为大唐立下了赫赫战功；他是大唐的功臣，却不居功、不自傲，竭尽全力辅佐唐太宗、唐高宗治理朝政，为唐朝的发展立下了汗马功劳；他是一代忠臣，亦是位高权重的皇亲国戚，可怜他最终没能逃过"否极泰来"的定律，最后冤死在宫廷斗争中。他就是初唐元勋，最后却冤死于狱中的长孙无忌。

生平故事

自小相识　玄武之变

　　长孙无忌的祖先是北魏的皇族拓跋氏，因为立下了特殊的功劳，才会改姓为长孙氏。长孙氏自北魏时期就是士族高门，属于军事贵族。不过长孙无忌这个人，虽然有军事谋略，但是他并不善于带兵打仗，唐太宗李世民曾经这样评价他说："聪明鉴悟，雅有武略"，"总兵打仗，非其所长"。而这些情况和长孙无忌早期的经历有着很大的关系。长孙无忌的父亲在他很小的时候就去世了，他和妹妹从小在舅舅高士廉家中长大。高士廉才华横溢，在当地很有名望。在这样家庭中长大的长孙氏兄妹，也受到了很好的文化熏陶。长孙无忌喜好读书，博览文史，而妹妹从小也喜欢读书，造次必循礼则。高士廉还有一套识人的本领，李渊父子在太原起兵之前，高士廉就看出李世民不是一个普通人，于是便将长孙无忌的妹妹嫁给了李世民，后来李世民登基为帝，长孙无忌的妹妹长孙氏成为皇后。长孙无忌和李世民的年纪相仿，两个人的关系从小就比较好，自从妹妹嫁给李世民之后，二人的关系更加亲密了。

从李渊父子晋阳起兵开始，长孙无忌就一直跟随在李世民左右南征北战，可是却一直没有立下太大的功劳。玄武门之变后，长孙无忌的政治才华才慢慢地显现出来。唐朝建立后，李渊集团内部产生分裂，其中最大的矛盾就是太子李建成和秦王李世民之间的皇位争夺战。不管是从才能、威望还是军功上来看，李世民都要比太子强很多，这也使得李世民的心中产生了争夺皇位的念头，而这一念头也使得太子李建成很是嫉妒和不安。刚开始的时候，李建成三番两次的派人加害李世民，可是都以失败而告终。随后李世民询问府中的幕僚说："危险的征兆已经显现出来了，我们该怎么办呢？"房玄龄对长孙无忌说："今日，太子和秦国的间隙是落下了，一旦祸患发生，可不就是一个府上的事情了，实乃国家之忧啊。现在也只有劝亲王行周公之事，以安定国家。存亡之机，刻不容缓，就在今天了。"长孙无忌说："我早就有这个意思了，只是一直不敢开口，你今天所说的话，正合我意。我们应该这么做了。"于是，房玄龄、杜如晦、长孙无忌都劝说李世民应该先发制人，认为只有这样才能够扭转现在不利的局面，转危为安。

这个时候，太子李建成与齐王李元吉也在紧张地部署着，他们想要花重金收买李世民的大将尉迟敬德，可是却遭到了拒绝，后来又派人行刺李世民，最后还是以失败而告终。李建成对李元吉说："秦王府上的谋略之士，最让人忌惮的就是房玄龄、杜如晦二人了。"于是，太子又在李渊的面前，诋毁这两个人，最后将其逐出了秦王府。这样一来，李世民身边能用的人才也就只有长孙无忌了。长孙无忌对房玄龄所提出的建议很是支持，他和舅舅高士廉、秦王部将侯君集、尉迟敬德等人每天都劝说李世民尽早将太子和齐王除去，以绝后患。可是，为了兄弟情义，李世民一直犹豫不决，而行军总管李世绩和灵州都督李靖二人，也都不同意长孙无忌的做法。正在这个时候，突厥大军侵犯南边，依照惯例，应该由秦王李世民带兵出征，不过这一次在太子李建成的举荐下，由齐王李元吉代替李世民出征，并且还让秦王手下的大将尉迟敬德等人一起前往。由此一来，他们的目的也就非常明显了。他们想要趁此机会把秦王府的精兵强将全部抽空，并计划在给李元吉送行的时候，借机杀掉李世

民。李世民知道后，立刻和长孙无忌等人商议，又派遣长孙无忌将房玄龄、杜如晦二人秘密召回房，一同谋划了玄武门兵变。6月4日，李世民亲自带领长孙无忌等十人，在玄武门处诛杀了太子李建成和齐王李元吉。

最大功臣　贞观之治

在玄武门之变中，最大的功臣可谓是长孙无忌了。在酝酿政变时期，长孙无忌态度坚决，竭诚劝谏；在准备政变时期，长孙无忌日夜奔波，联络内外；在政变时期，长孙无忌又不怕危难，亲自到玄武门内，和太子抵抗。所以，李世民到死都没有忘记长孙无忌的佐命之功，他临死之前还对朝中大臣说："我能够得到天下，大多都是长孙无忌的功劳啊。"

太子李建成死后，李世民成为新一任的皇太子，而长孙无忌则是太子左庶子。过了没多久，李渊将皇位让给了李世民，长孙无忌则被升任为左武侯大将军，后来又任职吏部尚书，晋封齐国公，拥有一千三百户。唐太宗好多次都提议，要任命长孙无忌为宰相，但是长孙无忌的妹妹长孙皇后却再三地说："臣妾已经贵为东宫之主，家里已经盛宠至极，臣妾实在是不愿意哥哥再复执国政了。"而且她还提醒李世民应该吸取汉室吕氏、窦氏等家族专权的教训，长孙无忌自己也推卸宰相一职，可是李世民却执意要把长孙无忌提拔为宰相，任命为尚书右仆射。在李世民的皇位争夺战中，长孙无忌确实立下了不容忽视的功劳，但是对于宰相一职，长孙无忌的才能似乎还不够。长孙无忌是一个谨慎之人，在朝堂上他都会注意避免嫌疑，并不像历史中很多外戚，依仗着女儿或者姐妹享有"椒房之宠"，而明目张胆地攫取权力。长孙无忌以盈满为戒，几次上书恳请太宗削去他那宰相之位，让有才能的人担当，而长孙皇后也为此请求，最后，李世民万般无奈之下，只好让他辞去了尚书右仆射，而任职开府仪同三司。这一年，李世民在文武百官的陪同下，亲自到长安西郊祭祀，起驾返回的时候，还特意命令长孙无忌和司空裴寂二人可以用金辂，以此来表示自己对他们的重视。贞观五年（631年），长孙无忌和房玄龄、杜如晦、尉迟敬德四人，以元勋封每人的一个儿子为郡公。贞观七年，李世民册书，任命长孙无忌为司空，长孙无忌坚决不肯接受，可是李世民不准，后来还特意写了一篇《威凤赋》，赏赐给长孙无忌，以追思开创帝业的艰难和长孙无忌的辅佐之功。

在李世民看来，之所以授予长孙无忌朝廷要职，并不是因为他是长孙皇后的哥哥，而是因为他的才行。在玄武门之变中，长孙无忌表现出了超常的才能与胆识，李世民登基之后，在一些重大事务中，长孙无忌也发挥了很大的作用。比如贞观元年时，突厥内部矛盾激烈，多个部落起兵反叛，大大削弱了突厥的整体实力，朝廷中很多大臣都上书请求，应该趁这个机会出兵攻打突厥，可是唐朝和突厥在前些日子刚刚签订了盟约，所以李世民也有些犹豫。长孙无忌说："虏（突厥）没有侵犯边境，而我们背信弃义，动劳百姓，这不是王者之师的作为啊。"认为如今国家的主要任务就是锻炼兵马，等到贼寇侵犯边疆的时候，可以一举征讨。而今，突厥国家发生内乱，肯定不会侵犯我国的。唐太宗听从了长孙无忌的意见，放弃了立即出兵的打算。再比如，唐太宗对于周朝的分封制很是仰慕，不管朝中很多大臣（如魏徵、李百药、颜师古等）的反对，于贞观十一年，诏令以荆州都督荆王元景为首的二十一名亲王为世袭刺史，以赵州刺史长孙无忌为首的十四名功臣为世袭刺史。唐太宗下诏之后，朝中大多数大臣也只能接受，不过侍御史马周和太子左庶子于志宁依然冒死进谏，而李世民对于他们的建议根本就不愿理睬。最后，以长孙无忌为首的被封功臣一一递交了抗封的表文，长孙无忌又让自己的儿媳长乐公主一再地请求唐太宗李世民，说："臣跟着皇上南征北战，好不容易等到天下归宁了，却被抛弃在了外州，这与迁徙有什么不同！"李世民这才只能收回诏令。

由此也可以看出，长孙无忌是有一定的才能和胆识。不过，长孙无忌在李世民时期可以得到如此恩宠的地位，是不是和他是长孙皇后的哥哥有关，对此，历史学家也有不一样的看法。不过，可以肯定的是；第一，在李世民心中，最为信任的人便是长孙无忌了，从这一点来看，不仅魏征不可比拟，就连秦王府的那些旧人、房玄龄等也稍逊一筹；第二，长孙无忌不仅是开国元勋，他还是皇亲国戚，不过长孙无忌一生为人谨

慎，注意避嫌，和历史上的其他蛮横外戚大不相同。贞观十二年，唐太宗亲自前往长孙无忌的府上做客，贞观十六年，任命长孙无忌为司徒，贞观十七年，唐太宗把二十四位有特殊功勋的大臣图样绘制于凌烟阁中，以此来表彰他们的功劳，而在这二十四位功臣中，排在第一位的便是长孙无忌。

贞观后期，唐太宗心骄志满，魏征等大臣多次进谏劝告，可是唐太宗表面上答应，但是实际上却还是我行我素，不把大臣们的谏言放在心上。不过在大臣中，也有不少阿谀奉承之辈，长孙无忌便是其中一员。贞观十八年四月，唐太宗亲临太平官，对于左右的大臣说道："作为臣子，顺从圣意的人居多，而敢于触动圣颜的人较少，今天朕想要听听自己的过错，你们尽管说来，朕绝不怪罪。"这可是直言进谏的大好时间，不过长孙无忌却说："陛下并没有什么过错。"同年八月，李世民对长孙无忌说："人生最苦的事情就是不知道自己的过错在哪儿，爱卿可一定要对朕明说啊。"这是李世民第二次要求长孙无忌谈自己的过失。可是，长孙无忌还是说："陛下文武双全，臣等顺着都已经顾不上了，哪还有什么过失可以说的呢。"唐太宗当下便说这是"曲相谀悦"。唐太宗晚年时期，不喜欢直言进谏，难得有一次机会，也被长孙无忌以阿谀代替忠谏，这也是忠臣长孙无忌唯一的缺陷了。

风波四起　太子废立

武德九年十月癸亥，唐太宗立嫡长子李承乾为皇太子。照理说，储位既然已经确定，嫡庶已分，应该就不会出现什么岔子了。再加上李承乾原本就深得李世民的喜爱，在唐高祖驾崩之后，李承乾还代守孝的父亲监国，并且颇受朝中大臣的拥护。只是李承乾长大之后，因为腿部有残疾，有些不利于行走，这也让他从内心里产生了自卑感。为了淡化这种感觉，李承乾开始把兴趣转移到声色犬马上，而且还有同性恋倾向，最后才导致对父亲阳奉阴违、对师长劝勉不耐，甚至他还曾经派遣杀手刺杀自己的老师。贞观十六年，李承乾被控武力叛变，意图杀害唐太宗。

而李承乾一母同胞的弟弟李泰对李承乾的太子位一直心有不服。李泰也是李世民最为喜爱的儿子之一，才华横溢，还主张编撰了《括地志》，而大受李世民的赞赏和褒奖。在这样宠爱之前，李泰自然不甘受制于人下。李承乾试图谋反事败后，李泰还对李世民撒娇想让其立他为太子，并且说会把自己的儿子杀掉，然后传位给自己的弟弟，李世民当场便口头允诺李泰将会是下一任太子。不过很快，褚遂良揭穿了李泰杀子传弟的谎言，并且对李世民指出了太子之争的根本原因，那就是往日皇上立李承乾为太子，而又宠爱李泰，甚至在礼数上还在李承乾之上，如此嫡庶不分，所以才致使太子之争的局面出现。而且褚遂良还说，如果皇上真的想要立李泰为太子，那么最好将晋王李治安置到别处去，这样才能保证三兄弟的安全。

唐太宗为李承乾和李泰的事情伤透了心，不过他还是想方设法保住了李承乾的性命，将其贬为庶人，将李泰贬为东莱郡王，不到四年后，又重新进封为濮王，不过这个太子的位置到底给谁才不会枉费自己的这一番心思呢？而在这场争储大赛中，长孙无忌一直是一个旁观者，并没有卷入其中，直到李泰说出了"杀子传弟"后，长孙无忌才站到了李治这边。

而唐太宗之所以立李治为储，其中里面也包含了很强的个人情感。李承乾、李泰、李治都是长孙皇后所生，李世民对长孙皇后的感情很深，爱屋及乌，对于嫡出的子女也是万般宠爱，对皇后家族也照顾有加。长孙皇后去世后，李世民将自己对长孙皇后的思念转移到长孙皇后所生的七个儿女上，宠爱至极。所以在李承乾和李泰成为仇敌的情况下，李世民果断立了年幼但性情温和的李治为储，目的就是为了保全自己的这三个儿子。

虽然说，李治的太子之位是李世民亲选，可是朝中有人却认为长孙无忌之所以站在李治那一边，主要是为了自己的野心，因为李治的年龄比较小，很容易掌控，利于他把持朝政。不过，李治登基到长孙无忌被流放的这段时间里，长孙无忌并没有触碰过军事大权，也没有逼着李治去做任何事情。相反，长孙无忌曾经劝说李治应该从谏如流，礼贤下士，从不因自己位高权重便欺压他人。

而当时长孙无忌之所以同意立李治为储，无非有两个原因：第一李泰杀子传弟的说法被褚遂良揭穿；第二，长孙无忌猜透了李世民想要保全三个爱子的心思。李世民曾经对朝中大臣们说："如果立了李泰，那么李承乾和李治都无非生存下去；如果立了李治，那么李承乾和李泰都能够安然无恙啊。"

不过，有一种很可笑的说法，那就是李世民之所以会立李治为太子，主要是受了长孙无忌的胁迫。堂堂大唐皇帝竟然成了长孙无忌的傀儡，这个观点可谓是荒唐至极。贞观时期，长孙无忌手中的权力可都是唐太宗赋予的，而且长孙无忌的手中一直没有军权，他又能拿什么来威胁李世民？

长孙无忌的一生都为大唐效力，可是后来却因武则天的原因而被后人污蔑，而现实还有一些人更是险恶，想要把长孙无忌一生的功绩全部抹去。

李治登基后，长孙无忌每日在李治的身边耳提面命，教他如何做一名明君。此外，长孙无忌还加紧律法礼法的修订，其著名的唐律疏议就是在这段时期内产生的，并且被后世人称之为典范，赞其为"西有罗马法东有唐律"。

李治继位的时候，刚刚20岁出头，而那个时候的长孙无忌已经快60岁了。长孙无忌担心自己归天之后，李治压不住朝中众多官员，所以便借着高阳谋反案。除去了继位年长的皇子，为李治除去了好大的威胁。

虽然史书上称高阳公主是李世民最为疼爱的公主，不过她的待遇可是远远比不上嫡出公主的。正因为这样，高阳嫉妒房遗直的官爵，屡次陷害都惨遭失败。李治登基后，她又和李治最年长的皇叔荆王李元景勾结，想要趁机谋反，而这也给了长孙无忌一个绝佳的好机会。

长孙无忌借着这个机会，把唐高祖、唐太宗两位先祖最年长的皇子全部处死，李元景意图谋反，是死有余辜，而皇子李恪则是被称为冤杀，因为当时李恪身在封地，参与谋反的几率微乎其微。不过那个时候，李恪是唐太宗所有庶子中年龄最大的一个，杀了他，可以起到杀一儆百的作用。

从另一个方面说，根据皇子们的待遇来看，李恪是李世民所有儿子中

待遇最差的一个。相传，李恪在打猎的时候，不小心踩坏了邻家的庄稼，便被罢免了都督一职外，还削减了300户，后来还因为和乳母的儿子赌博，又被罢免和削户，甚至还被李世民比作是汉武帝的儿子燕王旦。就是这样一个皇子，李世民曾经还起过立他为太子的念头，这又是为什么呢？

首先，贞观十七年，李治15岁，性情温和，而且是被李世民捧着长大的，不懂得宫廷险恶。李世民心里很是担忧，他害怕这个儿子撑不起大唐的江山。于是，李世民又开始从他的儿子们中挑选合适的继承人。那个时候，李承乾被废黜，李泰被贬，李宽、李佑已经去世，李愔、李恽的品行不好。虽然李贞比李治大一些，不过那时他也就17岁左右，在文才武略方面并没有大的表现。这样一想，最合适的人选莫过于李恪了，第一是因为他年龄最大，第二贞观七年的时候，李恪便有了自己的封地，和李治比起来，要成熟多了。李世民想到这，于是便立刻召见长孙无忌，和他单独商议，不过长孙无忌一直是反对李恪的，所以，李世民的这番打算自然是落空了。几天之后，李治的长子李忠出生，李世民高兴之余，封李治的儿子为亲王，这可是破例册封啊。李世民没有真的册封李恪也和李治有很大的关系，根据史书记载，长孙皇后去世后，李治和妹妹晋阳公主都是在李世民身边长大，可谓是在李治被立为太子之前，一直都没有离开过父亲的身边，甚至李治被立为太子后，还和李世民一起在自己的宫里居住。褚遂良曾经两次进谏，让李世民放太子回东宫。后来，唐太宗出巡灵州的时候，本想带着李治一起前往，可是却被张行成批评道："与其出陪私爱，曷若俯从公道？"唐太宗对李治可以说是百般呵护，而李恪在贞观七年就已经离开了李世民的身边，独自前往了自己的封地，到了贞观十七年，李恪和李世民见面的次数也是少得可怜，和在李世民身边长大的李治相比，自然是有着天差地别的。

在皇权斗争中，牺牲是避免不了的，而诛杀李恪这样一个很平凡的皇子就如同捏死一只蚂蚁一般容易，长孙无忌可以说是没有一点压力，就连宗室功臣李道宗，在李治的主张下，长孙无忌找了一个合理的名头，把李道宗流放了。

辅佐高宗　惨遭害死

李治登基之后，长孙无忌作为辅政，自然会尽心尽力地辅佐新皇帝。在这段时间里，长孙无忌主张编著了《唐律疏议》三十卷，系统疏证诠解了《唐律》的各项条文。这一部法典不仅完善了唐朝的法规，而且也是我国现存的一部最为完整的古代法典。可是，长孙无忌作为元勋，作为初唐的一位忠臣，最后却因为反对立后而遭到诬陷致死。

永徽元年（650 年），唐高宗立王氏为皇后，不过王皇后没有子女，也非常不受宠，到是后宫中的萧淑妃，天性聪慧，很受李治的喜爱。因为这样，王皇后将萧淑妃看作是眼中钉、肉中刺，真是恨透了她。唐高宗为太子的时候，唐太宗卧病在床，李治奉命入侍，因而认识了唐太宗的才人武氏，也就是大名鼎鼎的武则天，很喜欢她。唐太宗去世之后，武则天随着一众宫女去感业寺当了尼姑，太宗祭日时，唐高宗去感业寺行香，在那里他再一次和武则天相遇，两人相对而泣。王皇后知道这件事情后，便偷偷让武则天留起了长发，随后又劝唐高宗把武则天收纳入后宫，想要利用武则天来压制萧淑妃。武则天进宫之后，便受尽了宠爱，被册封为武昭仪，后来还为李治生下了一个皇子。而王皇后也算是又为自己惹来了一位劲敌。

武则天可是一个有野心的人，她并不满足武昭仪这个位置，为了当上皇后，她不惜亲手掐死自己的女儿，将其嫁祸给王皇后。唐高宗想要废黜王皇后，改立武则天为皇后，这在朝中引起了很大的风波；以长孙无忌、褚遂良为代表的唐朝元老们都强烈的反对，而以许敬宗、李义府为代表的大臣们则是全力支持，在这些重臣中，只有李绩一个人称病而不发表任何意见，唐高宗再三询问，李绩也只是说这是皇上的家事，何必要问外人呢，而这一句话也算是给了李治很大的支持。不过，长孙无忌可是唐高宗的舅舅，唐太宗的托孤大臣，所以，在立后的问题上，长孙无忌的意见显得尤为重要。刚开始，武则天还想要争取长孙无忌的同意，可是不管她使用什么办法，长孙无忌就是不愿意，这才让武则天退而求其次，争取朝中重臣的支持。永徽六年（655年），唐高宗不顾朝中大臣的反对，废黜了王皇后和萧淑妃，并且册立武则天为皇后。因为谏言，褚遂良等人遭到了贬庶，而武则天最嫉恨的莫过于不同意她为后的长孙无忌了。不过长孙无忌和褚遂良还不一样，他不仅仅是朝中重臣，他还是唐高宗的舅舅，想要整垮他，还得费些心思，还需要静候时机才对。显庆四年（659年），在武则天的授意下，许敬宗想尽了办法，诬陷长孙无忌是一桩朋党案的主谋，而许敬宗又借着处理太子洗马韦季方和监察御史李巢朋党案的机会，污蔑韦季方和长孙无忌相互勾结，诬陷忠臣近戚，想要伺机谋反。唐高宗先是吃惊不信，随后在一些有心人的不断进谏下，唐高宗才开始怀疑起来，命令许敬宗要细查此案，随后又看到许敬宗所编造的关于韦季方交代的与长孙无忌谋反的供词，哭着说道："舅舅如果真的这么做了，朕也绝对不会忍心把他杀掉了，那么天下人将怎么看朕，后世人又该怎么看朕呢!"许敬宗见唐高宗顾念亲情，于是又列举了汉文帝诛杀舅舅薄昭的故事，并且以天下明主的例子来宽慰唐高宗，随后又引用"当断不断，反受其乱"的古训，催促唐高宗尽快下决心。这唐高宗也是糊涂，连和长孙无忌对质的机会都没留，便削去了长孙无忌的职务，剥夺了他的封邑，流放黔州，但却应准其按照朝中一品官员的等级来供应饮食，也算是对舅舅的一番照顾了。而长孙无忌的儿子和家族也受到了牵连，有的被杀，有的被流放。三个月之后，唐高宗又命令许敬宗等重新审理此案，许敬宗派遣大理寺袁公瑜前往黔州，逼迫长孙无忌自杀。

长孙无忌被害后，朝廷没收了他的家产，他的家人和亲属也受到了不同程度的株连。长孙无忌的儿子——驸马都尉长孙冲等人被革职查办，发配岭南安置。当时任职部尚书的堂弟长孙祥，不仅没能救出自己的哥哥，相反自己也因为和长孙无忌互通书信，而惨遭被害。那些参与陷害长孙无忌的许敬宗、崔义玄、李义府、辛茂将和袁公瑜等人，则是加官进爵。

长孙无忌作为三朝元老，在初唐时期立下了赫赫战功，到了晚年，竟然惨遭小人诬陷，最后自杀身亡，这实在是唐朝的第一大冤案。

第七章

正直敢言灭因大忠
——颜真卿

个人档案

☆姓名：颜真卿

☆民族：汉族

☆出生日期：709 年

☆逝世日期：785 年

☆生平简历：

公元 734 年，26 岁的颜真卿考取进士。

公元 783 年，颜真卿到前往许州安抚叛臣李希烈。

公元 785 年，颜真卿死于叛臣李希烈之手。

人物简评

颜真卿，字清臣，琅邪临沂（今山东）人。是北朝时期著名学者颜之推的子孙。颜真卿出身于名门，性格刚正不阿，知识渊博，26 岁考取进士。之后，便走入了官场仕途。

颜真卿在国家危亡之际，挺身而出，他招募勇士，讨伐叛臣安碌山，他文采兼备，号称一大书法家。在为官之际，由于过分耿直被小人卢杞设下圈套，最终还死于叛臣李希烈之手。

他的死，令朝臣们感慨，令百姓们不舍。颜真卿之所以有这样的结局，在于他有一颗强烈的爱国之心，他的正气凛然与性格，令他与时势格格不入。为此，颜真卿最终只得含冤而死，这是不可避免的，但死得其所，死得值，他的浩然之气将永存！

生平故事

名门出身　刚正不阿

颜真卿，是北齐时期黄门侍郎颜之推的第五代子孙。在颜真卿 3 岁那年，他尝到了"少孤"的辛酸经历，是在母亲殷氏的训导下成长起来的。颜真卿命运的风波，也许正是体现他才能的砥石。少年时期的颜真卿，勤奋好学，知识十分渊博，擅长写文章，对书法有独特见解。颜真卿凭借造诣超群的书法艺术闻名天下，他善于书写正书、行书。他的书法艺术具有独特的表现力，在其书法艺术中吸收了前代和同时代著名书家的长处，茶圣陆羽称颜真卿的字体得到了王羲之的筋骨心肺，其笔法还师承了唐代著名书法家张旭的风格，还请教过僧人怀素。颜真卿对笔法颇有研究，"笔法的过人之处正在于法度备存而端劲庄特"，曾作下笔法十二意。颜真卿以擅长写正书而名垂于史，他的书法"如忠臣烈士，道德君子，端严尊重，使人畏而爱之。"

在颜真卿十八九岁那年，无意中得了怪病，于是躺在床上一百多天，找谁治都治不好。后来，有一名道士从他的家门前经过，道人自称为北山君。北山君见到颜真卿后，凝视了片刻，最后拿出几颗如同米粒大小的丹砂让他服下，顷刻之间，他的病就痊愈了。临走时道士对颜真卿说："你的人生具备清正简朴的美名，已经记在了黄金台上，能够度世成仙，有机会到天上去做仙官。为此，你不应该让自己沉沦在名宦的大海里。若你不能脱离尘世间的大网，那么就要坚持用你的节操去辅佐君主，切记一定要勤俭，并且要有献身精神，去世的当天，不妨用你的形骸来还魂修道，而后便可得道成仙。"

唐玄宗开元二十二年，即公元734年，26岁的颜真卿考取进士，又参加了擢制科（朝廷为有专长的人才临时设的科目），而后顺利地踏上了官道仕途。做过礼泉尉，又任命为临川内史，在为政期间使得"文政大行"，受到朝廷的赞誉。后来被提升为监察御史。有一次，颜真卿奉命出使河陇地区，在当时的五原有一件十分棘手的冤狱，在很长的时间都没有作出判决，待颜真卿到达河陇以后，他走访取证，明察秋毫，终于案情大白于天下，当时正适逢天旱之际，颜真卿做出公正的裁决后，天突然下了雨。于是，五原郡的百姓，便将这场雨称之为"御史雨"。后来，颜真卿因能力突出，又相继担任过殿中侍御史、东都畿采访判官、武部员外郎等官职。宰相杨国忠见颜真卿是个人物，便想拉拢他，以巩固自己在朝中的地位。但是，颜真卿不愿意同杨国忠走得太近。杨国忠见颜真卿不为他所用，便心生怨恨，于是把他调出京城，担任了平原太守。当安禄山谋反朝廷的迹象渐渐暴露的时候，颜真卿为了以防万一，对内派人修缮城防，召集壮丁，贮备了大量的粮食，而对外仍然像往日那样会集宾客文士，做泛舟饮酒、赋诗之事，以免除安禄山的疑心。在安禄山发动叛乱以后，河朔一带全部沦陷，仅有平原的城防守完备。

唐玄宗在听说发生了叛乱后，感慨万千地说："河北二十四郡，岂无

一忠臣乎?"而后，唐玄宗等听封平原派来了使者，在向他奏报以后，心里十分高兴，便对左右的人说："朕不知颜真卿的状况如何，所为得如此!"安禄山在攻陷洛阳以后，杀死了洛阳留守李澄、御史中丞卢亦和判官蒋清，还派遣了一个名叫段子光的使者将这三个人的首级向河北宣示。颜真卿见过这名使者后，怕动摇军心，就对各位将领说："我认得李澄等人，这些首级并不是他们的。"于是，他下令腰斩了段子光，还秘密收下了三个人的首级。几天以后，用草结成了这三个人的身体，并对他们进行了安葬，设立了灵位，大声痛哭。经过这件事情以后，颜真卿的部下更加拥护他了。

　　紧接着，颜真卿抓紧时间招募勇士，在十天内一共得到一万人。颜真卿见时机成熟，便向他们宣布要举兵讨伐叛臣安禄山。在宣誓过程中，颜真卿想到国家遭逢祸难，便情不自禁地失声痛哭起来，勇士们见此，心里都受到了巨大的震撼。安禄山得知颜真卿要攻打他时，便派遣他的部下李钦凑、高道和何千年等人一同把守住土门。当时，颜真卿的堂兄颜杲卿担任常山太守，他与长史袁履谦想出了一条妙计，成功地杀死了李钦凑和高邈，还活捉了何千年，将其送至京师。攻破土门以后，河北的十七郡全都归顺了朝廷，他们还推举颜真卿做主帅，聚集了二十多万兵马，驻守于燕赵之间，这样一来，就阻绝了安禄山的叛军。鉴于此，朝廷封颜真卿担任户部尚书，兼任平原太守，不久之后，又令其担任河北招讨采访使。

　　当时，时任清河太守派遣使者李萼向颜真卿请求援兵，颜真卿见形势情况，便为他发兵六千，还征求了他抵抗叛军的具体意见。李萼并未推辞，他出谋划策说："我听说朝廷派程千里带兵十万从太行东下来，将要出坍口，不想却是贼的要塞，因此兵不能向前行。现在若要先伐魏郡，斩杀袁志泰，担任太守的司马垂是西南的主子;分兵于坍口的路口，可出千里用兵来讨伐邺、幽陵;平原清河合同十万将士前往洛阳，分兵驻守其要塞。统计了一下天子的军队有十万之众，战士们坚固壁垒，清除郊野，没有谁敢向他们挑战，不出数十日，贼寇必定大败。"对于李萼的计谋，颜真卿表示赞同。于是，颜真卿传令清河等郡，派遣得力大将李择交、副将范东馥、和琳和徐浩等人全力进兵，同清河与博平五千人联兵驻守于堂邑。正在此时，叛军袁志泰派他的部将率领二万人宣战，结果被打得大败而逃。为此，还斩首了叛军一万多人。

讨伐叛贼　血泪抒情

在与安禄山交战的过程中，颜真卿的堂兄颜杲卿勇气可嘉，他与颜真卿一起发兵讨伐叛军。颜杲卿带领军队同叛军苦战了好些天，但却由于寡不敌众被叛军活捉了。安禄山命手下将攻打自己的颜杲卿以及他的小儿子颜季明押到账前，问道："你为何要反叛我？"颜杲卿直瞪双眼，连声大骂道："呸！我身为唐朝的臣子，为朝廷讨伐乱臣贼子这叫什么反叛？"安禄山听后，十分气恼，便叫人用铁钩对颜杲卿用刑，顷刻间便钩断了颜杲卿的舌头，但是颜杲卿的骂声还是不绝于口。最后，生性残暴的安禄山为了封口，竟然命人将颜杲卿父子活生生地剐死。

很快，颜杲卿父子的遇害的消息便传到至了平原，颜真卿得知后，心里悲愤极了。他一想到堂兄颜杲卿一家忠心为国，全家三十多口人全部为国捐躯，即便是少年英俊的小侄子颜季明也惨死于叛军的刀下，他心中的悲痛油然而生，不由得痛哭流涕、泪流满面。为了寄托自己对侄子的哀思，颜真卿打算为颜季明写一篇祭文。于是，在情与景的交融下，他提笔飞快地写了起来，此时此刻，国恨家仇全部挥洒于笔端。片刻之后，一篇文字挥就而成，细读祭文可以深刻地感受一种苍凉悲壮的情怀。

颜真卿为侄子写的这篇手稿文章是颜真卿含着泪书写而成的。在文中，可以看到有好几处由于笔写干又没能顾上蘸墨形成的枯笔印迹。由此可见，他的心情在当时那种情况下是多么的悲愤啊！这篇文章被颜真卿命为《祭侄稿》，不仅文词好，而且书写妙。此外，还饱含着颜真卿对朝廷的爱国情怀。这样的文章，也只有像颜真卿这样的人——既是英雄，又是书法高手才写得出来。后来，颜真卿的这篇《祭侄稿》还成为了他最杰出的行书作品之一。历代书法家在评论颜真卿这篇手稿时，将它称为"天下第二行书"。这篇书稿与东晋著名书法家王羲之的"天下第一行书"《兰亭序》一样，同样受到了人们的珍视、珍爱。

官路坎坷　不改作风

唐肃宗在灵武继承大统之后，颜真卿多次派部下奏报情况。于是，唐肃宗任命颜真卿为工部尚书，兼御史大夫以及河北采访招讨使官职。在当时，军费紧张，几乎接近枯竭，李萼给他提了一个建议，让他先收景城盐利，让各个郡分别上缴，以缓解眼下的局面。颜真卿听从了他的建议，这一招很有效，很快便解决了军费问题。

在此时，安禄山也是蠢蠢欲动，几经思量后他乘机派史思明和尹子奇急攻河北，各郡没能抵挡住，于是再次被叛军攻下，仅有平原、博平和清河三郡的守卫完好。但是，人心已经动摇不安了，形势十分危急，局面很难挽回。至德元年十月，即公元 756 年，颜真卿权衡了利弊后，只得弃城率兵士渡过黄河，经过江、淮和荆襄一带，辗转来到秦凤翔并且朝见了唐肃宗。唐肃宗下诏任命颜真卿为宪部（刑部）尚书，没过多久，又任命他为御史太夫。上任期间，颜真卿对于那些不遵守礼法的官吏一一加以弹劾。提交了这么多的弹劾名单，宰相对颜真卿的做法很是不满，他认为，"军国之事，知无不言"。为此，颜真卿受到宰相的嫉恨，还将他排挤出了朝廷，担任冯翊太守，后改担任藩州刺史，因受到御史唐旻的诬陷，被贬为饶州刺史。

乾元二年，即公元 759 年，颜真被任命为浙西节度使。在当时，淮南节度使的官员名为刘展，这个人将要谋反。对此，颜真卿早有察觉，还事先做好了防备。只是，都统李垣却不这么想，他认为颜真卿这是制造事端，对他人进行了无端非议。于是，朝廷便征召颜真卿为刑部尚书。后来，节度使刘展被颜真卿言中，果然谋反了，而都统李峘则逃奔至江西。颜真卿被调回朝廷后，宦官李辅国居心不良，他假传诏令将玄宗迁至西宫，颜真卿率领朝中百官上表请问起居，对此，李辅国深为不满，于是私底下说了颜真卿的坏话，又被贬为蓬州刺史。

唐代宗即位以后，令颜真卿担任利州刺史，只是还未去上任，又被改任为吏部侍郎。后来，又任命颜真卿为荆南节度使，尚未去上任，又改任为尚书右丞。后来，代宗自陕州回到长安后，颜真卿请求先拜谒陵庙而后再还宫，对于他的请求，宰相元载很有意见。没过多久，颜真卿又改任检校刑部尚书知省事，被朝廷封为鲁郡公。当时，宰相元载援引私党，每天担惊受怕，他害怕君臣论奏他的过失。于是，就吩咐下去——百官们若要论事先告诉长官，通过长官再告知宰相，而后再上奏皇帝。对此，颜真卿很是不满，于是他上书给代宗，指出："现在陛下想自己屏蔽自己的耳朵，让其变得不聪明，那么天下还有什么可以指望的呢？"认为："现在，天下祸害没有平定，干戈日益滋长，陛下难道可以不听取群臣之言，并且要拒绝忠谏吗？……如今，奏言到了宰相那里就不再往上奏请了，御史台所作的条目，无法直接进言，自此以后群众也不再奏事了。天下之士，云集朝堂，但却无人进言，陛下便认为无事谈论了吗？岂不知是他们有所畏惧，因而不敢进言。臣以为，当今的时事，旷古以来未曾有过，陛下若不及早觉悟，时间一长，便会孤立。到那时，想后悔恐怕就来不及了。"颜真卿的言词十分激烈，于是，中人秦言抄写于内本。传播于朝廷内外。后来，颜真卿在掌管太庙时，他指出祭器摆放不整齐，宰相元载认为这是诽谤。于是，在大历元年，即公元766年，颜真卿被贬为峡州别驾，接着又改任为吉州司马，后来又提升为抚州和湖州的刺史。

宰相元载被处死以后，在大臣扬绾的推荐下，唐代宗又召回了颜真卿，还任命他为刑部尚书。唐代宗去世时，颜真卿被任命为礼仪使。唐德宗即位以后，封杨炎为宰相，因颜真卿性格耿直，因此内心厌恨他。便改任颜真卿担任太子少傅，仍然是礼仪使，表面上给了他较高的官职，实际上剥夺了他的实权。

平乱有功　奋力争位

在近八年平乱的过程中，颜真卿是有功的。于是，朝廷提拔他当了唐朝刑部尚书（主管司法的官职）。一次，一位在平定安史之乱中立下了卓越功勋的名将郭子仪来前往长安城朝见当朝皇帝唐代宗，为了迎接他的到来，唐代宗隆重设宴为他庆功。本来，若是依据按照朝廷规定的礼仪礼法，宴会上朝中的文武官员的座位也是有前后顺序的。在排位方面应当按照官职的大小顺序进行排列。但是，负责安排座次的官员郭英义，这个人有私心。他想借此机会来讨好唐代宗身边的太监鱼朝恩，因此在安排座次时竟将官职地位比他高的尚书们排到了他的后面。近水楼台先得月，宴会上那个名为鱼朝恩的太监很是得意，他坐到了前边，颜真卿见此，心里很不痛快，待宴会结束后，他对大臣们说："鱼朝恩并不是什么人物，顶多是个会拍马屁的小人，没有立过什么功劳，他的座位凭什么要排在前面！""他是皇上身边的红人儿，没有谁敢惹他？还是算了吧！"几位怕惹事的尚书劝说道。"不！这是一件与国家尊严沾边的事，并不是什么小事。这个座次我不会让的，我一定要争！"颜真卿语气坚定地说。

回到以家，颜真卿的怒气久久不能平息，于是他提笔，奋笔疾书，没过多久，一封责问郭英义的信就写好了。这封信被命为《与郭仆射论座位书》，其内容写得义正辞严，细数了鱼朝恩的各种不能容忍的罪恶，还怒斥了郭英义溜须拍马的无耻作为。在这封信中，颜真卿的字写得雄健，并且气势夺人，将他愤恨的不满心情表现得栩栩如生。在这些字里行间中，可以看出颜真卿是一个刚直不阿、疾恶如仇的人。后来，颜真卿写的这封信被称为《争座位帖》，并且留传了下来，深受众人的喜爱，还成为了他的书法代表作之一。

忠至灭身　三军痛哭

在卢杞专权时期，因看不惯颜真卿的耿直，便改任他为太子太师，还免去了他的礼仪使官职。做了这些还不够，卢杞还想将颜真卿排挤出朝廷，令其到方镇任职。

建中四年，即公元783年，淮西节度使李希烈，不满朝廷，于是心生反叛。反叛以后，李希烈攻占了汝州。唐德宗想尽快平定这件事，便向卢杞问计，卢杞却回答说："希烈为年轻的骁将，仗着功绩很是骄慢，将领都不敢靠近他。在这种情况下，就得派一名儒雅的朝中重臣，带上皇上的圣泽，为他直接陈述逆顺的祸福，希烈听后，必定会革心悔过，这样一来，就不必再劳费军旅了。现在，有一人能担当此任，他就是三朝旧臣颜真卿，此人忠直刚决，名振海内，很多人都很信服他，此事他是最好的人选。"唐德宗听后，表示赞同，于是派颜真卿前往许州安抚叛臣李希烈，诏令下达以后，整个朝廷都深感意外，朝臣们大为震惊。李勉听说这件后，认为此事不妥。颜真卿前去，必定会失去一位朝中元老，会给朝廷带来不可磨灭的耻辱，于是秘密上表，请求圣上留下颜真卿，另外又派人拦去了他的去路，只是没能赶上。此时此刻，颜真卿已经乘驿车来到了东都洛阳。当时，河南尹郑叔认为，颜真卿此去定会遭遇不测，于是劝他稍作停留，等待朝廷发出命令后，再作打算也不迟。然而，颜真卿认为，君命不可回避，便毅然前往。

来到许州后，颜真卿便想对李希烈宣布诏旨，只是令他没有想到的是对方已经有所动作。李希烈派养子带领着一千人环绕着颜真卿，对他进行谩骂，还拔出刀剑直指着他，做出一副要分割他、吞食他的样子。对于这种架式，颜真卿纹丝不动，脸色没有丝毫改变。在这此刻，李希烈急忙冲了上去，他用自己的身体遮挡住指向颜真卿的剑，还喝令众人退下。还将颜真卿安排在自己的馆舍中以礼相待。没过几天，李希烈逼迫颜真卿上表朝廷，以洗刷他的罪过，正直的颜真卿并没有听从。

在当时，朱滔、田悦、李纳和王武俊等河北藩领主帅均已各自称王。但是，这些人却将李希烈奉为老大。他们纷纷派遣使者向李希烈称臣，还言辞恳切地劝他称帝。为此，李希烈便召来颜真卿说："现在，有四王派遣使者共商举事，而且不谋而合，太师观此事势，岂是吾辈为朝廷所忌惮所自容邪！"颜真卿听后，反驳道："这四人乃四凶，何谓四王，你不自保其功业，忠心做唐臣，却与乱臣贼子相随，难道想同他们一起覆灭吗！"李希烈听后，心里很不高兴。又过了几天，李希烈又让颜真卿与四镇来的使者一起参加宴会，四位使者说："早就听闻太师德高望重，现在都统（李希烈）将称大号，若太师支持他，都统将赐宰相之位也。"颜真卿不以为然，他斥责他们说："什么宰相！你们听说过颜杲卿吗？他是我的堂兄。在安禄山谋反以后，他第一个举义兵之旗而被害，时至今日，其诟骂之声仍然不绝于口。现在，我已经快八十的人了，官至太师，愿意守住吾兄之节操，死又算得了什么，岂能受你辈之诱胁呢！"四镇使者听后，便不敢再说话。李希烈见此，只得将颜真卿关押起来，并且派了十名士兵严加看守，还在庭院中挖了一个不大不小的坑，声称要活埋他。颜真卿听后，泰然自若，他见到李希烈说："死生已经定下，何必多此一举，只需要一把剑就足够了，那样的话岂不是让李公省不少事吗！"李希烈听后，只得向颜真卿赔理、谢罪。

建中四年三月，即公元 783 年，驻守荆南的节度使张伯仪在安州被叛臣李希烈打败，旌节失陷。为了让颜真卿心服口服，李希烈命人将旌节和俘虏带于颜真卿看。颜真卿见后，心中悲痛，顿时号啕大哭，跌倒于地，气绝而复苏，从此以后不再与人说话。后来，李希烈的大将周曾等人野心勃勃，他们私下谋划袭击汝州，以杀死李希烈，想尊奉颜真卿为节度使。只是，事情泄露了，李希烈认为颜真卿留在自己身边并不是什么好兆头，便将他拘送到蔡州。在此刻，颜真卿认为自己必死无疑，于是提早写好了遗书、墓志和祭文。李希烈想僭越称帝，在这期间，他派人问颜真卿称帝仪式。颜真卿却回答说："老夫老了，曾经掌管国礼，所记的礼仪仅有诸侯朝觐皇帝的礼仪。"

兴元元年，即公元 784 年，唐军重整旗鼓，李希烈恐蔡州发生祸端，便派他的部将辛景臻和安华前往颜真卿的住所，在他的院庭里堆满了柴草，浇上了油，做完了这些后，对颜真卿说："既然你不愿归降，那就自己焚身吧！"颜真卿听后，没有片刻犹豫，起身便投向火海。幸好辛景臻等人出手快，制止了颜真卿的这一行为。七月，唐德宗车驾至长安。当时，李希烈的弟弟李希倩也参与了朱泚的叛乱，因此被朝廷处死。李希烈听后，很是愤怒。八月三日，李希烈派中使和辛景臻等人将颜真卿缢死，时年 77 岁。令人遗憾的是，这位文武双全的唐代名臣、书法史上的宗师，还是没能逃过小人陷害。

颜真卿被害以后，朝中的大臣听说后，立即引起了很大反响，三军失声痛哭，唐德宗停止上朝五日，封颜真卿的谥号为"文忠"，还下诏称他："才优匡国，忠至灭身……器质天资，公忠杰出，出入四朝，坚贞一志……拘胁累岁，死而不挠。"

在据野史记载中，颜真卿死后，他的尸体成了仙。虽然只是一个谣传，但也能看出，颜真卿在百姓心中的重要地位，他永远活在人民的心中。

颜真卿的一生很有意思，一半是驰骋沙场、在朝廷错综复杂的斗争中度过的。他将他的全部忠心奉献给了大唐王朝，配得上"忠贞清廉"名号。至于他的另一半，则多半是书斋中度过的，为政之余，他钻研艺术、文学，并且酷爱书法，这是他成就艺术的天地。他的自强不息，促使他走向了书家的峰巅。

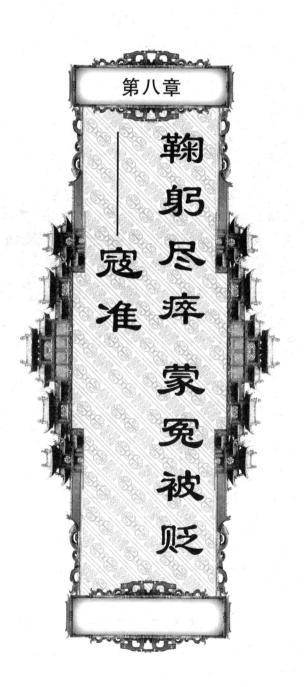

第八章

鞠躬尽瘁 蒙冤被贬

——寇准

个人档案

☆姓名：寇准

☆民族：汉族

☆出生日期：961 年

☆逝世日期：1023 年

☆生平简历：

980 年，寇准参加科举，考中了进士甲科，被任命为大理寺评事。

989 年 7 月，被任命为虞部郎中、枢密院直学士判吏部东铨。

993 年 9 月，到青州当上了左谏议大夫。

994 年 9 月，被调回京城，当上了副宰相。

995 年 4 月，他和宰相共同管理国家大事。

996 年 7 月，被降成给事中，到邓州任职。

1003 年 6 月，被任命为兵部侍郎、三司使。

1004 年 6 月，他与毕士安一起当上中书门下平章事。

1005 年，被提拔为中书侍郎，并且兼职任吏部尚书。

1006 年 2 月，被贬成刑部尚书，到陕州任职。

1011 年，再次被提拔，当上宰相。

1014 年 6 月，当上了枢密院使、同平章事。

1015 年 4 月，被贬成武胜军节度使，同平章事。到了 5 月份，又让他到河南府任职，并且兼任西京留守司事。

1019 年 6 月，奉召回到京城，被任命成中书侍郎，兼任吏部尚书、平章事。

1020 年 2 月，被贬成太常卿，被驱赶出京城，到相州当官。8 月份，又调到安州。同月又被贬谪成道州司马。

1022 年 2 月，被贬谪成雷州司户参军。

1023 年，9 月，被任命为衡州司马，同年病死在衡州。

人物简评

　　在中国历史上，寇准的大名如雷贯耳，就像是当空的明月，是人人都知道的大人物。他不仅非常聪明，而且做事非常果断，在处理事情的时候不怕得罪权贵，更曾经有好几次将北宋国家从危险的边缘拉回来。

　　但是人怕出名，他的名气不仅引来了很多人的嫉妒，而且让那些小人对他更是恨之入骨，由于奸佞小人的陷害，他遭受过很多次的贬谪，最终十分悲惨地病死在了雷州。

生平故事

科举出身　不畏强权

　　寇准字平仲，是华州下邽人。他家是当地的一个非常著名的名门望族，曾祖父以及祖父都是非常有学问的人，由于在他们那个时代是乱世，这才没有出来当官。

　　由于从小就受到了很好的知识氛围的熏陶，又是门第十分显赫的世家，因此寇准的整体素质以及知识水平都比普通人要高出一大截来。再加上寇准的天分又非常的高，所以很小的时候他就已经有不少的成就了。在14岁时，寇准便已经创造出很多比较优秀的诗文，到了15岁，他已经开始学习《春秋》三传，并且可以对当时的政治弊端提出自己的见解。

　　在封建社会，一般人想要当官，绝大多数都会参加科举考试，这也是飞黄腾达一条最便捷的道路。寇准虽然出生在一个名门望族，在朝廷当中也没有什么大的靠山，况且对于自己的才华，他完全有信心，因此也和别的学子一样，走的是科举考试的道路。

980 年的时候，寇准已经 19 岁了，他胸中装的是天下，要为天下的百姓做点事。怀着这样远大的理想，寇准雄心勃勃地出发去京城参加科举考试了。经过考试，寇准中了甲科进士，而且在金銮殿上接受了宋太宗的殿试。那个时候，由于宋太宗的喜好是重用中年人，认为年纪小的人没有什么生活经验，不可以担当大任。因此有的人就让寇准在上报自己年龄的时候，造点假，多报上几岁。但是寇准却将这个建议严词拒绝了，他认为作为一个有理想有抱负的好青年，不能欺骗皇上。这就可以看出寇准诚实的品质。

尽管寇准的年纪是小了一点，不是特别符合宋太宗的用人的标准，但是与众不同的人怎么可以用常理来推断呢？由于寇准的学识非常渊博，而且说起说起国家大事来头头是道，展现出一种超越了年龄限制的成熟，因此得到了宋太宗的青睐。最后寇准成功通过了殿试，被任命成大理寺评事，并被派到大名府的成安县当知县。

别看寇准是在名门望族当中长大的，但是对于普通百姓们的事情也非常了解，他知道老百姓们期待着什么，最讨厌什么，而且在他的心目当中，老百姓们的疾苦是摆在第一重要位置的。在他当知县的这段时间里，将以前那些巧立名目搜刮百姓钱财的规矩全都废除，一切都以国家所制定的法律为依据，坚决禁止乱收费的现象，这让老百姓们的负担顿时减轻了很多。

而且每次收什么样的税以及服徭役的时候，寇准都会贴出告示来，在上面将征收内容以及征收对象等等相关事宜都十分详尽地写出来，让老百姓们心中对这件事有一个明确的认识，这样如果那些衙役们敢不按照章程办事，就会被老百姓们举报出来。寇准使用这种方法，很好地杜绝了那些欺压百姓的行为。

在寇准当知县的这段时间里，为了可以让这里的老百姓富裕起来，他还颁布了一些特殊的政策，例如对种田和纺织进行奖励，而且对开垦荒地的人还有一系列的优惠政策。这些措施一经实施，顿时极大地激发了人们垦荒的热情，将一大片荒地变成了耕田，老百姓们也渐渐变得富裕了起来，人民生活水平整体上了一个新台阶。

因为寇准当知县的时候取得了非常好的业绩，因此皇帝对他非常赏识，在几年的时间里不停地提拔他。曾经当过殿中丞、郓州通判，给皇帝拟写诏令的学士院召试，还有向皇帝进言的右正言，以及三司度支推官。寇准在当言官时，对朝中以及国家的那些弊端洞若观火，而且不管是遇到什么样的事情，都敢直言不讳，受到人们的赞许。就算是在皇帝面前，寇准依然不改变他那正直爽快的性子，有什么就说什么。

宋太宗在刚当上皇帝的时候，为了让天下人知道自己是一个善于采纳臣子建议的人，常常会将大臣们聚集到一起，商议国家大事，并且鼓励大臣们有什么话直接说出来，不要怕他生气。

有一回，宋太宗就契丹议和这件事，与大臣们进行商议。大臣们明知宋太宗想要和契丹和谈，因此就顺着他的意思说，纷纷表示要和契丹讲和。宋朝已经与契丹打过很多仗了，但是往往都是以失败告终，因此渐渐的就失去了与契丹打仗的信心，仿佛根本不是人家的对手。因此尽管契丹人不停地侵犯北方边境，宋太宗却对于出兵保家卫国没有一点信心，整个朝廷都被一种恐惧的气氛所笼罩着。

寇准一听说朝臣们商量着要和契丹人和谈，马上就表达出了自己的不同意见。他认为契丹人经常侵犯宋朝的边境，对于这种事情，只能坚决抵抗，绝对不可以和他们和谈，否则只会让他们变本加厉。另外他还表示，应该多派出一些军队去守卫边疆，用武力阻止契丹人的入侵。在说完这些观点以后，寇准还进一步对和谈与积极准备战争哪一种方式对国家有好处，并且向宋太宗建议让边疆的那些将领们权力更大一点，这样对于军队的掌控会更加便捷有效，就能够更好地抵御契丹人的进攻，而且要任用有才能的将领，并且对将士们进行奖励。这样用不了多久，就可以励精图治，向北进攻辽国，将以前失去的那些土地收复回来。

尽管宋太宗已经对抗击契丹人失去了信心，但是在内心的深处还是不愿意进行屈辱的议和的，这在他的面子与情感上都难以接受。宋太宗也是有着远大的抱负的，也想要成就一番大业，只是苦于没有正确的方法，而且长期以来受到契丹人的欺压，产生了一种畏惧的心理。因此寇准所说的这些话，尽管与宋太宗和朝臣们之前所做出的决定相悖，却让宋太宗听起来感到非常舒服，而且也减少了一些他对契丹人的恐惧。

寇准所说的一番话，让朝廷中的恐惧气氛得到了一定程度的缓解，对纷乱的人心也有一种凝聚的作用，使那些一味求和的大臣们警醒。经过这件事，宋太宗对寇准就更加赏识了，没过多久就把寇准提拔成枢密院直学士，让他负责管理军事当中的绝密文件。

寇准这个人是一个典型的正直又敢于直言的大臣，他经常从国家利益的角度思考问题，一旦认准了的事情，就一定会说出来，就算是和皇帝的意见不一样，会让皇帝非常生气，他也绝不放弃。

有一回寇准向皇帝陈述一件事情，但是因为他说话太直，不懂得拐弯，又不注意考虑一下皇帝的意思，在措辞方面有一点不好。所以他还没有说完，宋太宗就已经感到非常生气了，站起来就想退朝，不理寇准了。但是寇准还是不依不饶，不达到目的是不会轻易善罢甘休的，他一把就抓住了宋太宗的衣角，把宋太宗扯回到座位上，接着劝说。

寇准的行为把其他的大臣们吓了一跳，但是宋太宗却逐渐平静了下来，认真思索一番后，觉得寇准说的话非常有道理。因此，宋太宗不仅没有责怪寇准，反而对他的这种敢于直谏的行为特别欣赏，特别高兴地说："朕现在有了寇准，就像是唐太宗有了魏征一样啊！"

在991年的春天，由于没有下多少雨，各地都非常干旱，粮食的收成非常少。再加上突然又爆发了蝗灾，这让老百姓们更是雪上加霜。对于这种两种灾害同时降临的情况，很多人都开始不停地议论。宋太宗也对这件事非常重视，赶紧将大臣们召集起来，商量一下是不是在治理国家方面有什么重大的错误，遭到了上天的惩罚。

那些大臣们当然不敢说皇帝犯了什么错误，都说这和朝廷没有任何关系，是一种偶然性质的事件。但是寇准却有自己独特的想法，他觉得现在是一个促进政治文明的好机会，说不定可以趁此机会让几个冤案得以昭雪呢。于是就向宋太宗说了一堆大道理，并且对现在的朝政进行了深入的分析。

寇准这次还是像他以前那样，有什么话都直着往外说。这样一来，把宋太宗又气得受不了了，觉得这样当着众人的面指责自己，太下不来

台，于是就把脸一沉，宣布退朝，转身走了。文武百官一看寇准又把皇上给惹恼了，谁也不敢吭声，都默默地退了下去。但是没过多久，宋太宗的气就理顺了，于是马上命人将寇准叫到宫里来。

尽管刚才已经把皇帝气得够呛，但是寇准的倔毛病还是没有丝毫改变，依旧是言之凿凿地将宋太宗逼到了墙角。宋太宗差点没被他给气坏了，便问他：“你口口声声说我治国的刑罚有严重的错误，有什么证据吗？”寇准说：“证据当然有了，我怎么敢无缘无故就随便乱说呢？如果皇上不相信，可以将中书省枢密院二府长官叫到这里来，我们两个人当面对质，看看到底有没有这样的事。”

宋太宗于是听从他的意见，把二府长官王沔等一些人立即召进宫来。尽管这些人都是朝廷的重臣，但是寇准是敢和皇帝对着干的人，岂会害怕他们？理直气壮地说道：“就在不久之前，王淮和祖吉这两个人以权谋私，接受别人的贿赂。不过这两个人所受到的惩罚却有着天壤之别，祖吉并没有接受太多的贿赂，但是直接被拉出去砍头了；而王淮这个人监守自盗，竟然一下子就将国家千万的财产装进了自己的腰包，所犯的罪行简直罪不容诛。但是由于参知政事王沔是他的哥哥，他就只是接受了一点小小的惩罚，被棍子打了几下就没事了，然后接着做他的官。这样为官办事，让会天下人对法律的公平失去信心，置国法与何地，天理何在？”

宋太宗马上向王沔询问这件事是不是真的，王沔不敢隐瞒，赶紧跪倒在地，一边磕头一边请罪。宋太宗顿时感到非常恼火，严厉斥责了王沔等人一顿，使这些人长期以来的嚣张气焰大大受到压制，而且对于以权谋私的行为也起到了遏制作用。经过这件事，宋太宗更加觉得寇准是一个正直廉洁的好官，于是就赐给了他一条玉带。

本来寇准在朝廷当中可以说是混得相当不错，既有皇帝的信任，又有天下人的爱戴，简直就是风生水起。然而在他当上同知枢密院事的时候，出现了一个对他的前途有着非常大的影响的事件，他被吸进了一个官场争斗的漩涡里面。

在 992 年的夏天，有一次寇准和一个叫做温仲舒的同僚一起骑马到郊外去散心。这个时候，突然不知道从哪里跑过来一个疯子，对着他们跪下了，而且嘴里还大声叫着"万岁"。寇准这个人非常正直，而且有一点粗心，根本没有把这件事当成什么大事。但是他不当回事，有人却要拿这件事来做文章。这件事不知道怎么传到了知院张逊的耳朵里，张逊一直和寇准之间存在着矛盾，还有好几次吵了起来，张逊很早就打算将寇准这个眼中钉赶走。这次出现了这么好的机会，张逊便让自己的心腹王宾到宋太宗面前将这件事情告发了出来，并且还将这件事非常夸张地描述了一番，就好像是寇准想要当皇帝，不久就会谋反似的。

宋太宗接到奏章之后，马上就将寇准传唤过来，大声斥责寇准心怀鬼胎，做出大逆不道的事。看到宋太宗如此生气，而且这件事还对自己相当不利，如果换了别人，一定会吓个半死，但是寇准却一点也不害怕，而且非常淡定地向宋太宗说明了自己的冤屈。寇准说："这件事情很明显是有人在做文章，想要加害于我。皇上可以想一下，为什么那个人跪在地上胡乱讲话的时候，温大人也在场，但是张逊却不管他，只是让王宾告发我的罪过呢？这难道不是有意为之？"

张逊见寇准不肯轻易就范，因此就又命令王宾将他的罪责十分详细地分析一遍。寇准也不退缩，叫来温仲舒给自己当证人。于是这两帮人就在朝廷之上争论了起来，吵得非常不像话，谁也不肯做出一点让步。

宋太宗觉得他们实在是太不像话了，一点也不像是大臣该有的样子，于是就对他们两个人都进行了贬谪。张逊被贬成了右领军卫将军，而寇准则去青州当了知府。

经过这件事，寇准终于意识到了官场上的险恶。

仕途不顺　浮浮沉沉

尽管宋太宗把寇准逐出了朝廷，不过却经常会记起寇准在朝廷上的时候那些正直言论，所以想要将他召回到京城来。有一回，宋太宗突然问身边的人说："也不知道寇准在青州那里过得怎么样，是不是挺快乐的？"身边那些阴险狡诈的人担心他会让寇准回到朝廷，那对他们来说真

不是一件好事，所以赶紧说寇准的坏话，将宋太宗这个美好的念头消灭在萌芽状态。

这些人说："寇准在青州，那小日子过得相当自在。皇上您可以想一下，青州那样一个富裕的地方，作为那里的长官，他还能不自在吗？"有的说："寇准的日子过得可逍遥了，整天都大摆宴席，喝得酩酊大醉，身边还有很多美人相伴。皇上您这么想念他，却不知道他早把您抛到脑后去了。"

宋太宗听了他们的话，觉得自己的一番心意实在是浪费了，因此也就不再想将寇准调回京城了。寇准的一条出路就在不知不觉中被封杀了。

这样直到994年的9月份，寇准才接到诏书，自青州回到了京城。这个时候寇准虽然回来了，但是宋太宗却已经不再是年轻有为的时候了，他已经到了垂暮之年，而且正因为立太子这件事情焦头烂额。

一开始的时候冯拯等一些人因为向宋太宗请求设立太子，但是却触怒了皇帝，被贬官。经过这件事以后，对于皇帝的事情，再也没有人敢多说什么了。这个时候寇准回来了，宋太宗立即感到有个人能说点真话了，马上就召见了他。

寇准进宫去看宋太宗的时候，正赶上宋太宗的腿又犯毛病了。宋太宗就将衣服掀开，让寇准看一看，并且说："朕现在已经上了年纪，身体也不如以前了，现在腿又有了毛病，你为什么就不能早点回来呢？"寇准跪倒磕头，回答道："臣因为没有接到过诏令，因此不敢擅自回到京城。"宋太宗叹息一声，问："你说说我的那些儿子里面，谁最适合当皇帝呢？可以将这个天下治理好？"

寇准听到问自己这么重要的事，不敢怠慢，正色回答说："皇上您现在是为全天下人挑选贤明的皇帝，因此一定不能与女人以及太监们商量，也不应该和那些亲近的大臣商议。像这么重大的事情，应该是皇上您亲自拿主意，选一个可以勤政爱民的好皇帝出来。"宋太宗听了他这番话，低下头去思考了很长时间，然后让身边的人全都退下去，这才问寇准："你觉得让元侃当太子怎么样？"寇准的心里面早就认定了元侃是一个合适的人选，因此就回答说："俗话说知子莫如父，既然皇上您自己觉得他能够当个好皇帝，就立即将他册封为太子吧，这样就不用再为立太子的事情而伤神了。"

宋太宗听了寇准的话以后，终于下定了决心，因此让元侃当了开封府尹，而且将他封成寿王，正式将他册立为皇太子。而寇准由于保举太子有功，也被宋太宗提拔成参知政事，也就是那时候的副宰相。

诏书下达以后，太子按照规矩到祖宗的庙堂行礼，在回皇宫的路上，京城的人们都纷纷要看一看这个未来的皇帝长什么样，并且还大声叫着"少年天子"。这些话传到宋太宗的耳朵里，顿时感到非常生气，自己还当皇帝呢，怎么就又出了一个少年天子？于是马上把寇准叫过来询问，说："现在老百姓们都拥戴太子了，我这个皇帝没有什么地位了，这件事怎么说？"

寇准马上就知道宋太宗为什么生气了，这是一种嫉妒心理，而且又有大权旁落的感觉，因此回答的时候要加倍小心，不然很有可能会让宋太宗更加恼怒，后果就不堪设想了。寇准想了想，向宋太宗道喜："太子是皇上您亲自选出来的，现在老百姓们的反应正说明您的选择是英明之举。而且太子既然如此受到人们的拥护，相信将来一定可以将国家治理好，这是江山社稷的福气呀！"

宋太宗觉得寇准说的非常有道理，于是就不再生气了。后来回到宫里之后，后宫的那些妃嫔们都过来祝贺宋太宗选了一个好太子。宋太宗更加高兴了，于是就叫寇准过来一起喝酒，还喝得大醉。到这时，宋太宗才真正将册立太子的问题处理好了。由于寇准机智的对答，让太子元侃轻轻松松躲过了一场纷争，后来元侃当上了皇帝，就是宋真宗。

996 年的时候，宋太宗于京城的南郊举办一场重大的典礼，来祭祀天地。这件事情结束以后，朝中的很多官员都得到了升迁，由于这个时候寇准是副宰相，因此他向皇帝推荐的那些人大部分都被安排到了重要的官职上，这样一来就引起了别人的不满。那些一直对寇准非常忌惮的狡诈之徒就趁着这个机会推波助澜，想要给寇准制造点麻烦。

有一个叫彭惟节的人，官位一直处于冯拯的下面，但是经过这次的提拔之后，官位竟然跑到冯拯的前面去了。因此冯拯就感到非常不服气，

还是将职衔排在彭惟节的上面。寇准是个非常正直的官员，因此就指责冯拯不遵守朝制。由于这件事情非常严重，所以冯拯就不再保持沉默了，到处搜集有关寇准的过错，并且向皇帝告寇准擅权之罪，而且还找出了寇准举荐官吏不公平的证据。

宋太宗看了参劾寇准的奏折之后，对寇准这样行事非常生气。那些朝廷中的大臣们最会看皇帝的脸色办事了，一看皇帝都对寇准不满意了，于是本来和寇准关系很好的人也出卖了他，以表明自己是清白的。这个时候又有人告寇准擅用职权，把持朝政。还说因为连宰相吕端都是寇准举荐的，所以寇准在朝廷当中就更加肆无忌惮了，而且没人敢得罪他。

经过这样一闹，在皇帝的眼中，寇准的罪过就非常大了。但是宋太宗还是先询问了一下宰相吕端。吕端这个人为了保全自己，就将这个罪名推到了寇准的头上，他说："寇准这个人性情非常火暴，而且从来也听不进别人的话，我之所以不和他争辩，是因为担心这样会闹得非常不像话，让别人看了笑话，对国家的威严也有影响。"

现在所有的矛头都指向了寇准，就算是他浑身是嘴也说不清楚了。但是他的性格又非常刚强，从来不肯向恶势力低头，因此在朝廷上为自己据理力争，而且还找来了中书省授官的那些卷宗，不分出个谁对谁错绝不罢休。

宋太宗是一个做事不认真的人，寇准一认真辩论起来，宋太宗就感到非常不高兴，认为他这是在胡搅蛮缠，人家说你有罪你就认了，就算是冤枉了你，难道你平时的所作所为就没有一点错误了？所以在这一年的七月份，宋太宗就把寇准贬到邓州当知州。后来又将他迁到过很多地方当官。

从这些事情中就可以看出，尽管寇准非常正直，而且品行也非常好，还嫉恶如仇，但是却不适合当宰相。作为一个官居要职的国家栋梁，除了自己要有良好的品行之外，还要能够提拔好的人才，对那些奸佞小人也要能除去，要有气度、有智慧，而且还要有当机立断的性格。尽管寇准在治理国家方面有不错的才能，不过对付起奸佞小人来，他的手段简直就是菜鸟级别的，这才让他的仕途总是坎坎坷坷的。

护国有功　惨遭诋毁

　　尽管寇准被贬谪到了远离京城的地方当官，不过他那种刚正不阿、敢于向恶势力挑战的品格却是京城的人们所赞颂的。在宋太宗驾崩之后，宋真宗当上了皇帝，新皇帝总是想要成就一番大事业，因此他就准备把非常有治国能力的寇准调回到京城来。

　　由于一开始的时候是寇准举荐他当上太子的，所以宋真宗对寇准非常有好感，想要让他担任宰相，但是又有点担心他的性格太过刚强了，不能够在宰相这个位置上发挥很好的作用。因此一直到了1004年的7月份，寇准才当上了宰相，并且这个宰相还是毕士安推举他当上的。

　　事情的经过是这个样子的。由于宰相李沆去世了，于是宋真宗就让毕士安当了参知政事，因此毕士安就到皇帝跟前谢恩。这个时候宋真宗对他说："不用急着谢恩，朕还打算让你当宰相的，到那个时候再谢恩也不迟。现在国家正处于多事之秋，我们宋朝不能一天没有宰相主持大事。现在是最需要有治国才能的人的时候，你觉得谁可以和你一起担当大任呢？"

　　毕士安马上回答说："作为一个宰相，一定要有处理好国家大事的能力才行，不然就算让他当了宰相也是白搭。我现在年纪已经很大了，一定不能挑起这么重的担子，不过我向您保举一个人，他一定能够辅佐您治理好天下，会成就一番大事的。这个人不是别人，正是寇准。他不仅为人正直，对国家忠诚，而且还非常有才能，是个当宰相的绝佳人选。"宋真宗思考了一下，说："但是人们都认为寇准这个人做事比较鲁莽，容易感情用事，恐怕不能胜任宰相这个职位吧？"

　　毕士安对寇准的为人特别熟悉，因此就说："寇准这个人做事正直，嫉恶如仇，而且品行非常好，对皇上忠心耿耿。在如今的朝廷上，根本找不出第二个像他这样忠贞的人。也正是由于他这种正直的品格，才被那些奸佞小人看成是眼中钉，一再受到别人的诬陷与打击。天下现在处

于和平当中，老百姓们能够安居乐业，人才的重要性还体现不出来。不过在西北边还是有隐患存在的，对宋朝的江山社稷带来巨大的威胁。因此朝廷对于寇准这种有能力又有品行的大臣非常需要。"

由于毕士安所说的这些话非常恳切，而且理由充分，因此宋真宗将心中的顾忌完全放下了，让毕士安和寇准一起当了宰相。这两个人的志向相同，性格也恰好可以互补，因此相处得非常好。寇准刚正不阿，对于恶势力坚决打击，因此经常会受到那些奸佞之臣的诬陷。毕士安为人十分忠厚，又和蔼可亲，特别有气度涵养，就能从中周旋，帮助寇准将那些矛盾化解掉，让寇准不至于受到严重的打击。

寇准在当宰相的时候，位于宋朝北面辽国的契丹人逐渐强盛起来，因此屡次想要侵占宋朝的国土。在998-1003年这几年的时间里，宋朝和辽国打了很多次仗，有胜利的时候，也有失败的时候。这样一来，辽军在试探出宋朝的虚实之后，他们就更想要大举入侵了，于是整顿军队，准备在时机成熟的时候侵犯宋朝。

公元1004年，契丹于涿州附近将军队聚集起来，时不时就会和宋朝的军队小打小闹一场，如果情况对他们不利，就会马上撤退。在这个过程中，契丹人还装作一副没有斗志的样子，用来迷惑宋朝的军队。

寇准知道这个情况以后，马上向皇帝上书，提出了自己的建议，希望宋真宗能够立即调遣精兵，分别将要紧的地区把守住，防止契丹人大举入侵。寇准说："契丹人在打打仗之前，经常会使用这种不断骚扰的办法。我们一定要赶紧训练士卒，并且选拔有能力的将领，将那些精兵强将调到要紧的地方去。"宋真宗同意了他的请求，于是让杨延昭以及杨嗣等将领，到边境那里去守卫，对于契丹人的动向进行密切关注。

寇准所说的话果然应验了，在11月的时候，契丹人率领大军直扑过来。尽管宋朝已经做了准备，但是那些将领却没有几个真正会打仗的，因此辽国的军队一路上势如破竹，渡过黄河朝南边杀了过来，对京城开封都构成了严重的威胁。

契丹的军队像是虎狼一样的攻击，把宋朝的大臣们吓得不知道该怎么办才好。就在大臣们惶惶不可终日的时候，寇准的表现却非常淡定，他甚至把那些从前线送来的加急文书放在一旁，依然像平时那样喝酒谈天。寇准这种临危不乱的从容表现，让纷乱的人心得以安定下来。但是那些没有胆量的大臣们却非常慌乱，赶紧将这些情报交到皇帝那里。宋真宗虽然想要励精图治，但实际上却没有多大的才能，契丹人一进攻，宋真宗就不知道该怎么办了，于是赶紧让寇准过来想想办法。

寇准就像个没事人一样，慢悠悠地回答："皇上不用担心，想要将这次危机解除，只要有五天的时间就行了。"宋真宗一听，寇准就是寇准啊，果然神机妙算，难怪他一点也不着急，原来是早有定计。于是马上问道："计将安出？"寇准说："御驾亲征。"

宋真宗马上就像霜打的茄子一样，心想："原来是这种馊主意，怪不得他这么淡定，不用他犯险啊，却让我去前线！"宋真宗在皇宫当中享受着幸福的生活，才不肯轻易犯险呢，但是又不愿意表现出自己的胆怯，只说是等回宫以后再做商量。

寇准早将宋真宗的心思猜到了，就上前说："假如现在您返回宫去了，那些大臣们因为看不见自己的国君，肯定会感到非常担心，害怕战事发生了什么重大的变化，很有可能会耽误国家大事。所以希望您三思而行，现在就赶紧到前线去，让将士们的心神安定下来，国家幸甚，社稷幸甚！"宋真宗还在犹豫不决，这时候毕士安也在旁边帮着说话，终于将胆小的宋真宗劝得同意亲征了。

但是宋真宗在临行之前，还将大臣们召集起来商量一下如何出兵，这个时候一些贪生怕死的人就反对皇帝御驾亲征，认为这样以身犯险是不值得的。有人就希望宋真宗可以将京城迁到金陵那里去，这样就可以避开辽军的锋芒。宋真宗本来心里就害怕，被这些大臣们一鼓动，就又将亲征的决心动摇了。

寇准一见这种情况，知道如果不站出来说话，宋真宗就又要打退堂鼓了，因此当众对这种畏首畏尾的逃跑言论进行了批评，并且指出这样做的弊端。寇准义正词严地说道："现在谁建议皇上将都城南迁，就是犯了霍乱军心的死罪，简直可以拉出去砍了。前线的将士们还在奋勇杀敌，你们却主张逃跑，这会让将士们多么心寒。我们当今皇上是雄才伟略的一代圣君，现在只要到前线亲自督战，敌军一定会被我军打败的。假如一时间难以取胜，我们还可以坚守城池，静待时机，然后用奇兵将辽国打败。他们是孤军深入，而我们的军队则是以逸待劳，所以我们是立于不败之地，为什么要逃走呢？如果现在还没有打就已经在气势上输掉了，那么辽国的军队一定会抓住这个机会，加紧进攻，我们大宋朝的江山社稷岂不是完了？"

听寇准说出的这番话很有道理，因此宋真宗就回心转意了，决定无论如何也要御驾亲征，将辽国契丹人的气焰打压下去。这个时候辽国对宋朝的进攻变得更是勇猛了，在河北的大名那里现在非常需要派一个人去进行整体的管制。寇准就抓住这个机会，推荐一个叫王钦若的人去担任这个职务。这个王钦若是一个非常狡猾的人，而且十分擅长弄权作怪，总是对皇帝御驾亲征这件事进行阻挠，因此寇准将他调走，等于是踢走了一个障碍。

宋真宗好不容易从京城动身，准备到澶州御驾亲征。但是刚走到韦城那里，就又有人劝他别去前线，不如先到金陵去躲避一时，等敌人的锐气消失了，再打仗也不晚。宋真宗是个典型的婆婆妈妈的人，耳根子又软，一听这话，顿时又不想去前线了。宋真宗这种反反复复的表现，差点没把寇准气得吐血身亡，他苦口婆心地劝谏说："现在人家辽国的军队已经打到家门口了，我们只能迎战，绝对不可以退缩。而且假如现在皇上您拍拍屁股走了，后面的军队也就没有信心再打下去了，这样一来连金陵也去不成了。"

不过宋真宗胆小如鼠，还是不敢前行。寇准心中叹了口气，不知道自己怎么就遇上一个如此胆小的皇帝，自己一个人看来是无论如何也劝不了他了，只好找个帮手来。想到这里，寇准赶紧出去，将殿前都指挥使高琼找了过来，说："太尉蒙受国家的知遇之恩，现在正逢多事之秋，将要怎样报答呢？"高琼把胸脯一挺，大声回答说："高琼身为军人，愿意为国家战死沙场。"寇准称赞道："好！不愧是男子汉大丈夫！现在有一件事想请你去办。"于是告诉了他一些话，领着他去见宋真宗。

见到宋真宗以后，寇准说道："皇上您既然觉得我说的话不足以使人信服，那么您听听武官是怎么说的？"高琼马上说道："寇宰相说的句句都是金玉良言。现在敌军的锋芒已经受到了打击，而我们的军队却士气正足。因此皇上您应该亲自到前线指挥战斗，这样就可以将他们打个落花流水了。"

宋真宗听完他说的话，才知道原来将士们也如此地坚决，只有将心中的胆怯压下去，接着向前走。一直走到了卫南那里，宋真宗听说那些契丹人在攻打澶州的时候吃了苦头，退走了，这才将一颗心放了下来，到了澶州的南城。本来宋真宗打算走到这里就停下的，但是寇准却认为不行，一定要度过黄河，到北边去，并且劝说道："现在既然都已经走到了这里，假如皇上您不肯渡过黄河，将士们的心是不会定下来的。现在最应该做的事，就是向前进，对敌人起到震慑作用，也打压一下辽国的气势，不然的话我们的军队很难获得胜利。而且各路大军已经做好了充分的准备，您现在过河，一定不会出现什么差错的，为什么还要犹豫不决不敢前进呢？"

于是宋真宗终于渡过了黄河，并且于澶州的北门楼上，召见了那些将领。在前线的这些将士们看见皇帝御驾亲征，无不感到欢欣雀跃，欢呼声像响彻云霄。这个时候在澶州这里已经有几十万的宋朝军队聚集起来了，只等着皇帝一声令下，他们就像出笼的猛虎一样将辽国军队驱逐出去。其他地方的军队听说了皇帝亲征的消息之后，也都士气大振，主动和辽国的军队打了起来。

莫州团练使杨延昭立即向宋真宗上折子，请求立即出击，认为现在辽国的锐气已经尽挫，而且人困马乏，反观我们自己的军队，则气势正足，只要将敌人的退路切断，就可以将他们围起来一举歼灭。所失去的那些土地，也能够夺回来。

不过就算是将领再有谋略也是不管用的，因为宋真宗根本就不敢和

辽国打仗，他只希望战争可以早点结束，不管使用什么样的方法，只要不打仗就行。如果他是一个现代人，或者他可以加入红十字会，但是他却操纵着整个国家，不得不说是国家的不幸。

宋真宗将军事大权都让寇准一个人承担，对辽国作战的事情由寇准全权负责。不过和敌军的距离这么近，这让宋真宗感到非常担心，会不会夜里遇到什么特殊情况，自己突然被掳走什么的？因为他整天胡思乱想，所以精神恍惚，连觉也睡不好。他暗中让身边的人去看看寇准在干什么，结果却发现寇准非常淡定，一边喝酒一边下棋，有的时候来了兴致还会唱几句歌。

宋真宗心想，难道我一个真龙天子，还不如寇准吗？他都一点也不害怕，我还害怕什么。寇准这种临危不乱，淡定自若的表现，让军心更加稳固。这样和辽国的军队相持了一段时间。由于契丹人是孤军深入，靠的就是要打胜仗才行，然而却迟迟不能打赢。过了没多久，辽国的统帅萧达揽也让宋朝的军队一箭射死了，这就更是打击了他们的士气。由于他们离自己国家太远了，粮草的运输非常不容易，情况对他们更加不利。

这时候辽国想要和宋朝议和了，就让人给宋真宗送信，说要让他们占据山海关南边的土地，就停止战争。这个提议让宋真宗非常高兴，他马上让人回了一封信，说宋朝也是一个热爱和平的国家，希望可以和辽国保持良好的关系，让两个国家的老百姓都过上幸福的生活。

但是宋真宗却不愿意通过割让土地的办法来求得和平，因为这样很有可能后人会骂他是个胆小怯懦的皇帝，尽管他确实是一个这样的人，然而却当然不想被人唾弃。所以只要是可以在议和的时候不割让土地，就算是花费再多的金银也可以。他想着终于可以不用在前线担惊受怕了，终于可以回到京城去享受安乐的日子了，就觉得非常开心。

但是寇准却和宋真宗的想法完全不同，他坚决不能接受这种屈辱的议和，认为应该让辽国向宋朝称臣才行，而且还要让他们将幽燕十六州的那片地方割让出来。他还对宋真宗说："假如按照我说的做，一定可以让我们大宋有一百年的好日子过，否则的话，用不了十几年，他们还会侵犯我们的。"

宋真宗想，这个寇准是脑袋有病吧，人家不让我们割地就已经谢天谢地了，怎么还能让他们割地呢，这简直就是胡说八道。但是他却没有这么说，他想要以理服人，就说："你看老百姓们受到战乱之苦，不管怎样我们让他们过上和平幸福的生活就行了，为什么一定要对过程那么在意呢，我们只要看结果就行了。好啦，爱卿，不要那么执着了。那是十几年后的事，到那时候再说吧，说不定会有大将出现，助我大宋呢。"

寇准算是对这个皇帝一点办法也没有了，虽然他一再坚持自己的意见，然而皇帝根本就不理他，只能气得吹胡子瞪眼，干着急。朝廷中的那些大臣们都是一些墙头草，皇上说什么话他们都会跟着随声附和，现在皇上想要议和，那个不知进退的寇准却在一旁唠叨个没完，于是大臣们就联合起来，纷纷说寇准的坏话。有的人甚至说寇准之所以在打仗方面那么积极，不过是想炫耀自己的能力而已，根本不管老百姓的死活。

寇准虽然不希望和谈，但是无奈他根本做不得主，所以只好将最佳的反攻时机放弃了。在宋朝的使臣去和辽国谈判之前，曾经问宋真宗说："可以给他们多少钱呢？"宋真宗想也没想，就说："看情况吧，就算给一百万也没关系，我们有的是钱，只要能让老百姓过上太平日子，钱算什么。"

寇准听说这件事以后，气得差点跳起来，立即将使臣叫过来，说："你要是真给他们许诺那么多的钱，回来以后就把你拉出去砍了。给他们的钱绝对不能多于三十万！"后来宋朝和辽国议和成功，并订立了"澶渊之盟"。

辽国收到了钱财以后，领着军队志得意满地回去了。而宋朝也派了很多大将在边关驻守，让河北那一带的地方逐渐恢复宁静。看到国家恢复了往日的和平气象，宋真宗非常高兴，而且对寇准也更加信任了。而寇准依然在朝廷中保持着他的正直品行，提拔有才能的人，对于邪恶势力绝不姑息，对自己治理国家的好方法大力推行。

但是寇准没有想到，闭门家中坐也会有飞来横祸。在和辽国订立盟约之后不久，宋真宗就将王钦若又调回到京城来，由于他是一个非常会拍马屁的人，所以宋真宗对他非常宠爱，就让他做了资政殿学士。由于在和辽国打仗以前，王钦若曾经被寇准严厉地训斥了一番，因此他一直对寇准心怀怨恨，想要报复寇准一下。

尽管寇准的行为没有什么可以攻击的地方，但是王钦若并非常人，有着特别强的铲除异己能力。在他看来，有机会要诋毁，没有机会创造机会也要诋毁，因此诋毁寇准就成了他的第一目标。

1006年，有一次在散朝以后，寇准像往常一样向宫外走去，宋真宗由于敬慕寇准，就看着他离去的背影发呆。这时候王钦若便走了过来，对宋真宗说："皇上您这么敬重寇准，是不是因为他在保卫国家的战争中立下了大功呢？"宋真宗说："没错，寇准真是社稷的栋梁啊！"王钦若却不以为然地说："澶渊那一仗，皇上您难道不觉得羞耻吗，怎么还觉得寇准是对国家有功呢，这是哪门子的道理！"

宋真宗不知道他这句话是什么意思，一时怔在那里。王钦若接着说道："和敌国订立城下之盟是非常可耻的行为，而澶渊之盟的时候，皇上您正在那里，可以说是敌国大军兵临城下，这时候签订的条约，难道不是城下之盟吗？皇上您以天子的无上荣光，居然和他们签订了这种条约，难道不是非常让人感到羞耻的一件事吗？"

宋真宗这个人胆小怯懦，因此他最害怕的就是别人说他胆小，而且如果有人唾骂他，简直比杀了他还难受。听到王钦若这番话，顿时变了脸色，恼羞成怒。但是王钦若却觉得火候还没到，想要让寇准陷入绝境，必须接着说，因此又道："皇上你一定知道赌博吧，当一个人快要把自己的钱输完的时候，他经常会将自己身上所有的东西都拿出来，当作赌注，希望可以将输掉的都赢回来，这就是孤注一掷。当初寇准逼着皇上御驾亲征，就是把您当成了'孤注'，让您处在极度危险之中。当时前线那样混乱，万一您有个闪失，那后果可是不堪设想。"

宋真宗没有主见，又喜欢疑神疑鬼，经过王钦若这些话一吓，顿时觉得寇准这个人真不怎么样，差点没把我给害死啊！所以在接下来的几天当中，宋真宗一直高兴不起来，连睡觉也睡不踏实，总感觉寇准居心叵测，其心可诛。

一开始的时候让寇准当宰相，宋真宗还是有些犹豫的，但是为了找个人帮助自己将国家治理好，宋真宗也顾不得那么多了。然而寇准在当上宰相以后，不但不知道收敛一下自己的性格，而且还经常会在关键的时候顶撞自己，这就让宋真宗有点下不了台。而且寇准还让那些出身卑微的人当官，在朝廷上大发议论，也让宋真宗感到非常不痛快。想到这些，宋真宗更是对寇准渐渐疏远，最后生出了罢免他的念头。

更对寇准不利的是，时间不长他的一个保护伞就没有了，宰相毕士安因为年老，得病死去了。于是宋真宗就随便给寇准安了一个罪名，说他太看重虚名了，根本没有一个大臣应该有的礼节，就罢免了他的宰相职位，让他到陕州当官。

过了没多久，宋真宗又让寇准到河北的大名去驻守。那里位于边疆地区，和辽国距离很近，因此寇准一到了那里，就积极准备和辽国战斗，假如辽国敢派人过来骚扰，他一定会对他们迎头痛击。

辽国的人听说寇准到这里来驻守，由于非常欣赏他的人品，所以就派出使者过来和他谈话，希望他归顺辽国，并许诺会对他重用。然而寇准这个人是敢于和皇上吵架的主儿，从小就是个倔脾气，不管使者怎么说，他都坚决不同意。后来辽国又使用挑拨的方法，说寇准得不到重用，但是寇准却不为所动。

再次为相　又遭贬谪

宋真宗将寇准贬出了京城以后，让王旦当了宰相，陈尧叟和王钦若当了参枢密院事。在朝廷的那些人里面，比较有德行的人也就是王旦，就都是沆瀣一气的奸佞小人了。不过尽管王旦本人比较正派，不过却没有向那些小人们宣战的勇气。

由于王、陈这两个人实在是太不像话了，所以朝廷中的人们都对他们非常不满，于是就有一群人联名弹劾他们，所以宋真宗就将他们全都罢免了。后来王旦也生病去世了，朝廷当中没有人主事，宋真宗就又想起了寇准。

这个时候宋真宗正沉迷于各种各样的祥瑞，于是朝廷中的那些人为了能够得到皇帝的宠信，就伪造了很多"天书"出来。在1019年的3月份，有人又伪造了"天书"，放在长安西南边的乾佑山。这个时候寇准正好被调到这里，因此宋真宗就让寇准把天书送到京城里来。尽管寇准根本不相信什么天书，但是这对于他来说却是一个重新回到朝廷的好机会。因此他就带着"天书"去见皇帝了，没过多久就又被封为宰相。

在宋真宗再次让寇准当上宰相的时候，寇准向他推荐了一个叫做丁谓的人，让这个人当参知政事。然而这次他却看错了人，尽管丁谓是个比较有才能的人，不过内心却十分奸诈，是个不折不扣的阴险小人。丁谓最擅长的就是猜测别人的心思，而且说起话来非常顺耳，马屁拍得一点也不动声色。

寇准只是觉得丁谓是个很有才学的人，但是对于他的品格却没有注意到，而且尽管有不少人向他揭发了丁谓的奸诈，但是寇准却再一次发扬他那倔强的性格，根本不听别人的劝告。这样一来，终于自食恶果。

因为是寇准让丁谓当上副宰相的，所以在寇准的面前，丁谓就装出一副恭恭敬敬的样子，有的时候甚至是到了像奴才一样的程度。渐渐的，寇准就对丁谓的这种做法感到非常讨厌，经常说一些讥讽丁谓的话。丁谓表面上不说什么，其实却对寇准怀恨在心，便勾结了同样嫉恨寇准的曹利用，寻找机会将寇准打倒。

机会终于来了，宋真宗让丁谓和曹利用当了枢密使，掌管着军机大权。大权在手以后，丁谓和曹利用再也不怕寇准了，他们联合起来对付寇准。

在1020年的时候，宋真宗患上了风瘫病，在得了这个病以后，宋真宗变得更加迷信了，对朝政一点也不理了，常常会居住在深宫里面，非

常迷恋炼丹之类的事情。这时候刘皇后开始了干预朝政，并逐渐专权。丁谓和曹利用便赶紧依附到刘皇后身边，而且勾结了很多奸佞的小人。寇准觉得非常担心，所以就向宋真宗请求让太子管理国家，宋真宗答应了他。

得到了宋真宗的允许之后，寇准马上就让翰林学士杨亿写让太子管理国家的诏书，让杨亿辅佐他，不让丁谓再掌权了。杨亿知道这件事非常重要，所以不敢怠慢，等到夜深人静的时候，才把身边的人都屏退，自己在那里编写诏书。但是尽管这件事进行得非常机密，然而寇准却由于喝醉了酒，将这件事说了出来。

丁谓一听说这件事，马上就和刘皇后商量了一番。接着他们便在宋真宗面前说寇准的坏话，举报他想要和太子联合起来将国家大权夺到手中。宋真宗在得了病以后非常健忘，根本不记得曾经答应了寇准的话，认为寇准想要谋反，于是就罢免了他的宰相职位，给了他一个没有实权的职位——太子太傅。

尽管寇准已经不再高居相位，然而丁谓和曹利用却没有想要放过他的意思，不把寇准杀死，他们的心里就感觉不安宁。于是这两个人又将寇准伪造天书的事情举报了，接着寇准就被贬成了相州知州。

但是丁谓他们还是觉得不满意，便将圣旨偷偷改了，这样寇准就被贬到了更加偏远的道州当司马。寇准不知道在官场上面小心行事，一味的由着自己的性子来，终于遭到了这次致命的打击。

心系社稷　死在异乡

在来到了道州以后，尽管这里是非常偏远的地方，而且还是被贬谪到这里的，但是寇准却一点也不颓废，早上很早的时候就起床了，然后穿上朝服开始管理政务。在办公之外，他还建造了一个专门放书籍的藏书楼，每当没事做的时候，就在那里看书。

尽管寇准表面上看起来风轻云淡，好像什么事也没有，但实际上却对江山社稷依旧十分关心。

　　到后来宋真宗的病越来越严重，于是丁谓等人就更加肆无忌惮了，凡是看不顺眼的人，全都要除去，轻一点的罢免职位，严重的就流放到边远地区。寇准又成为他们下手的目标，于是在一个月的时间里，竟然遭到了三次贬谪

　　后来丁谓由于做得太过分了，终于也被贬谪到了今天的海南岛。由于丁谓到海南岛那里去的时候，一定要经过寇准所居住的雷州，因此寇准的家童听到这样的消息就想要把丁谓杀死。但是寇准却不让他们那样做，因为他不想因为自己的私仇乱了国家的法纪。

　　在 1023 年的时候，由于寇准一直心忧天下，而且又得了一场大病，死在了被贬谪的地方。

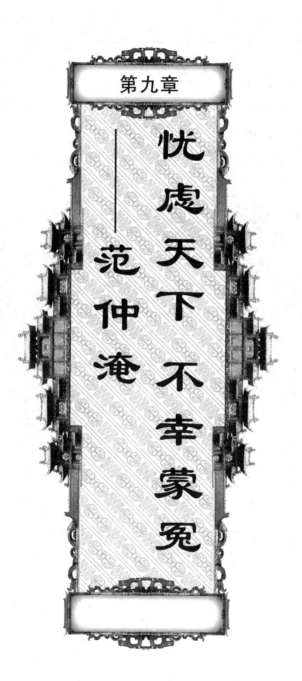

第九章

忧虑天下不幸蒙冤

——范仲淹

个人档案

☆姓名：范仲淹

☆民族：汉族

☆出生日期：989 年

☆逝世日期：1052 年

☆生平简历：

990 年，父亲范墉去世。

1011 年，进入应天府书院学习。

1015 年，考中进士。

1024 年，当上兴化县的县令，治理海潮。

1033 年，江淮和京东一带发生旱灾和蝗灾，奉命前去赈灾。

1034 年，治理苏州水患。

1043 年，上书《答手诏条陈十事》，进行庆历新政。

1052 年，去世。

人物简评

　　范仲淹字希文，祖籍是江苏吴县。尽管他的家庭并不显贵，不过他在小时候却非常勤奋，对知识有着强烈的渴求，读过很多书籍。后来因为自己的才华，当上了官，在做官的时候敢于说真话，有着非常突出的政绩，是北宋时期非常有名的大文学家与政治家。

　　范仲淹的一生是忧国忧民的一生，他无论是在朝廷中当大官，还是遭到贬谪到地方上任职，都一直心怀天下。他那句非常著名的句子"先天下之忧而忧，后天下之乐而乐"，就是他一生的真实写照。

生平故事

家境贫寒　励志学业

　　宋太宗端拱二年（989 年）八月二十九日（公历 10 月 1 日）范仲淹出生于河北真定府。非常不幸的是，两岁的时候，他的父亲就生病去世了，母亲谢氏由于没有了依靠，自己无力养活范仲淹，于是没有办法，就领着他嫁给了山东一户姓朱的人家。因此范仲淹就一直在朱家长大。

　　在青年的时候范仲淹就已经表现出他勤奋好学的品格，在 1009 年的时候，他就读于醴泉寺，自己常常在灯下学习，经常学到快天亮的时候才去睡觉。而且他的生活非常艰苦，每天所吃的东西只有一锅比较粘稠的粥。他将粥煮好以后，等着它变凉，然后用筷子将粥平均分成 4 份，早上和晚上分别拿两份，在吃的时候还会掺上一些韭菜末。

　　尽管范仲淹的生活如此艰苦，但是他却一点怨言也没有，还过得非常坦然。他将所有的事情都放在一边，专心致志地学习，将学到知识当作最大的乐趣。春去秋来，四季轮换，范仲淹不知不觉已经在这里度过了3年的时光。在这漫长的时间里，范仲淹已经学到了非常多的知识，在学问方面大有长进。但是这并不能让他感到满意，他觉得这里的老师们不是特别有学问，所学到的知识也不多。

范仲淹有着更为远大的目标，因此他想要到更大的地方去学习，让自己的学识变得更渊博一点，这样将来就可以为国家多做点事情，也不枉自己苦学一场。机会总是垂青那些有准备的人，有时候危机也意味着转机。

范仲淹从小在朱家长大，因此对于自己的身世并不清楚。由于朱家在这里是一个比较富裕的家庭，朱家的人花起钱来一点也不知道节俭，范仲淹对他们这种挥金如土的做法非常反感，经常好言相劝。他从小就受到朱家人们的歧视，这时候朱家的人就嘲讽他道："我们花自己家里的钱，你算是哪根葱，来管我们的事？"范仲淹这时已经不再是小孩子了，再不留心也能听出这句话里面有问题，就追问到底，结果才发现自己原来并不是朱家的人。

范仲淹是个非常要强的人，他本来就对朱家人的作风非常反感，现在又知道了自己的身世，因此在一番感慨之后，他决定要摆脱这种寄人篱下的生活。所以他就简单收拾了一下自己的东西，带上一把琴和一把剑，到南京去学习了。

这个时候是1011年，范仲淹已经有23岁了，他一路风餐露宿赶到了南京，并且到应天府书院去学习。南京以前叫做宋州，由于这里是宋朝开国皇帝赵匡胤的家乡，因此后来被升成应天府，时间不长就又被定成南京。

由于南京有着非常高的政治地位，因此人们纷纷都聚集到这里，逐渐发展成为一个非常繁华的大都市，这里的教育办得非常好，可以说是天下文化的集中地。而范仲淹所进的应天府正是在当时一个非常有名气的睢阳学舍的基础上扩建出来的。

扩建学校的这种行为让文化能够更好地传播，因此皇帝对这件事非常欣赏，决定让应天府直接管理这所学校。就这样，应天府书院成为了当时最有名气的一个学校，后来也是宋朝非常有名的四大书院当中的一个。

这种情况正称了范仲淹的心意，在这里他既可以受到名师的指点，又有很多同学可以探讨问题，没事的时候还有很多的书可读，他能够在书海当中漫步。范仲淹十分珍惜在这里的每时每刻，过去那些苦闷的心情瞬间消失，饱含着热情投入到学习当中去。

有一回，真宗皇帝要到亳州那里的太清观朝拜，从南京这里经过，这时候南京城里的人们都沸腾起来，纷纷到大街上要去看看皇帝长什么模样。学校里的那些学生们也都一个个跑出去看热闹，但是范仲淹却一点也不为所动，还是像往常一样在那里安心看书。

这时候一个平时和范仲淹关系不错的人就来招呼他，说："别看书了，咱们一起去看看皇上吧，这可是个好机会，以后就没有了!"范仲淹却说："没关系的，以后再看皇上长什么样也不算晚。"于是接着看书。

从家里出来以后，范仲淹没有经济来源，日子过得比以前更加艰难了，经常连自己吃饭的钱也没有，有的时候每天就仅仅吃一次饭。看到范仲淹生活如此艰苦，却立志求学，让南京留守的儿子非常敬佩，有一次给范仲淹带来了不少酒菜。

但是范仲淹却一点也没有将这些酒菜放在眼里，过了好几天，这些东西都已经馊了，范仲淹还是连筷子都没动一下。留守的儿子感到不乐意了，就说："你这是什么意思啊，我好心好意给你带点饭菜过来，你一口也不吃，难道是看不起我?"范仲淹说："不是这样的，我非常感激你的盛情，只是我吃惯了那些平常的东西，假如现在吃了如此丰盛的好饭，以后再吃我的那些东西，就吃不下去了。"

范仲淹守着自己清贫的小日子，在南京发奋读书，没日没夜地学习。晚上他看书看得太困了，就把脸在凉水里洗一洗，让自己精神起来，然后接着读书。就这样，他苦读了5年，学问已经变得非常渊博了。

步入官场　造福百姓

功夫不负有心人，到了1015年的时候，范仲淹参加科举考试，中了进土，然后就被任命为广德军司理参军，负责管理那里的刑法。

范仲淹终于可以有自己的一番事业了，于是就连忙将自己的母亲从朱家接了过来，亲自奉养，还将自己本来的名字恢复了。这个时候他才27岁，正是干一番大事业的时候，而且他胸怀大志，早就想施展一下自己的才能了。

范仲淹刚进入官场，怀着满腔的热忱，准备大干一番。在他一开始当官的那十来年里，他是地方上官职不太大的小官。但是范仲淹却一点也不觉得这有什么不好，他对老百姓们的疾苦非常了解，经常给老百姓们办实事，和那些只知道自己风流快活的官员们完全不同。

在1021年，范仲淹被派到泰州当西溪镇盐仓监官，这是一个负责盐税的职务。泰州的位置是在淮水的南边，东边紧挨着黄海，因此海潮经常会袭击这里。在唐朝的时候，曾经修过一个阻挡潮水的堤坝，然而到现在早就损坏了。所以每到秋天海潮特别多的时候，这里都会发生严重的灾难，将房屋淹没，经常会有人畜死亡的事情发生，那些盐灶大部分也会被潮水损坏。

这还不算完，每次当潮水退走之后，那些本来可以种粮食的土地，就全都变成了盐碱地，长不了庄稼。这就更让老百姓们没有了活路，只好带着自己的妻儿老小，一家子逃到别的地方去谋生。

范仲淹看到潮水给当地的人民带来这么严重的灾难，于是便想要治理一下。本来这件事根本不是范仲淹应该管的，不过他却向江淮制置发运副使张纶提议，希望可以将以前的捍海堤给重新修建一下，解救老百姓于水深火热之中。

张纶这个人还不错，知道为老百姓办一点实事，对于这件事非常赞同，于是马上将这个建议向朝廷提出了，并且还举荐让范仲淹当那里的兴化县的县令，负责管理这个修复堤坝的工作。但是还没有等到堤坝开始修建，就已经遭到了很多人的质疑。这些人认为，尽管堤坝将外面的潮水挡住了，但是这样一来，里面的水也就排不出去了。张纶却不这样认为，他据理力争道："这潮水带来的危害才是最主要的，如果堤坝里面有积水，不会带来太大的危害，这件事情好处大于坏处，非常值得做！"

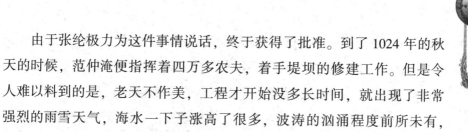

由于张纶极力为这件事情说话，终于获得了批准。到了 1024 年的秋天的时候，范仲淹便指挥着四万多农夫，着手堤坝的修建工作。但是令人难以料到的是，老天不作美，工程才开始没多长时间，就出现了非常强烈的雨雪天气，海水一下子涨高了很多，波涛的汹涌程度前所未有，不仅将堤坝冲毁了，还葬送了 100 多个农夫的性命。

一直反对修建堤坝的那些人顿时找到了攻击的理由，让人到处宣传说："还没有怎么动工呢，就已经死了那么多人，这是老天爷不允许修建堤坝啊，那些人要逆天而行，怎么会有好结果呢？"

这样的谣言很快传到了皇帝的耳朵里，于是就让人下来查看一下进度，看起来有让工程停止的想法。范仲淹与张纶这两个人一看，心中非常着急，因此赶紧又说了一大堆修建堤坝的有利之处，皇帝最终答应让他们继续修建，这样才没有让这件事中途出现什么变故。

但是这件事也不是短时间就能完成的，尽管范仲淹与张纶两个人已经非常努力了，还是用了差不多 4 年的时间才将堤坝修筑完成。到了 1028 年的春天，一道一百五十里长的雄伟堤坝，像一条巨龙一样拦在海上，将这里的盐场以及农田全都保护起来，将这些地区的水患解除了。

那些本来害怕水患，跑到其他地方谋生的人，听说堤坝已经修好，纷纷从外地回到自己的家乡，重新开垦土地，种植庄稼，让这一带兴盛了起来。为了让范仲淹与张纶这种造福百姓的事情被人们永远地记在心里，所以老百姓们自发地给他们建起了祠堂，还把这条雄伟的堤坝取名为"范公堤"。

范仲淹一直在为老百姓做实事，而且似乎和治水结缘了，6 年以后，他再次进行了一次非常巨大的治理水的工程，这次的地点是在苏州。

公元 1034 年，由于连降大雨，苏州发生了重大的水患，夏天下雨所积存的水，都到了秋天了，还没有消退的迹象。由于老百姓们的田地全都被水淹没了，所以根本就打不上粮食来，上万个家庭都没有吃的，眼看就要饿死很多人。

正好范仲淹刚刚当了苏州的知州，见老百姓们面临着饿死的危险，心中的焦急无法言表。于是赶紧让人调查一下，到底是什么原因导致这些水一直消退不下去。原来是因为苏州地区比较低洼，因此发生洪涝是经常有的事，以前经常会将那些积水泄进太湖里面，然后就可以让这些积水流到扬子江或这是流到松江里面去，最后到达大海。

本来这样可以很好地解除水患，然而现在因为河道很长时间都未曾疏浚了，所以不少地方都被淤泥给堵住了，所以起不到以前的作用。而太湖因为有很多地方的水需要承担，可以排流的却仅仅松江这一条河流，因此每逢雨水多的时候就会出现洪涝灾害。

弄清楚了原因之后，范仲淹马上给皇上递上一封奏折，提出了一个计划，准备将五河疏导开，然后让太湖的水流进大海里面去。这个计划获得了皇帝的允许，于是范仲淹立即着手，亲自到现场指挥工作。

苏州的老百姓们已经被水患折磨了很长时间，现在见范仲淹带头治理，又亲自督促工作，全都热情高涨。通过范仲淹的带领，经过苏州老百姓们的共同努力，终于把已经堵死了的河道清理干净了，将一直没有消退的雨水导入了大海。

当时官场上的风气非常不好，那些官员们大多数都贪图享受，完全不考虑老百姓们的事。但是范仲淹却和这些人不同，他这些年每到一个地方，都要造福那里的百姓，所以渐渐的名气就大了起来，受到老百姓们的爱戴。

实际上在以前的时候，范仲淹的才学就已经引起了别人的注意。在1028年，范仲淹由于能力出众，被当时的副丞相晏殊看中，向皇帝保举，让他在京城当了密阁校理。来到京城以后，范仲淹对于朝廷上的事情以及老百姓们的疾苦就更加关心了，而且还和那些官员当中的奸诈之徒进行了各种各样的较量。

宋真宗驾崩之后，宋仁宗即位，但是这时候小皇帝还不能亲政，因此就让他的母亲刘太后帮着处理国事。然而等到仁宗能够自己处理国事的时候，刘太后还是将朝政一手独揽，不让皇帝有亲政的机会。这种事情简直就是祸国殃民，然而朝廷当中根本没有人敢站出来说句公道话。这时候范仲淹就不顾危险，上折子对这种现象进行批评。

范仲淹是什么也不怕，可把晏殊给吓了一大跳。晏殊赶紧将范仲淹

叫到跟前，大声训斥他说："你怎么能这么干呢？难道是想要出风头？你自己想得罪太后，我没什么可说的，但是你这样做会把我也拖累的，别忘了当初是我保举你到京城当官的。"

没想到晏殊会生这么大的气，范仲淹一本正经地回答说："正是因为我是被您保举的，所以我经常担心因为我做得不够好，让您的脸上也无光，但是却万没有想到，由于我的正直，却把您给得罪了。"

后来为了将自己的理由充分表达出来，范仲淹还将一封信送到晏殊府上。信里面写道："尽管我这个官并不大，而且朝廷给我的钱也不算多，但是算下来一年的俸禄也到了三百贯铜钱，这和普通人家两千亩地一年的收成差不多。假如我只是心安理得地拿着这些钱，却不想着给国家和老百姓带来一点好处，那我岂不是和专门祸害粮食的虫子差不多？有些人认为犯颜直谏是不好的，懂得保全自己的人不会那样做。但是我却认为，有这样思想的人才是最让人鄙视的，因为他们的目光太短浅了。实际上当所有的官员都不怕惹皇上生气，都敢说实话的时候，皇上才能够少犯错，老百姓们才会过得更好。这样一来，朝廷上就会盛行清正之风，不会有什么大的祸患出现，故而每个人都可以得到保全。所以我这样做正是保全自身的长久方法啊！"

晏殊一看范仲淹说出了这么一大堆看似义正词严，实际上却是胡搅蛮缠的话，也懒得和他争辩，就说错怪了他，敷衍了事。果然时间不长，范仲淹就因为惹恼了太后，被贬谪到河中府。

幸运的是，后来刘太后去世了，范仲淹又被调到京城任职，当了右司谏。现在的范仲淹是一个名正言顺的言官了，因此对于上折子指斥时事，他更是什么都不怕了。

1033 年，江淮以及京东地区发生了十分严重的旱灾，接着又闹起了蝗虫。那里的老百姓怎么能经得住这番折腾，于是都过得非常困苦。范仲淹于是赶紧向宋仁宗请求让人过去救灾，但是在皇宫里面过着美好生活的宋仁宗才不管他说什么，根本不理会。

范仲淹见皇帝的表现，觉得特别愤怒，于是当着皇帝的面说："假设皇上您半天不吃饭，会发生什么样的事？那些受灾的老百姓岂止是半天吃不上饭，您怎么能不管他们的死活呢?"宋仁宗回答不上来，所以让他去安抚一下那些老百姓。

范仲淹领了圣旨，立即马不停蹄地赶到灾区，在很多地方都开仓放粮，还将发生灾害地方的一些赋税都减免了。范仲淹想要让皇帝知道一下老百姓们过日子有多么艰难，因此就特意带回来一些灾区人民吃的好东西——野草，给宋仁宗看，还请求将这些野草也让那些妃嫔以及皇亲国戚们看看，生活都节俭一些，不要太奢华。

宋仁宗虽然看到这些野草，却一点也不放在心上，心想："这些草在朕的后花园有的是，喂马倒是不错，怎么能让人吃，范仲淹就这副德行，我别理他就是了。"然而就算皇上能忍，其他的那些大臣们也不干了，范仲淹你自己不知道享受生活也就算了，还到处嚷嚷着节俭，简直是和所有官员作对嘛。于是那些官员们就想把范仲淹排挤出朝廷。

后来，有个叫吕夷简的人，借着后妃们之间的矛盾，让宋仁宗将郭皇后废掉。范仲淹看不过去，就说皇帝不应该这样做，于是就被吕夷简怂恿宋仁宗，从京城赶了出去。

但是才过去两年，范仲淹又被调回到京城，因为他把苏州一带的水患治理得非常好。然而范仲淹刚回到京城，吕夷简便找人向他发出警告说："你不要总是抓着朝政不放，现在你可不再是一个言官，朝廷上的事不用你来插嘴。"范仲淹根本不吃他这一套，义正词严地说："我现在是个侍臣，正是一个讨论国事的官职，我怎么敢不多向皇上进言呢!"

吕夷简见范仲淹还是执迷不悟，就又打算将他从京城赶出去。由于开封府是一个特别难治理的地方，所以吕夷简就让范仲淹去那里当知府，打算让他忙于公务，没时间生事。但是没想到范仲淹将开封府治理得井井有条，后来还在皇帝面前告了吕夷简一状，说他提拔官员的时候都是将自己的朋党放在要职上。

吕夷简那时候可是当朝的宰相，于是就对宋仁宗说范仲淹这是在诬蔑他，鼓动宋仁宗把范仲淹贬到了饶州。欧阳修等人由于不满吕夷简的做法，就在宋仁宗面前揭发他。于是吕夷简就将他们这些人也一并赶出了京城。这就是在历史上非常有名的"范吕党争"。

尽管范仲淹已经遭受了三次贬谪，但是他的名气不但没有降低，反而更高了。去饶州做官的时候，他已经是一个五十多岁的人了，但还是有着勃勃雄心，想要再干一些大事出来。

抵御侵犯　守护边境

北宋王朝一直以来有两个威胁，一个是位于北方的辽国，另一个就是位于西边的西夏。

一开始的时候西夏是向宋朝称臣的，但是后来李元昊宣布建立国家，自己当上皇帝，和宋朝的关系就变得紧张起来。到了 1039 年的时候，西夏的军队开始向宋朝的边境进攻。到了第二年的正月，李元昊亲统大军，向延州进犯。

尽管由于大雪，将李元昊的大军困住了，延州没有失守，但是位于北边的三十六个寨堡尽数被西夏的军队拔掉，延州彻底成为了一个孤城。得知这个消息以后，宋仁宗感到非常生气，因此立刻把范雍贬谪了，还将那里的主将换了很多次，但是没有一个真正会打仗的。

后来宋仁宗让范仲淹去守卫延州，范仲淹这个时候两鬓的头发都已经白了，他的青春消耗殆尽，已经有 52 岁，不过他仍然怀着一腔报效国家的热情。范仲淹听说让自己去守卫边疆，顿时感到非常高兴，他愿意为了国家抛头颅洒热血，于是马不停蹄地就去了前线。

当范仲淹来到延州的时候，已经是秋天了，这个时候的延州可谓是非常凶险的一个地方，而且特别荒凉。范仲淹看到那些残破不堪的城墙，以及被火焚毁的房屋，不由得悲从中来。那些老百姓们有的死了，有的逃跑了，就算是留下来的，也过着缺衣少食的生活，景象简直惨不忍睹。

于是范仲淹怀着悲愤的心情，写下了他那千古传诵的名篇——《渔家傲》：

塞下秋来风景异，衡阳雁去无留意。四面边声连角起，千嶂里，长烟落日孤城闭。浊酒一杯家万里，燕然未勒归无计。羌管悠悠霜满地，人不寐，将军白发征夫泪。

尽管所面临的处境这样糟糕，但是范仲淹还是没有失去信心，他一定要想出一个好办法，让宋朝的老百姓们得到安宁。然而事实却让他感到更加担忧了，因为到现在为止，宋朝根本就没有做出一个可以执行的防御西夏的策略，这样假如西夏再次打过来，他们就只能被动挨打了。

于是范仲淹赶紧视察这里的地形以及守卫情况，还广泛征集那里留守的将领以及士兵们的意见，不停地思考用什么方法抵御西夏比较适合现在的情况。

范仲淹知道，在人数方面，宋朝的军队比西夏多出很多，然而要比一比战斗力，宋朝的士兵们就差得远了。而且西夏国家里面的地形特别复杂，还有非常多的山川以及沙漠。所以想要靠以攻为守的方法对付西夏人，几乎是不可能的，轻易出击只会是落得惨败的下场。即便是没有打败仗，在这么长的路程上运送粮草，也是非常危险的事，一个不好就有可能被西夏的军队围歼。

但是西夏人有一个弱点，就是经济方面不行，他们的瓷器和茶叶等东西都是从宋朝这里买回去的，而且粮食也不是很多。因此假如将城池修得坚固一点，然后守住城，加强军队的训练，在外面实行坚壁清野的方法，并且还在经济方面不和西夏进行往来。时间一长，西夏一定不是宋朝的对手。在他们国力不足的时候，便可以和他们谈谈议和的条件了。

就这样，经过一番深思熟虑，一个完整的对敌策略就被范仲淹想到了。因此他赶紧将自己的想法非常详细地写出来，然后上报给皇帝。尽管这个方法是非常符合当时情况的，可以说是宋朝取得胜利的唯一出路。然而很多人却觉得范仲淹太胆小怕事了，宋朝又有这么多的军队，却龟缩不出，让别人看笑话，有失大国的体面。

范仲淹的这个策略，就连和他非常要好的朋友韩琦也表示反对。韩琦认为，既然西夏已经打上门来了，宋朝就应该主动出击，给他们点颜色瞧瞧。因此就对皇上上书说："我们的军队多达20万之众，却坚守不出，这样的事情从古到今都没有听说过，如果一直这样下去，将士们的士气就一点也没有了，还打什么胜仗。而且如果一直和西夏对峙下去，会花费很多钱财的，给国家带来沉重的负担。所以应该主动出击，才是上上之策。"

韩琦希望可以将各路人马集中到一起，通过兵力上的优势，一举将西夏的军队消灭掉，这和范仲淹的策略完全不同。宋仁宗觉得范仲淹的方法确实太不靠谱了，我大宋有这么多的军队，难道都是脓包不成？于是同意了韩琦的方法，命令他和范仲淹一起出兵进击。

范仲淹觉得如果这样做的话，实在是羊入虎口，太危险了，所以一连上了三道折子表示不同意。不过宋仁宗已经拿定了主意，再怎么说也没有用。

1041年的正月，陕西那里的主帅夏竦又让一个叫尹洙的到延州，希望可以将范仲淹说服，让他出兵。但是范仲淹是一个非常有主见的人，怎么也不肯改变自己的想法，于是无论尹洙怎么说，范仲淹都是无动于衷。最后尹洙就使用激将法，说："您在这方面可就比不上韩公了，我记得韩公这样说：'打仗的时候，应该不过多地考虑胜败的问题，将生死看淡一点。'"对于这种荒谬的理论，范仲淹顿时怒从心头起，大声批评道："简直是一派胡言，军队只要一出动，就是数万人的生命，怎么能不重视呢？你这种观点真是放屁！"

韩琦直到最后也说服不了范仲淹，就准备自己出兵对西夏进攻。他将镇戎军所有的人都召集起来，还从地方上临时征用了18000多人，让副将任福统帅他们。但是这个任福是个不会打仗的人，由于急着大胜仗领功，所以看到西夏的军队就赶紧追了过去。结果军队从原定的路线上脱离了，被西夏的军队埋伏，死了6000多人，任福也被杀死了。

韩琦领着那些打了败仗的军士们向回撤退，还没有走回去，就碰到了很多死去的士兵们的亲人来收尸。这些人哭着喊着，场面非常感人。韩琦忍不住也在马上哭了起来，觉得对不起这些将士们。

范仲淹听说韩琦打了败仗，不由得感叹说："真打了败仗的时候，怎么不说不关心胜败的话了呢？"

韩琦这次的败仗虽然死了不少人，但是却来的非常及时，让宋仁宗以及那些主战的人知道西夏人不是那么好对付的。于是宋仁宗就改变了主意，决定使用范仲淹的防守策略。

范仲淹知道，只是有了这个想法还是不足以抵抗西夏人的，只有将各种措施都准备好以后，才能让防守更好地进行下去。因此他赶紧召集人手，将边关的城墙修得更加坚固高大，然后对那些士兵进行训练，并做了一些其他有益的事情。

在修建防御工事的时候范仲淹一个叫做种世衡的手下提出他的观点，想要在延州东北二百里古宽州那些已有的建筑之上筑城。由于这个地方是个兵家必争之地，在右边来说，能够作延州的屏障，而在左边能够从山西那里收取粮食，向北还能威胁到银、夏二州。

范仲淹对部下的这个建议非常赞赏，因此就让他领着军队到哪里去实施。这时候西夏人也来争夺这个有利的地方，于是种世衡便在抵御西夏人的情况下修建。由于在城里面没有多少水，因此种世衡就悬赏让人们凿井。经过一番努力之后，终于在挖地一百五十尺后找到了水，所以这个城就被叫做清涧城。此外种世衡还让士兵们种地，这样一来在一年的时间里就收获了接近一万石的粮食，让军队不至于饿肚子；还鼓励人们进行贸易，让经济慢慢变得发达起来。他让人们学习射箭的本领，在射箭的时候，让银钱做靶子，如果有人射到了，就把这个银钱当成奖励，所以这里的人们都学会了射箭。在种世衡的这一番经营之下，清涧城摇身一变，成了一个特别坚固的军事重镇。

范仲淹不断地对边关进行着加固工作，后来接任的官员也继续这项事业，因此，不但全新的军事堡垒被建立了起来，还将以前被夷为平地的那些山寨又重新修复了 12 个。将以前逃跑的那些老百姓们召集回来，开垦田地，让农业生产重新步入正轨。这些山寨堡垒，将延州保护起来，于是延州固若金汤，轻易攻不下来。

西夏人见宋朝防守得这么好，知道短时间内不可能有入侵的机会了，因此就私底下发出警告说："别再想着进攻延州了，这个守护延州的范仲淹是大将之才，可不是以前的那个怂包范雍了，不是那么容易欺负的。"

到了庆历元年的 10 月份，宋朝对边境的兵力部署重新做了安排，将主帅夏竦等人全都罢免，把西北的前线地区分成了 4 个部分，分别是秦凤、泾原、环庆、鄜延这 4 路，然后每一路都设置一个主帅。

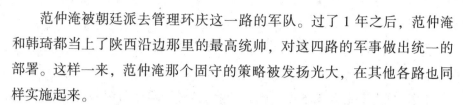

范仲淹被朝廷派去管理环庆这一路的军队。过了1年之后，范仲淹和韩琦都当上了陕西沿边那里的最高统帅，对这四路的军事做出统一的部署。这样一来，范仲淹那个固守的策略被发扬光大，在其他各路也同样实施起来。

那时候在宋朝和西夏交界的地方，有些让西夏人攻占了，而且占领的面积还不小，有的竟然深入到宋朝的境内达一百多里，将各个州的互相往来都隔断了，让宋朝的人不能进行及时的支援。因此范仲淹便将这些地方当成是重点的进攻目标，占领一个地方以后，就在那里建立一座城，然后让军队驻扎。

经过范仲淹这种稳扎稳打的策略，时间不长，就修建了很多城，将这些州之间联系起来。这样如果一个地方遭到了进攻，其他地区就可以派出军队支援，让西夏的进攻变得更加困难。而且在边境修筑了很多寨子，像一道道屏障一样，让宋朝的防守变得更加牢固。

范仲淹在对士兵进行训练的同时，还对军队进行了整顿，将那些没有战斗力的老弱士卒淘汰掉，让年轻力壮的士兵代替。还从本地征收士兵，这些本地人不仅对环境非常熟悉，而且因为是保卫家乡，战斗的意志非常强烈，让军队更加英勇善战了。

范仲淹和韩琦在奖励士兵方面都做得很好，那些立了功的将领一定会得到重用，士兵中如果有克扣属下军饷的人，一定不会姑息。后来这里的军队当中出现了很多能征善战的大将，，士兵也非常骁勇善战。一直到后来，这个军队还是一个非常强大的守卫力量。

在加强防卫与训练军队的时候，范仲淹对那些边境上的少数民族也积极拉拢。后来边境上那些羌族部落都愿意和宋朝交好，不仅当他们的向导，还在打仗的时候派出军队帮助他们。经过范仲淹的这一番努力，西夏的处境非常不妙，在以后的进攻当中，不但得不到任何好处，还死了不少人，于是西夏再也不敢轻易进犯宋朝了。

后来在宋朝长期的经济封锁之下，西夏支持不下去了，便又向宋朝称臣。宋朝的边境重新恢复了和平局面。

进行改革　惨遭失败

当边境上安定下来之后，宋仁宗就将范仲淹与韩琦调回到京城里来。这次范仲淹一到了京城，就被宋仁宗任命为参知政事，也就是当时的副宰相。

宋仁宗其实是想要对国家进行一下改革，因为此时的宋朝有非常多的官员，军队也特别多，朝廷的财政已经入不敷出了。

为了赶紧改变这种危机重重的情况，宋仁宗多次叫来范仲淹等人，让他们将自己的治国策略说出来，不要有任何疑虑。这个时候，欧阳修等人已经回到朝廷了，他们也非常支持范仲淹。因此范仲淹就赶紧将自己多年来看到的官场弊端写出来，并且提出了一系列的改革措施，写出了非常有名的《答手诏条陈十事》。

在这些建议里面，主要有十条改革的策略：

1. 明黜陟。那个时候，宋朝在对官员进行提拔的时候，根本不会考虑他当官的时候做的好不好，而是看他有没有那样的资历。这样一来，那些想要为国家做事的人，就被别的官员当成是异类，很有可能会遭到贬谪，而碌碌无为之辈，反而会当上大官。这样一直恶性循环下去，官场的风气非常腐败堕落。

2. 抑侥幸。那时候当大官的人都会保举自己的亲戚到京城来当官，这样京城官员就越来越多，国家的开支也越来越大。而且这些人对老百姓们百般欺压，造成了非常恶劣的影响。因此应该对这种现象进行抑制，不让大官们有太多举荐人的机会。

3. 精贡举。在进行科举考试的时候，那些试题要更加注重于理论，而不要一味的考一些诗词歌赋之类的东西，而且不能只是背诵那些经典书籍，要可以解释出其中的意思才行。这样才可以真正提拔出人才，而不是一群书呆子。

4. 择长官。那个时候的官员们，有非常多的人是不称职的。有的什么都不敢管，纵容当地的狂徒欺压百姓；有的只知道贪污受贿；有的溜

须拍马，做一些表面光荣，却没有实际用处的事，一心想着往上爬。因此应该让人对各个官员的政绩进行检查，提拔真正做事的官员，除去那些没用的人。

5. 均公田。公田也就是职田，它是官员一项定额的收入，不过在分配上经常出现非常不公平的现象。所以要平均这种收入，让那些小官们也充分享有自己的权利，他们的收入有保障了，就不会因为生活不好而去贪污受贿。

上面这些只是其中的 5 条，除了这些之外范仲淹还主张"重命令"、"覃恩信"、"修武备"、"厚农桑"、"减徭役"。

在这些建议写完以后，范仲淹马上就就将它呈递给了宋仁宗。宋仁宗在看过以后觉得非常好，于是立即将这些方法通告全国，开始实行，这就是非常有名的庆历新政。

1043 年的年尾，范仲淹找了一些人到地方上去检查官员们的情况，将不称职的官员毫不留情地罢免了。还将很多有才能的人提拔上来，这样官员们大多数都办实事，各方面都有了很好的效果，本来死气沉沉的官场，重新注入了活力。

有不少正直的官员，看到这种好的现象，都开始对新政进行赞扬。不过这种好的情况并没有持续太长的时间，那些腐朽的旧势力一直对新政心存不满，伺机报复。范仲淹所推行的新政策，对大官以及地主的权力都进行了限制，所以这些人对范仲淹恨得咬牙切齿，联合起来对改革进行攻击，还说范仲淹和欧阳修等人相互勾结，图谋不轨。这些黑暗势力还和宫里的太监们沆瀣一气，不断地在皇帝面前说范仲淹等人的坏话。

宋仁宗也不是一个多么有主见的人，被太监们耳旁风一吹，就觉得范仲淹确实有点问题。范仲淹在西北统帅过军队，而且在朝廷上的威望也非常高，如果他要造反的话，后果不堪设想，因此逐渐怀疑起范仲淹来。

那些反对新政的人见宋仁宗已经和范仲淹之间有了隔阂，赶紧抓住这个机会，继续进行各种各样的陷害。以前当过西北主帅的夏竦，不是个省油的灯，肚子里装的全是坏水，本来他觉得凭着自己在朝廷上的资历，可以在宰相吕夷简退休以后，当下一任宰相的。由于欧阳修等人的阻挠，他不但不是宰相，连原来的官职也没保住。这件事差点没把他气死，就让自己的使女学习与欧阳修他们一伙的石介写的字，等写得非常像了，就伪造了一封石介写给别人的密信，信里面说是要将皇帝废掉。

接着，夏竦就把这件事到处乱说，说是范仲淹那些人想要造反。于是朝廷内外到处都是流言蜚语，搞得鸡犬不宁。宋仁宗一看，改革遭到了这么多人的反对，信心顿时降了下来，不像一开始的时候那么坚定了。

这样，在庆历4年的6月份，范仲淹知道事情已经无法挽回了，这次改革迟早要失败。恰好此时边境那里又有警报传了过来，所以他就向宋仁宗请求到前线那里去视察。

范仲淹一离开朝廷，那些腐朽的势力就更加猖獗了，不停地诋毁范仲淹他们那伙人。到了第二年的年初，宋仁宗宣布将所有新政的政策全都废除，并且将范仲淹贬谪到邓州，欧阳修等人也都被贬谪。就这样，新政的时间才只有短短的一年多，就彻底终结了。

心怀天下　死在他乡

从小时候起，范仲淹就对那儒家的书籍非常喜爱，里面讲的那仁义、忠孝的思想对他有非常深的影响。因此范仲淹就以忠贞爱国的人为榜样，要做一个对国家有意义的人。这个思想贯穿着他的一生，而且可以从他的文章当中找到证据。

范仲淹在政治、军事以及文学方面都有很高的成就，他的诗词文章都写得非常好。其中的一篇散文千古传诵，就是《岳阳楼记》。

滕宗谅是范仲淹的好朋友，后来因为一些事情被贬谪了，于是心情特别不好。范仲淹便希望能有个机会对他进行一番开导，恰好滕宗谅将岳阳楼进行了一番重修，邀请他给这座楼写一些东西。其实当时范仲淹的情况也非常糟糕，庆历改革才被废除没有多长时间，他被宋仁宗贬谪到了邓州，而且年纪大了，身体方面也有点欠安。不过范仲淹的心态却不错，为了劝勉自己的好朋友们，就写下了《岳阳楼记》。

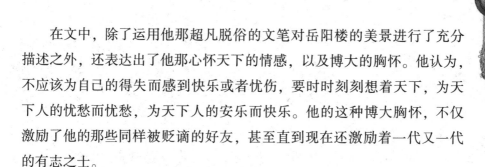

在文中，除了运用他那超凡脱俗的文笔对岳阳楼的美景进行了充分描述之外，还表达出了他那心怀天下的情感，以及博大的胸怀。他认为，不应该为自己的得失而感到快乐或者忧伤，要时时刻刻想着天下，为天下人的忧愁而忧愁，为天下人的安乐而快乐。他的这种博大胸怀，不仅激励了他的那些同样被贬谪的好友，甚至直到现在还激励着一代又一代的有志之士。

1052 年的 5 月份，范仲淹又被从青州调到颖州，路上的时候经过徐州，在那里生病去世了，享年 64 岁。

范仲淹死前，他还是心怀天下，他写给皇帝的那份遗表里面，一点和自己相关的要求都没有提出来。正是由于范仲淹处处都想着天下，丝毫不为自己着想，所以天下的人对他都十分敬仰，在他死的时候，听到这个消息的人们全都扼腕叹息。那些他当过官的地方，人们全都给他建立起祠堂。

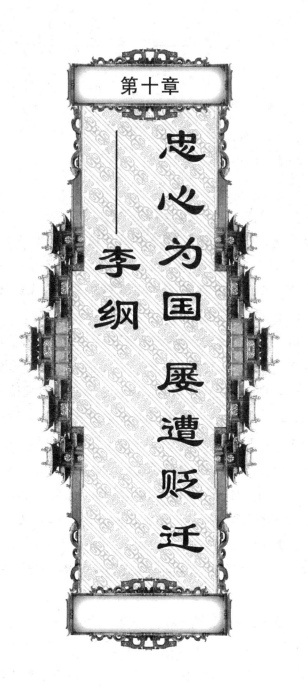

第十章

忠心为国 屡遭贬迁

——李纲

个人档案

☆姓名：李纲

☆民族：汉族

☆出生日期：1083 年

☆逝世日期：1140 年

☆生平简历：

政和二年（公元 1112 年），李纲高中进士。

政和五年，李纲担任监察御史兼权殿中侍御史，不久因为议论朝廷的过失，被罢去谏官职事。

宣和元年（公元 1119 年），上书要求朝廷注意内忧外患的问题，被宋徽宗赵佶认为议论不符合时宜，贬为监南剑州沙县税务。

宣和七年 7 月，李纲被召回朝廷任职，担任太常少卿。这一年冬季，金兵兵分两路攻打北宋，完颜宗望率领的军队直逼北宋的都城开封。

在宋庭的兵荒马乱之中，李纲提出让宋徽宗将皇位传于太子赵桓。赵桓（宋钦宗）即位之后，任李纲为尚书右丞，就任亲征行营使，专门负责开封城的防守工作。他带领开封的臣民及时完成防御部署，并且亲自登城督战，击退了金兵。金帅完颜宗望见到开封易守难攻，决定议和。李纲因为坚决反对向金投降，被宋钦宗罢官。因为开封民众联合请愿，才迫使宋钦宗重新任命李纲。完颜宗望因为无法攻破开封城，在宋廷答应割让河北三镇之后，在靖康元年（公元 1126 年）2 月撤兵。开封守卫战在李纲的组织下宣布胜利。金兵撤离之后，李纲遭到投降派的诬陷。

靖康元年 5 月，宋廷强令李纲出任河东、河北宣抚使，并且将他调离京城。李纲被迫在 9 月宣告辞职，后来又因为"专主战议，丧师费财"等罪名，被贬至夔州（现今重庆奉节白帝城）。

宋钦宗靖康元年（公元 1126 年）11 月，金兵再一次大举南下，将开封重重包围，在此危难时刻宋钦宗才再一次想到了李纲。但是最终无济于事，北宋灭亡。不久，康王赵构在南京应天府（现今河南商丘）另建朝廷。为了利用李纲的声望，起用他为尚书右仆射兼中书侍郎（右相）。但是李纲担任宰相仅仅 75 天，就再一次遭到驱逐，不久贬至鄂州（现今湖北武汉市武昌），不久，又被流放到海南岛。一直到建炎三年（1129年）底才重新获得自由。

　　建炎四年，李纲返回邵武居住。之后，从绍兴二年（1132 年）2 月到绍兴三年，担任荆湖广南路宣抚使，又在绍兴五年十月到七年十一月担任江南西路安抚制置大使。

　　绍兴十年正月，李纲不幸去世。

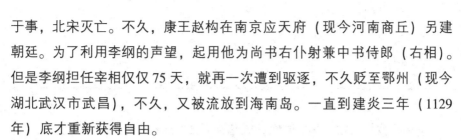

人物简评

　　李纲面对内忧外患的局面，凭借自己的一身正气，投入到为民族存亡、国家兴衰的激烈的争斗中。这种斗争，不仅来自于内部和主和派与投降派的争斗，还来自于外部的抗金斗争。这两种争斗交织在一起，尤其是来自投降派的排挤、迫害和诽谤，让李纲空有一身抱负却无从施展，最终只能在抑郁中死去。

生平故事

官卑位微　敢于谏言

　　李纲，字伯纪，出生于邵武（现今福建邵武）一个书香家庭。因为受到家庭的熏陶，李纲从小就有大志向，一举一动都符合规章法度。北宋著名谏臣陈瓘曾经说，李纲长大之后一定会成为国家栋梁之才。政和二年（1112 年），李纲考中进士，后来被授官承务郎。自此之后，李纲步入仕途。

　　李纲在担任监察御史兼殿中侍御史的时候，就因为上疏言事得罪了掌权上司，被贬为起居郎。当时的朝廷大权被奸臣王黼、蔡京等人总揽，多数的大臣也只是敢怒而不敢言。李纲不这样认为，他将个人的荣辱得失抛之脑后，曾经多次上书徽宗要求进行朝政改革。

　　宣和元年（1119 年），京师发生大水，但是当权者并不体恤百姓，将百姓的生命视如草芥。李纲上书《论水灾事乞对奏状》，认为这时候应该是群臣竭尽全力报效国家，捐躯报国，但是圣旨下达之后官员并没有遵旨办事。不久，李纲再次上书《论水便宜六事奏状》，指出在北宋正值

阶级矛盾和民族矛盾极端尖锐的时候，当权者不应该一味地贪图享受，不顾百姓的死活，而应该采取安民的措施，同时还应该对于玩忽职守的大臣进行严惩，对有才能之人进行提拔。

然而，李纲的上书恰恰击中了朝廷的要害，尤其是触痛了把持朝政却又无所作为的官僚，不久就遭到了报复。当权者蔡京极力指责李纲"所论不当"，将李纲贬到南剑州的沙县（现今福建沙县），去做一个管理税务的小官员。即便是这样，李纲的勇气、正直与胆量依然在朝廷中引起了很大的反响，获得了朝廷中一些有识之士的赞赏。陈瓘写了一封信给李纲的父亲李夔，信中除了夸奖李纲之外，还赞扬李纲勇气可嘉，上书中句句所言代表百姓的心声。同时，陈瓘还亲自为李纲书写了唐朝名相狄仁杰等人的经典语录，作为对李纲的鼓励。一直到宣和七年（1125年），徽宗迫于诸位大臣的压力，才不得不恢复李纲太常少卿的职位。

但是，李纲官复原职的同一年，即公元1125年的冬天，金兵大举进攻北宋。入侵的金兵兵分两路：西路主将为完颜宗翰，大举进攻太原；东路的主将为完颜宗望，率兵进攻方燕京。西路金军在12月到达太原，东路12月初攻入燕京。燕京守将郭药师因为过于恐慌，竟然不战而降，并且在投降之后甘愿做敌人的向导，让金军得以长驱南下。

在这样的情况下，宋徽宗懦弱无能，面对金兵越逼越近，慌慌张张地下了一道"罪己诏"。同时，"召天下勤王之师，命皇太子为开封牧"，准备逃跑，但是朝中百官这时竟然茫然无策。官卑位低的李纲此时挺身而出，连续向宋徽宗上了几道奏章，指出当务之急是收服人心，收士信，足军储，平民怨，采取相应的措施减轻百姓的负担，重用忧国忧民的人士，一同对抗敌人。同时，李纲在《捍敌十策》中提出了具体的抗敌建议。针对宋徽宗的逃跑倾向，李纲联络宰相吴敏等人劝说宋徽宗，认为皇上竟然想要将自己的权利分给太子，就应该让太子名正言顺。而要让太子名正直顺，就应该将皇位传给太子。宋徽宗急于从危急中摆脱出来，在宣和七年（1125年）十二月二十四日正式将皇位传给太子赵桓，也就是宋钦宗。

勇却金兵　无奈和议

宋钦宗对李纲十分器重，任命李纲为兵部侍郎。第二年，也就是靖康元年（1126年），又将李纲提升为行营司参谋官，使李纲的才能施展出来。

宋钦宗始即位之后，李纲就上书提出了抗金策略，对于投降派翻地苟安的行为，李纲给予了十分严厉的斥责。李纲的敢于直谏深得宋钦宗的嘉许。但是，这时的宋都开封已经处于逼近金军的威胁滞洪，一些懦弱无能、胆小如鼠的官员又开始极力怂恿钦宗逃跑。徽宗知道金军已经横渡了黄河，连夜带着诸多大臣，其中包括童贯、蔡京、朱动等奸臣和两万多宋兵南逃。

钦宗自己对于是不是可以打败金兵尚且没有把握，在去留问题上总是举棋不定，在宰相白时中等人的影响下，准备离开京师而西奔襄（现今襄阳）、邓（现今河南邓县）。就在这千钧一发的时刻，李纲径直闯进了朝门。门卫对李纲说："按照规矩，在宰相们议事的时候，其他人是不可以进入朝堂的。"李纲回答说："现在已经到了危急时刻，哪里还有规矩可讲！"闯入内廷之后，李纲与钦宗及主张逃跑的大臣展开了一场激烈的争斗。李纲问宋钦宗说："道君皇帝（宋徽宗）将天下交到陛下的手中，是可以这样轻而易举就送给别人的吗？"钦宗被这一句话问的哑口无言。宰相白时中对李纲说："金兵大举进攻，来势汹汹，京师必然是守不住了。"李纲说："天下城池，有哪一座可以像京师这样宗庙社稷、百官万民的所在地，放弃了都城又可以到哪里去呢？"钦宗问："你有什么好办法吗？"李纲说："当今之计，应当整饬军马，振举民心，上下一心，才可重振雄风，击退金兵。"

皇上又追问谁可以做将领抗敌，李纲说："朝廷素来以高官厚禄崇养大臣，是为了让他们在国家危难之际保家卫国。白时中、李邦彦等人虽然不懂得领兵打仗，但是凭借他们的官位安慰士兵以抗敌锋是他们应该做的事情。"早已经吓得两腿发软的白时中听到李纲这句话，反将了李纲

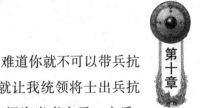

一"军"从而推卸到自己的责任。他对李纲说:"难道你就不可以带兵抗敌吗?"李纲说:"皇上倘若不认为臣庸碌无为,就让我统领将士出兵抗金,臣定当鞠躬尽瘁,死而后已。"钦宗于是任李纲为尚书右丞。之后,反复无常的宋钦宗传旨南逃。李纲啼泣跪拜,拼死阻拦,对钦宗说:"陛下已经准许臣领兵抗金。为什么还要南逃呢?现在六军的父母妻子都在城中,愿意以死抵抗,万一中道欺归,陛下要怎样来保护他们呢?敌兵眼看就要打过来了,若是他们知道你的乘舆并没有走出多远,健马疾追,你又该怎样抵抗呢?"钦宗这才下定了决心,放弃南行的决定。李纲传令说:"倘若有谁再敢说及离京的事情定斩不赦。"禁卫军一听说皇上要留下来,全都跪拜,口呼万岁。全体宋兵在听到这个消息之后,都感动得流下了眼泪。

钦宗留下之后,任命李纲为亲征行营使,全权负责防御京城的各项事宜。李纲得到命令之后,立刻着手加强东京开封的城防,仅仅花费了三天的时间就已经初步准备就绪。李纲在开封的每面城墙分别安排了12000人,准备了火炮、砖石、滚木、弩、火油等战斗用具。与此同时,将步兵4万人分为前后左右中五军,每军8000人,前军保护东水门外的延丰仓,后军守卫朝阳门外的樊家冈,其余三军留在城中作为预备军。李纲刚刚准备完毕,金兵就抵达了开封城下。当金军在正月初七攻城的时候,李纲身先士卒,亲自督战,率领千名士兵,数百将领奋勇杀敌。第二天清晨,金兵再一次发动进攻。李纲站在城头之上,鼓舞将士,使宋军士气大大振。面对金兵的猛烈进攻,宋军"近者以手抱木击之,远者以神臂弓弩射之,又远者以床子弩座炮击之"。金军将领完颜宗望见到防守如此坚固而放弃了进攻,并且遣派使者要求与北宋握手言和。

李纲请求钦宗让自己去和金军谈判,皇上却选择了李梲。李纲对钦宗说:"国家安危就在此一刻,只怕胆小怕事的李梲会耽误了国家的大事。"钦宗一意孤行,将李纲的话抛之脑后。李梲不仅贪生怕死,竟然连做人的尊严都丧失了。李梲来到金兵大营之后,"北面再拜,膝行而前"。参与金人的议和条件,李梲也显得唯唯诺诺,最后连金人都瞧不起他。李梲真的被李纲言中,金竟然向北宋索要金五百万两、银五千万两和绢采一百万匹。除此之外，还要求北宋皇帝向金主称伯父；并要割让中出（现今河北定县）、太原、河间（现今河北河间）三镇，并且宋亲王与宰相到金国做人质，所出条件十分苛刻。

李纲坚决不肯同意这种卑躬屈膝又倾尽国力的条件，但是最后却是投降派占了上风，钦宗也只好动摇了，最终还是接受了金的条件。李纲顿感意冷心灰，请求辞职，钦宗却不肯答应。

虽然答应了金人的条件，但是结果也被李纲言中，北宋朝廷的确是倾尽所有，只可以勉强凑足金三十万两、银八百万两。之后，在京师各大家族中搜刮，也只弄到了金二十万两、银四百万两。和在一起是金五十万两、银一千两百万两，与金所要求的金五百万两、银五千万两依旧相距甚远。从这件事就可以看出，宋庭的懦弱，其生存是多么的艰难！

奸人构陷　被贬出京

这件事之后没有多久，各地勤王之师 20 余万集结在开封城下。为了发挥勤王之师的作用，李纲应该把勤王的军队进行统一的指挥和节制。但是，投降派害怕李纲的权利过于集中，建议宋钦宗分兵统制。钦宗听信了投降派的主张，下令设立宣抚司统制各地带来的勤王军队，进而大大削弱了李纲对于勤王军队的统领权。关于这样抗金，李纲向宋钦宗详细分析了当时宋、金的形势：金兵一共有 6 万多人，其中的一些少数民族例如契丹与女真贵族之间存在严重矛盾，但是这部分少数民族士兵占据了整个来犯金兵中的一半以上。再加上金兵孤军深入，还存在很多不利的条件。为此，李纲向钦宗说出了自己的对策。

钦宗十分赞同李纲的建议，决定照办，并且说好了出兵的时间。但是，宋将姚平仲邀功心切，率领军队事先出击，将整个计划都破坏了。这一次的失败让投降派有了可乘之机，他们扩大了事态，甚至造谣中伤，无中生有。投降派张邦昌对金人的使者说："用兵的人是李纲、姚平仲，并不是宋钦宗的意思。"钦宗为了讨好金朝，下令将李纲撤职处分，取而代之的是投降派的蔡懋。这一倒行逆施的行为让宋朝的臣民产生极大的

愤恨，他们自发地组织起来向朝廷请命。太学生们在陈东的组织下也行动起来，上书言明李纲是没有罪的，最后以致情愿的人竟然多达 10 万人，"呼声动地"。钦宗于形势所迫，不得不召回李纲，并且官复原职，任京城四壁守御使一职。李纲在复职之后，立刻恢复了防守，出兵抗敌，军民协力。在这样的形势之下，金兵只得退后。金兵这一次进犯，从宣和七年（1125 年）十二月中旬一直到靖康元年（1126 年）二月上旬，历时两个月的时间，最终以北宋的失败而告终。

金兵刚刚撤退，朝廷中的主和派与投降派又冒了出来，对李纲进行无中生有的污蔑。大臣唐恪、耿南仲秘密上书说军民请愿都是受到了李纲的指使。懦弱昏庸的钦宗听信谗言，竟然将李纲调离了京师，担任河北河东路宣抚使。李纲并没有因此就放弃抗金的运动，但是因为粮草奇缺，军队难以调度，最终兵败。这一事件更是让投降派大做文章，"谗者益肆"。靖康元年八月中旬，李纲最终被以"专主战议，丧师费财"的罪名放逐，充军至建昌军（现今江西南城）。在抗金斗争中立下赫赫战功的李纲，就这样被排挤出了京城，满腔悲愤地离京南下了。

壮志未酬　士已身死

宋钦宗靖康元年（1126 年）十一月，金兵再一次大举南下，将开封重重包围，在此危难时刻宋钦宗才再一次想到了李纲。但是，圣旨还没有送到李纲的住处，金兵就已经攻破了开封城，并且在第二年春掳北宋徽、钦二帝北上，北宋就此灭亡。这一事件，历史上称为"靖康之难"。没过多久，康王赵构在南京（现今河南商丘）宣布登基即位，即宋高宗。

高宗登基之后，任命李纲为尚书右仆射兼中书侍郎，这一任命遭到了当时主和派的强烈反对。中丞颜岐认为，这一职位的担当者最合适的人选是张邦昌，因为金人十分喜欢他，李纲则是金人痛恨至极的人。这时的高宗还想要有所作为，就对李纲说："朕早就知道您忠义智略，想要让敌国畏惧，四方安定，恐怕只有您可以做到。"李纲任相之后，向高宗上书十事，劝谏高宗想要让国家强大起来，抵抗金人，一定要锐意革新，努力进取。与此同时，还要任人唯贤，惩罚那些卖国求荣的官员，整顿边防，振奋民心。高宗同意了李纲的大部分建议，李纲开始着手推行一系列的改革措施。

在对待张邦昌等投降派的态度上，李纲极力主张严惩。李纲对高宗说："邦昌叛逆，怎么能再为朝廷效力"，"臣不可以与邦昌同朝为官，希望陛下立刻将其逐出朝廷"。高宗采纳了这一建议，下诏将张邦昌放逐潭州（现今湖南长沙），从而严重打击了投降派的嚣张气焰。

李纲提出"修军政，变士风，裕邦财，宽民力，改弊法，省冗官"的主张，从诸多方面增强了国力。

与此同时，李纲组织了民间武装，将那些有才能的人选拔出来，抵抗金人，修缮城池，加强防务。李纲认为，两河（河北、河东）是宋朝的屏障，其战略位置十分重要，一定要严加防守。两河的大部分州县尚掌握在宋军的手中，尤其是义军十分具有抗金的潜力。这些义军多者达到数万人，少则也不下万人，总共加起来可达十几万，是一支不可忽视的抗金力量。为此，在李纲的激励推荐之下，朝廷任命义军首领张所担任河北招抚使一职，傅亮担任河东经制副使一职。张所、傅亮在河北、河东设立招抚司之后，在很短的时间内就招募了十几万人。

此外，李纲在南宋政府控制的州县置造战船、筹办器械、加固城池、扩编军队等一系列的备战措施。

经过李纲的不懈努力之后，边防战事有了一定的起色。

但是，时何未久，以黄潜善、汪伯彦为首的投降派又开始极力反对李纲的活动，高宗在这不断的、众口铄金的谗言中也开始逐渐疏远李纲。黄潜善等人最擅长的就是使用卑鄙的手段恶意中伤，他们想尽各种办法诋毁李纲，并且归纳了十几条罪状污蔑李纲，竟然说李纲是"国贼"。

和李纲坚决抗金的决心形成鲜明的对比，汪伯彦、黄潜善等投降派时常派遣"大金通向使"，来到金国谈判投降条件。与此同时，积极游说高宗逃跑。

在皇上出行的路线上，李纲和黄潜善、汪伯彦发生激烈的争议。黄潜善、汪伯彦议东南，这实际上就是变相的畏敌逃跑，李纲就主张皇帝巡幸西北的抗金前线鼓舞士气。

李纲与投降派争论的结果是，投降派再一次占据了上风。李纲被高宗革职，担任尚书左仆射兼门下侍郎，而黄潜善的职位反而得到了升迁。

李纲从建元元年（1127 年）六月二日被任为宰相，至八月十八日被罢相降为尚书左仆射兼门下侍郎，其间推行了一系列的抗金措施，并且取得了一定的成效，但是这些成效是在自始至终与投降派的争斗中取得的。李纲被罢相之后，消息顷刻之间在南京传遍了，反对声一片。以陈东、欧阳彻为首的太学同学再一次组织请愿运动，上书高宗，要求李纲官复原职，出兵北伐。高宗这时已经彻底倒向了投降派一边，竟然下令将将陈东、欧阳彻等人斩首示众。同时，黄潜善等人对于被贬职的李纲进行了进一步的迫害。对这一切，李纲十分清楚明了，只是因为权限限制，只得让高宗裁决。然而，这时的高宗已经完全被投降派迷惑并被其左右了，李纲反而再次被贬为经制司。

忍无可忍的李纲决定辞官回乡，当了 75 天宰相的李纲就这样被罢免了，只可叹空有满腔抱负却无用武之地啊。

李纲被罢相后，两河的形势也发生了变化，大部分郡县都被金兵攻占，高宗与诸多大臣乘坐船只逃亡杭州。这时的投降派依然整治李纲，御史张浚弹劾李纲怒杀侍从，仅仅是为了逞一时之快，甚至要求惩处李纲的买马招军之罪。高宗下诏贬李纲为观文殿大学士，前往杭州，不久之后再一次被降职，贬往鄂州（现今湖北武昌），最后竟然将李纲放逐到海南岛。

从高宗建炎元年（1127 年）八月至绍兴十年（1140 年）正月，李纲度过了 13 年流放和贬谪的生活。皇帝昏庸无道，再加上奸臣当道，让李纲在流放之地依旧居无定所。再从南京贬至杭州的时候，因为诬告而让李纲到鄂州居住。建炎二年到绍兴元年（1128～1130 年），又先后被贬到了澧州（现今湖南澧县）、万安（现今海南万安县）。这一连串的排挤贬谪，让李纲的身心受到了严重的摧残，精神抑郁。即便是这样，李纲依旧"却收老眼来观国，尚冀中原早戢戈"。空怀满腔热血却报国无门，这种凄凉和悲惨并非常人所能想象的。

李纲在离开朝廷之后，高宗在金兵的逼迫下节节败退。建炎三年（1129 年）的春天，从杨辩慌忙逃往临安（现今浙江杭州），年底的时候又逃往明州（现今浙江宁波），最后竟然无路可逃，坐船在海上漂泊，一直到绍兴二年（1132 年）金兵退后方才又从海上回到了临安，并且召回李纲担任湖广宣抚使兼知潭州。这一年年底，李纲又一次面临猜忌罢官。绍兴五年（1135 年），李纲重新被任命为江西安抚制置大使。因为投降叛国的秦桧总揽大权，更是不容得李纲有半点作为。李纲在这一时期写了一首《病牛》诗中道：

耕犁千亩实千箱，力得筋疲谁复伤？

但愿众生皆得饱，不辞羸病卧残阳。

在这首诗中不难看出李纲在政治生涯中不断地遭到排挤与迫害最终心力交瘁的抑郁心情。

绍兴十年（114 年），宋朝著名抗金将领、杰出的政治家李纲在忧郁中闭上了双眼，享年 58 岁。

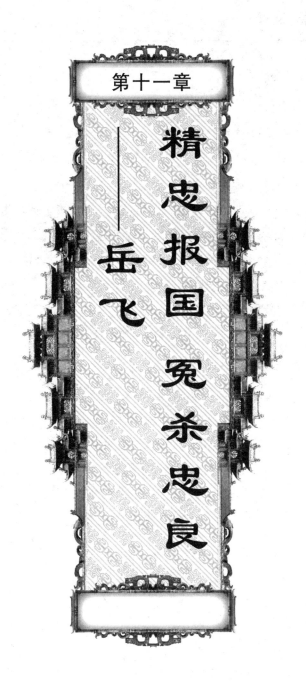

第十一章

精忠报国冤杀忠良

——岳飞

个人档案

☆姓名：岳飞

☆民族：汉族

☆出生日期：1103 年

☆逝世日期：1142 年

☆生平简历：

1122 年，岳飞参加抗击辽国的"敢战士"，开始了从军生涯。

1126 年，投奔刘浩的军队。

1127 年，投奔河北西路招抚使张所。

1129 年，由西京河南府回到开封。

1130 年，将军队驻扎在宜兴。

1136 年，奉命北伐。

1142 年，惨遭杀害。

人物简评

岳飞可以说是自古以来"精忠报国"的典范，因此一说到岳飞，人们往往都感到非常敬佩。纵观岳飞的一生，受到他母亲的影响非常大，当初母亲为了让他安心报效国家，在他的背上刺下"精忠报国"四个大字，一直影响了他的一生。

岳飞这一辈子，是在戎马倥偬中度过的，一直在和金兵作斗争，从来都没有懈怠过。他治军严明，谨守兵贵精而不贵多的理论，所率领的岳家军无不是以一当十、作战勇猛的精兵。金兵只要见到岳飞的旗号，就心中害怕，还有"撼山易，撼岳家军难"的说法。

但是尽管岳飞的抗金热情高涨，却不与那个时代的潮流合拍，皇帝只想着结束战斗，并不打算将失地收回，也没有励精图治的意愿。因此岳飞成了政治斗争中的牺牲品，最终含冤而死，让千载而下，无人不感到惋惜。

生平故事

勤学苦练　立志报国

岳飞是在宋徽宗崇宁二年（即 1103 年）的二月十五日出生的。根据民间流传的说法，在岳飞出生的时候还有一件神奇的事情发生。那天岳飞刚出生，到了傍晚时分，忽然有一个大鸟大叫着从他们家的上空飞过。岳飞的父亲看到这种情况，就给他取了名和字，名为飞，字叫做鹏举。

岳飞的家庭并不富裕，因此很小的时候就已经开始干活，跟着父母到野地里去割草、砍柴，后来再大一点，就去地里耕作了。尽管生活非常清贫，然而岳飞却有着非常好的学习精神。由于没有钱，晚上没有油灯照明，岳飞就捡一些枯柴作照明之用，晚上就让父亲教他认字。到可以自己读书的时候，他就更是勤奋学习起来。有的时候看书会看到半夜，甚至一个晚上不睡觉。岳飞最喜欢读的就是《孙子兵法》以及《左氏春秋传》，这对他以后在军事方面才能的培养有很好的帮助。

由于经常干农活，因此岳飞的身体特别强壮，在他还没有成年的时候，就已经可以将三百斤的硬弓运用自如了。那时候在永和乡有一位叫做周同的老人，在射箭方面是当地的一绝，于是岳飞就找到他，让他教自己射箭。由于岳飞资质非常好，又肯下苦功，没多久就将射箭的方法熟练掌握了，可以左右同时开弓。后来岳飞又找到当地非常有名气的枪手陈广，拜他为师，学习枪法，成了他们那一带武艺最高超的人。

岳飞年轻的时候，不像一些有名无实人那样喜欢夸夸其谈，他平时很少说话，而且性情宽厚，但却是一个性格特别刚正的人，通常心里有什么就说出来，不会有什么顾虑。他对长辈和师傅都特别尊重。在他的老师周同死去之后，每到初一和十五，岳飞都会带着酒肉到周同的坟那里去祭奠。

到了政和八年（即1118年）的时候，岳飞已经有16岁了，于是父母就给他娶了一个妻子刘氏。在第二年的时候，就有了大儿子岳云。有了孩子之后，岳飞得想办法养活一家人，因此就去离家不远的安阳县一个地主家里做佃客，还去安阳那里当过商市上的治安巡查员。但是岳飞并没有拉下自己的武艺，经常在没事的时候就会练一会儿枪法和射箭。

这个时候，宋朝的皇帝是宋徽宗赵佶，他根本不想办法将国家治理好，而是过着荒淫无度的生活，朝政特别腐败。于是宋朝的国力逐渐变得衰弱起来，但是在北方的金国却逐渐变得强大起来了。在宣和七年（即1125年）的时候，金国将辽国消灭了。时间不长，他们便接着向南方打了过来，一直快要打到宋朝的京城汴京了。

宋徽宗听说金兵打了过来，吓得不知道该怎么办才好，于是赶紧从皇帝的宝座上退了下来，准备逃跑。并且让皇太子赵桓当了皇帝，也就是后来的宋钦宗。

然而宋钦宗比他那个糊涂父亲也好不到哪去，他也是一个贪生怕死的人，而且还对有才能的人非常嫉妒。到了靖康元年（即1126年）的正月，金兵打到了京城之外。十一月的时候，金兵冲进京城，进行了大规模的抢劫之后，将徽宗、钦宗两个皇帝，以及后宫中的妃子宫女等好几千人从汴京掠走，于是北宋王朝不复存在。

岳飞从小就对行军打仗的书非常喜爱，而且一直都勤练武艺，就是想着有一天可以用自己的才能来报效国家，保卫祖国的大好河山。他做梦也想着去参军，在战场上杀敌立功。于是真定府在民间招募抗击金兵的"敢战士"之时，岳飞马上就报名参加了。安抚使见岳飞长得人高马大，而且武艺超群，觉得他不是一个平凡的人物，一定会成就一番大事业的，所以对他非常看重，让他当了一个小队长。后来时间不长，岳飞的父亲在家里去世了，岳飞于是赶紧从军队返回家乡，处理父亲的丧事。

到了宣和6年的时候，岳飞又到河东路平定军去了，又一次当了兵，这一次是做"效用士"。由于岳飞的表现突出，因此没过多久，就被升任成一名偏校，也就是一个地位不太高的军官。到了靖康元年的6月份，岳飞率领100多人组成的骑兵队，去侦察金国的军队在做什么事情。就在侦察的时候，忽然碰上了一大队金军，由于这些战士之前根本没有想到会和金军遭遇，这时候便吓得不知道该怎么办才好了。然而岳飞却一点也不害怕，他骑着战马，直接杀入金军当中，将金军的几个骑兵将领一举杀死。金军都感到非常害怕，所以都不敢靠近他。但是岳飞的那一队骑兵也被金军给拆散了，岳飞只好自己赶返相州。

在靖康元年的12月份，康王赵构于河北的相州设立了大元帅府，然后由自己当了"天下兵马大元帅"，接着便传下命令，在民间广泛征招兵员。为了将金兵驱逐出去，保卫自己世代生存的家乡，相州有不少老百姓都参军了。经过别人的介绍，岳飞也参加了赵构所率领的这个军队。从那天开始，岳飞就一直活跃在和金兵抗争的前线阵地，一直为收复河山而努力着。

有一回，岳飞正领着100名骑兵于滑州训练在冰上骑马射箭的本领。当时，温度特别低，黄河上面结起的冰特别厚，因此非常适合他们练习。然而正在训练的时候，突然看见前面有大队的金兵冲了过来。

虽然敌我力量对比悬殊，但是岳飞却并没有感到害怕，他对手下的人说："他们的兵力虽然多，不过根本不知道咱们有多少人，不敢贸然进攻。我们就可以趁着他们刚跑过来比较疲劳的时候，上去狠狠地打他们一顿，绝对可以将他们打个落花流水。"于是在布置好以后，岳飞就策马向金兵冲了过去。

金兵见宋朝的军队冲了过来，吓了一跳，其中的一个军官冲上来想要拦住岳飞。岳飞奋力向他砍去，两个大刀碰在一起，由于岳飞的力气大，刀锋砍到了对手的刀里面，深入一寸多。岳飞赶紧将刀抽回来，接着又是一刀，将这个军官送上了西天。敌人更是吃惊，岳飞身后的骑兵们勇猛地冲上去一阵厮杀，就像斩瓜切菜一样，将一大队金兵打得落荒而逃。后来岳飞由于这次打败金兵有功，被提拔成秉义郎。

转战天下　功勋卓著

在靖康二年的时候，岳飞在老将宗泽的手下听命，有两次将金军打败的事件。其中一次和金兵战斗是在开德府那里，岳飞非常勇猛，用箭将两个扛着战旗的金兵直接射死，接着骑着马冲上前去，将敌人打得狼狈逃窜。还有一回是在曹州，这个时候岳飞将头发披散开，然后手中舞动着四刃铁筒，身先士卒向敌人冲了过去。岳飞身后的宋朝军队见他如此勇猛，也都像是打了鸡血一样，一个个凶猛异常，都是以一当十的势头，最后将金兵打得大败而回。

但是赵构并不希望这些将领将金兵完全打败，否则他不就没有机会当皇帝了吗？于是他就一直干耗着不肯动身。到了后来，北宋的京城被金兵攻占，徽宗和钦宗也成了金人的俘虏。赵构终于迎来了当皇帝的机会，于是便在南京那里做了皇帝，并且将年号改成建炎，这就是南宋。

刚开始的时候，赵构还要向天下人表示一下他想要驱除金人的愿望，于是便重新让在军队和民间都有特别大的声望的李纲当了右相，而副元帅宗泽也得到了重用。于是李纲就又开始谋划着对金国的战争。

但是时间不长，赵构就将他不肯恢复北部河山的心思表现了出来，他又不愿意和金兵交战了。尽管李纲极力主张和金人作战，但是还是左右不了皇帝的决定。

岳飞这时候正是血气方刚的青年人，尽管没有什么身份地位，但是却决心给皇帝写一封信，劝他收复河山。他终于将写了几千字的奏章递了上去，表示一定不能害怕金兵而逃到南方，希望赵构可以重新回到汴京坐镇，亲自领着军队渡过黄河，在这种情况之下，一定可以让将士们拼命作战，收复失地指日可待。

尽管岳飞的这封奏折写得可谓是慷慨激昂，然而赵构却根本不管他写得有没有文采，看过之后觉得特别生气。于是，就随便找了一个理由，认为他不应该做这种超出自己权限的事，而且说的简直都是反动的言论，将岳飞给打发了，还将他革了职。

岳飞虽然碰了一鼻子灰，但是却没有认识到皇帝的阴险狡诈，只是一个人在那里生闷气。他一个人没事干，过了3个月以后，几乎快要闲出病来了。受到心中十分强烈的报国意念所驱动，岳飞就再一次从军了。这一次他投奔到了张所的帐下。

张所和那些朝廷中的主和派不一样，他的抗金热情也非常高，广泛征召仁人志士，发展军队，想要对金兵进行反戈一击。张所早就听说岳飞作战十分英勇，于是便问他："我常听人说你是一个很能打仗的人，你觉得你可以打得过多少金兵呢？"岳飞道："如果一个将领只知道硬冲是不行的，打仗最主要的是谋略，想要大胜仗，就一定要有好的计策才行。"

听完岳飞的话以后，张所觉得他不是一个平凡的军士，而是有大将之才，不由得非常敬佩，让他坐下来好好说一说自己的观点。岳飞的心中正憋着一口气，于是就说了自己对现在局势的看法，说着说着，不由得热泪盈眶，发誓自己一定要报效国家。张所觉得，皇帝现在都不想收复河山，岳飞却一心想着报效国家，傻是傻了点，不过却傻得很可爱，也值得让人尊敬。而且岳飞带兵确实有自己的一套，所以张所就让他当了中军统领，时间不长就又将他升成了统制。

就在这一年的秋天，张所因为在抗金的事情上表现得太积极了，因此被赵构撤去了官职，让王彦替代了他的职位。没想到王彦也是一个积极抗金的人，他将包括岳飞在内的11个将官集合起来，领着7000多的士兵，直接从黄河冲了过去，向金兵猛攻。到了卫州新乡县的时候，岳飞领着自己的军队和金兵展开了一场激烈的战斗。岳飞一马当先，冲入金兵的阵营，将大旗夺了过来，然后举着旗杆不停地到处乱跑。宋朝的军士们看见他这么威武，立即受到感染，也像出笼的猛虎一般，奋勇冲杀，最后不仅将新乡县城夺了回来，还将金军千户阿里孛给活捉了。后来，又将金军的万户王崇打败了。

然后岳飞率领部下与金兵在侯兆川又展开了一场大战。在这次战斗开始之前，岳飞对手下的士兵说："我们已经打败了金兵两次，所以这一场仗，金兵一定会竭尽全力来反击我们的，因为我们在数量上根本没有办法和他们相比，所以只有拼命杀敌才可以取得胜利。因此，如果有谁不听号令的，不积极杀敌的，全都要斩首。"于是手下的人全都拼命死战，一个个像是疯了一样，让金兵心惊胆战。然而岳飞的军队人数毕竟太少，在大战当中伤亡惨重，岳飞自己也受了很多伤。不过经过他们的一番死战，终于将金兵打得大败，俘虏了很多的金兵以及战马。

由于岳飞他们作战太勇猛了，所以这几场仗打下来，金国竟然认为宋朝是派过来了数量众多的大军。于是金国就让几万精兵上前，将王彦和岳飞他们的营地层层包围了起来。岳飞他们的人本来就不多，再加上这几场硬仗下来，有很多的伤亡，所以再打下去就是全军覆没的境地。因此为了保留实力，岳飞他们准备从包围圈中突围出去。

在成功突围出去之后，王彦领着军队的主力，藏到了太行山里面。而岳飞则领着自己的那帮人马负责断后。尽管岳飞作战非常勇猛，曾经很多次将追击的金兵打败，但是他所率领的人数毕竟是有限，因此一边打一边向南边撤去。在冬天的时候，岳飞辗转来到了汴京，又一次投奔到老将宗泽的帐下。

宗泽一直在汴京那里留守，积极准备向金国进攻。他加强对这里的管理，让社会保持稳定，将那些流民的首领都团结起来，还不停地招募士兵，修理置办战斗用品，让汴京又一次变成了抗击金兵的枢纽城市。

当一切准备完成以后，宗泽就把反击金兵的想法报告给了赵构。而且在建炎二年的春天，岳飞还接受宗泽的命令，不停地于黄河南岸与金兵展开战斗，将金兵打得哭爹喊娘。然而不幸的是，宗泽年纪太大了，在七月份的时候生病去世。在他临死以前，还在鼓励手下的那些将士们，他说："如果你们可以将金兵驱逐出去，恢复我们大宋的江山，我地下有知，也就没有什么遗憾了！"接着大呼了三声"过河！"就去世了。

在接到宗泽死去的消息以后，皇帝赵构感到非常开心，这个不听自己劝告的老将终于死掉了，于是就让杜充接管了宗泽的一切职务。杜充赶至汴京，将宗泽以前所做的一切都推翻了。那些收到宗泽政策的吸引，而赶过来想要报效国家杀敌立功的人们，见杜充根本没有和金人打仗的想法，于是大部分溜走了。

然而岳飞是个极为死心眼的人，他不管上级怎么样，一定要实现自己的愿望才甘心。本来他才不想让杜充这个奸佞小人管辖，然而他觉得如果想要抗击金兵，就必须利用好汴京这个地方，因为宗泽已经将它经营成一个坚固的堡垒了，放弃实在是可惜。

就在这个时候，不停地有消息传过来说金兵大部队已经打到南边去了，赵构自己也跑到了江南。杜充本来就胆小如鼠，这个时候就更加害怕了，他再也不想在汴京这个危险的地方待下去，想要放弃这个城市逃走。岳飞听说他想要逃走，赶紧向他进言说不能那样做。然而杜充虽然胆小，但是却是一个有主见的人，决定了逃跑，谁都阻止不了他。于是杜充就领着军队直接退到了建康。岳飞在无奈之下，跟着军队一起到了南方。

赵构知道杜充将汴京城扔下不管，感到非常高兴，认为他的做法正合自己的心意，于是就让他留在建康，负责守卫工作。不仅如此，赵构还认为杜充是个不错将领，于是将防守长江和两淮的任务都让他全权负责。

到了冬天的时候，金兵在金兀术的带领下，又一次朝着南边打了过来，于是建康城终于被攻占了，而杜充对自己的国家一点也不留恋。马上就像金国投降了。岳飞当然不会向杜充学习，他领着自己手下的军队撤到了广德。

金兵向着浙东出发了，路上从广德经过，一路上像是强盗一样无恶不作，将老百姓们的钱财和粮食都夺走了。由于岳飞的军队实在是找不到吃的，于是便从金兵手里抢夺粮食和各种物品，而岳飞自己和普通士兵的待遇完全一样，一点也不搞特殊。那个时候，尽管他们常常没有饭吃，挨饿受冻，但是岳飞的军队纪律非常严明，不允许士兵抢老百姓的东西，所以那些老百姓们还是像往常一样生活。

后来金兵一直将赵构追至海上，然后被宋朝的战舰给打败了。金兀术见一时间难以抓到赵构，而且现在他们是孤军深入敌后，一旦被宋朝的军队将退路切断，处境就相当危险了。于是金兀术决定不再继续逗留，领着军队向回撤退，并且在路上继续抢劫。

当金兵一路抢劫起劲儿的时候，到了常州宜兴，正好碰上岳飞的军队。岳飞在那里正等着这群侵略者送上门来呢，于是指挥军队狠狠揍了他们一顿，而且还不过瘾，一直揍了4次，接着跟在他们屁股后面穷追猛打。岳飞领着自己的军队追着金兵不放，一路追到了镇江那里。这时候浙西制置使韩世忠领着军队对金兵迎头痛击，金兵大败而逃，一直狼狈逃窜至建康。

这时候赵构下达了命令，说是让岳飞将建康城夺下来。岳飞一听说让他打仗，顿时就来了精神，领着军队就过去了，然后在建康城南一个叫做牛头山的地方埋伏下来。到了晚上，岳飞让100个军士混进金兵里面，对金兵进行骚扰。金兵被他们从睡梦里面吵醒了，顿时感到非常害怕，认为是宋朝的大军趁着黑夜杀过来了，于是金营里面乱成了一锅粥，竟然自相残杀起来。

岳飞探听到了金兵的虚实，知道他们就要由建康那里退走了，然后经过静安镇从长江渡过，返回北方。于是岳飞马上率领自己的军队来到静安镇那里，准备在这里对金人的军队进行迎头痛击。然而这个时候，忽然发现建康城着起了大火。金兀术这个没有人性的家伙，在撤走的时候竟然让他的军队将城里面的老百姓全都杀死，然后依旧将那些值钱的东西抢劫一空，等抢劫完了还不肯罢休，又放了一场火。

岳飞本来还等着金兵送上门来，但是突然发现建康城里面火光冲天，于是在气愤之下赶紧命令军队出击。将士们见金兵如此残暴，都发了疯一样要找他们报仇。金兵忙着打劫放火，很多还没有来得及撤走，被岳飞他们赶上，顿时慌了手脚。

岳飞怒发冲冠，领头冲进金兵的队伍当中，像是切萝卜一样将他们一个个打死。金兵死伤无数，又一心急着返回北方，因此根本无力抵挡岳飞的虎狼之师，那些没有来得及渡过长江的金兵，差不多全都被宋朝的军队杀死了。在战斗打完之后，金兵的尸体漫山遍野，宋军的伤亡却很少。

于是岳飞不费吹灰之力，就将建康收复了回来。只不过在金兵的这番打砸抢烧之下，建康差不多已经变成了残破不堪的废墟。在这里待了没多久，岳飞就因为得不到给养，只好领着军队到宜兴那里去整顿。

顽强抗金　雄心勃勃

岳飞在建康将金兵打得大败，这时候皇帝和大臣们正待在越州那里。岳飞不肯将那些战利品据为己有，全都给皇帝送了过去，还写了一封言辞恳切的奏折，说是必须要派出军队将建康守卫起来才行，而且请求让自己去防守淮南那一带。

赵构根本就不理岳飞说了什么，他对非常反感这种积极抗金的行为，只是岳飞打了胜仗，而且又是在他的命令下出击的，因此也不好斥责，只是云淡风轻的说了些赞扬的话就完事了。

后来有人在赵构面前赞扬岳飞的军事才能，于是赵构就让岳飞当镇抚使，兼知泰州，在扬州东边的那一带驻防。但是岳飞对这样的安排并不满意，他想到这个皇帝也太不会用人了，不让我防守最困难的地方，却要我在扬州驻防。他不知道赵构心中讨厌他，还上书说要让自己的家人留在朝廷里当人质，自己去上阵杀敌。

但是赵构根本不理他那一套，坚决不同意，还是维持原来的任命。岳飞没有办法，只能从命。但是后来金兵又去攻打楚州了，别的将领都不敢去接战，最后赵构只能将岳飞调过来，让他去那里救援。

岳飞赶紧召集军队，赶过去和金兵打了 3 场大仗，每一次都获得了胜利。然而由于他是孤军奋战，根本没有帮手，想要向刘光世借点兵，也没有借到，最后楚州还是被金兵攻占了。

于是岳飞无奈之下退到泰州，在那里建立起坚固的城防。刘光世担心丢了楚州，朝廷会怪罪下来，于是就说这次失败完全是因为岳飞不肯出战造成的，不然一定可以将金兵打退。然而他却不知道，岳飞虽然打了败仗，却无意中符合了赵构的心意，因此根本没有怪罪岳飞，反而非常高兴。

后来由于没有援军，泰州也宣告失守，岳飞就率领军队退到了长江以南，并且把丢掉城池的事情告诉了皇帝，等着皇帝降罪。但是对于他这种不战而走的行为，朝廷并被有在意，让他在江阴那里防守，不让金兵渡过长江。

过了不久，金兵进攻的策略忽然发生了变化，将兵力聚集在了东、西这两路上，准备将四川以及陕西那一带占领。金兀术一面在川、陕一带领兵奋战，而在中原那里让刘豫成立了一个新的国家，就是齐国。这样一来，宋朝和金国之间有了一个齐国，宋朝就不能直接给金国构成威胁，但是金国却可以从齐国经过，向宋朝进攻。

并且金国想出了一个非常好的办法，让已经向金国投降的秦桧到宋朝当官。秦桧这个奸细，既可以探听宋朝的虚实，又能将金国的一些想法委婉地告诉赵构，作用非常大。

秦桧一来到朝廷，马上就向赵构提议和金兵和谈，不动刀兵就解决长期的战乱问题，赵构对他的这种观点十分赞赏，后来让他当了当朝的宰相。但是时间不长，赵构就发现，秦桧在当宰相之前曾经说要干一番大事业，然而几个月过去了，却一点动静也没有，便又将秦桧的宰相之位撤掉了。

岳飞在3年的时间里，到处镇压起义和叛乱，军队的实力不断增强，人数增加到3万左右，而且都是精兵强将。后来岳飞带着自己的大儿子岳云去拜见赵构。赵构本来是想在长江以南和金国划江而治，不希望南宋的军队打到北方去，因此对岳飞最近的表现比较满意，就赏给他一面大旗，上面写着"精忠岳飞"。还提拔了岳飞的官职，让他继续驻守边境。

后来岳飞不停地向赵构建议向北进攻，收复中原，复我河山。朝廷上也有不少人支持岳飞的观点，于是赵构在无奈之下批准了岳飞的请求。岳飞早就整顿好了军队，只等着皇帝的命令，于是在获得批准以后，大军立即开拔，一直来到了郢州城的外面。

一开始，岳飞想要劝说那里的齐国守将投降。但是那个将军非常勇猛善战，叫做荆超，外号"万人敌"，怎么也不肯投降，还对岳飞进行了一番辱骂。于是岳飞盛怒之下，命令大军攻城。由于岳家军非常勇猛，没过多久就将郢州城打了下来。最后荆超见大势已去，就自杀了。

岳飞初战告捷，让军队休息了一下，接着就让人去攻打随州，自己则率领军队向襄阳府逼近。在襄阳府这里驻守的人是李成，曾经在岳飞手下吃过败仗，这次也不能幸免，被岳飞打得落荒而逃。于是岳飞轻轻松松就占领了襄阳府。

然而派去收复随州的人却没有取得什么大的进展，一直打了30多天了，还没有动静。岳飞知道这个消息以后就让大将牛皋到那里去增援。牛皋一到那里，用了不到3天的时间，就将随州城拿了下来。

接着岳家军一路势如破竹，将襄、邓等六州全都收复回来，把长江的中游地区保卫起来，还让川陕和朝廷之间的道路畅通无阻。更重要的是，岳飞将齐国的主力部队打垮了，从此以后齐国对宋朝再也构不成威胁。

本来在这样的情况下，岳飞如果接着打下去，可以将中原的土地全都收复回来，然而赵构可不想这样的事情发生，如果真像岳飞说的那样，将以前的两个皇帝从金国夺回来，那他这个皇帝可就没办法再当下去了。因此，在出征之前，赵构就已经规定好，不允许岳飞收复太多的地方，只是将襄阳等六个州收回来就可以了，尤其是不准收复汴京。

所以岳飞在取得了重大胜利以后，马上将军队退回至鄂州，不再继续战斗。由于岳飞这次表现突出，又非常听话，所以赵构让他当了节度使。

后来岳飞又向齐国进行了一次主动出击，将伊水和洛水等地方夺了下来，在军事上给齐国予以很大的打击。并且还抢了他们不少粮食和物品，带不走的就烧掉，让他们在经济上也损失惨重。

后来金兵和齐国的军队一起向岳飞打了过来，岳飞坚决防守，将他们的进攻计划粉碎。接着，岳飞进攻到蔡州城，但是由于城墙太坚固了，岳飞所带的粮草不足，因此就撤了回去。在后撤的途中，将追击的金兵和齐国军队打得大败。这一次再将军队退到鄂州，岳飞因为有功，被赵构提拔成太尉。

后来金国见宋朝的军队作战勇猛，于是想要和宋朝议和，就将以前宋朝俘虏过去的使臣王伦放了回去，将议和的意思告诉赵构。赵构听说金国要议和，非常高兴，为了让议和成功，再一次重用了秦桧。

秦桧一当上宰相，赶紧商量着和金国议和，很快就达成了协议，金国将陕西与河南赐给南宋，还将宋徽宗和他的皇后的灵柩送回来。而南宋则必须承认自己是金国的附属国，每年都要进献二十五万匹绢以及二十五万两白银。

岳飞知道议和的消息，表示非常不满，还写了一个谢表，闹得沸沸扬扬。让赵构心中非常不高兴，秦桧也对他更加怨恨。

然而到了绍兴九年的时候，岳飞的机会又来了。金兀术觉得不应该和南宋议和，于是想要发兵灭了南宋。金国将合约撕掉，大军向南宋攻了过来。赵构没有办法，让南宋的军队赶紧守卫国家。

岳飞赶紧抓住时机，不顾赵构不能主动出击的规定，向金兵猛攻过去。岳家军一路上势不可挡，仅仅用了40多天的时间，就收复了很多失地，并将汴京城围了起来。然而这个时候，金国的主力部队还没有受到什么打击。

岳飞心中明白，不消灭金兀术的主力部队，就不能真正有安稳日子过。于是和金兀术的主力部队展开了决战，在郾城的北边，大败金兀术的两个骑兵部队。这两支骑兵一个是"铁浮图"，一个是"拐子马"，是金兀术最得意的部队，号称"常胜军"。这次被岳飞打败之后，金兀术顿时感到非常害怕。

但是金兀术还是没有放弃希望，他重新整顿一下部队，又领着10万步兵和3万骑兵，朝岳飞的军队杀来。岳飞一点也不害怕，摆开阵势和金兵大战，又一次将金兀术打得大败而逃。

经过这次战斗以后，金兀术已经元气大伤，于是岳飞赶紧乘胜追击，来到了朱仙镇。朱仙镇和汴京非常近，金兀术觉得总躲在汴京不出战也不是办法，于是又领着10万军队和岳飞打了一仗。岳飞使用骑兵，将金兀术打得狼狈逃回城去。从此金兀术再也没有实力和岳飞抗衡了。

岳飞赶紧给赵构上书，请求一直打过去，将所有的土地都收复回来，而且还能打到金国去。但是赵构担心岳飞会把宋钦宗给接回来，于是不让岳飞那样做，还让所有的军队都停止进攻，撤回到以前驻扎的地方听令。

岳飞虽然不想功亏一篑，但是无奈赵构连下十二道命令，只好将军队撤了回去。金兀术听说岳飞撤走了，赶紧又将很多失去的州县夺了回来。

含冤受屈　惨遭杀害

岳飞将金兵的主力部队打得大败，声望之高无人能比，因此赵构就觉得他功劳太大了，不是什么好现象。而且岳飞还向赵构提议册立太子，这就让赵构更加生气了，他认为岳飞这是想着图谋不轨。更重要的是，岳飞一直想要将金国消灭，迎接宋钦宗回朝，这就对赵构的皇位带来了威胁，是赵构最不能容忍的。

后来赵构就和秦桧秘密商议，想办法把岳飞杀死。首先他们要做的就是将岳飞的兵权剥夺。于是赵构就随便找了个理由，说是要对柘皋之捷进行奖赏，将岳飞、张俊和韩世忠三个人召了过来。接着赵构就将他们的兵权全都剥夺了。

做完这些之后，赵构松了口气，接着把这三员大将的军队全都解散，不让他们的部下有造反的机会。而且利用这三个人之间的矛盾，将他们逐个除去。

首先赵构授意张俊，对韩世忠进行诬告，要除掉韩世忠。岳飞知道这件事以后，非常不忍心，就将事情告诉了韩世忠。韩世忠赶紧找到赵构哭诉，才免去一场灾难。但是他的心腹将领耿著却被刺配流放。

由于岳飞不肯陷害韩世忠，让赵构对他更是怨恨，因此就让秦桧找人告岳飞，然后对岳飞进行处理。岳飞于是自己上折请求辞职。赵构欣然答应，让他当了万寿观使。

尽管岳飞已经没有兵权了，但是岳家军还在，岳飞的那些将领还在。赵构还是不放心，于是就要进一步对岳飞进行迫害。由于岳飞现在已经被剥夺了所有权力，再没有什么好在他身上栽赃的东西了，于是赵构他们就打起来他手下那些将领们的主意。他们的目的是要将岳飞杀掉，以绝后患，并且将岳家军彻底解散，让他们想造反也没有机会。

于是赵构与秦桧秘密商议了一下，让林大声当上了湖广总领官，这个官职非常重要，有统领所有军队的权力，而且更重要的是负责所有岳家军的粮草以及军饷。也就是说，这样一来，岳家军就完全受制于林大声了。林大声果然没有辜负皇帝的希望，一上任就从各个渠道收罗和岳飞有关系的东西，而且收买军队中一些贪财好色之徒，打算让岳家军的那些将领们相互之间产生嫌隙，让他们先内部乱起来，这样就会牵扯到岳飞。

这时候林大声找到了一个非常好的突破口，在岳家军当中，有一个名叫王俊的人，他的职位是前军副统制。由于王俊这个人内心奸诈，干了不少坏事，因此被岳飞手下的大将张宪惩罚过不少次，所以他就非常怨恨张宪，想要找机会报仇。林大声赶紧将王俊找来，心中就像是发现了宝贝一样高兴。他和王俊吃吃喝喝，攀上交情，然后又将秦桧想要谋害岳飞的事情告诉了王俊。

王俊一听林大声这么看得起自己，竟然让他参与这么重要的机密，顿时感激涕零，表示愿意为秦桧效忠。王俊想着不仅将来可以升官发财，而且现在就能够对付仇人张宪，心中简直乐开了花。然后林大声便与王俊仔细商量了一番，决定让王俊进行诬告，然后治岳飞他们的罪。

于是王俊就上告说，由于岳飞被朝廷夺取军权，还罢官赋闲，他的部下张宪非常不满，想要率领岳家军逼迫京城，威胁皇帝将岳飞重新起用，还让岳飞统领岳家军。假如皇上让军队来镇压他们，他们就和金兵合作，一起对抗朝廷。

其实王俊这些供词里面存在着非常多的破绽，而且张宪本来就和王俊的关系特别不好，就算是有心造反，也根本不可能将这种事情告诉他的。另外王俊在他们那一带是出了名的奸诈小人，专门在背后说人坏话，编造谎言，他说的话从来就没有真实的时候。

张宪本来打算到京城去面见皇帝的，但是当他走到镇江那里的时候，王俊告他的状子就被人交给张俊了。张俊等的就是这一天，可以狠狠整治一下岳家军的将领，出一口他们将名声全都抢走的恶气，于是立即将张宪抓住了。

如果按照当时南宋的法律，张俊是没有权力对张宪进行审问的。然而张俊知道自己身后有皇帝撑腰，是赵构要搞垮岳家军的，因此一点也不担心，就在自己的地盘开始对张宪进行审问。张俊只想着，如果能让张宪栽赃岳飞，自己可是大功一件，因此就对张宪使用了各种非常严酷的刑罚，打得张宪身上没有一处完整的地方。但是张宪却是一条硬汉子，无论张俊怎么用刑，就是不肯栽赃岳飞。

张俊本来已经准备好了说法，准备让张宪承认他曾经接到岳飞亲手写的一封信，说是要张宪想尽一切办法威胁朝廷将兵权重新交到岳飞的手中。但是见张宪怎么也不肯从命，只好又把王俊找来，和张宪当堂对证。然而张宪是个硬骨头，无论用什么办法，他都不肯屈服，就像是吃了秤砣铁了心一样。张俊见他宁死不屈，于是就不问了，直接伪造了张宪的供词，然后向赵构上书说："张宪想要谋反，而且是在接到岳飞的命令以后才谋反的。"

赵构和他们早就串通好了，哪里还管这些供词是真的还是假的，他们的目的就是要把岳飞给扯进来，然后把岳飞除去。只除去岳飞还不放心，赵构决定还要将岳飞的大儿子岳云一起杀掉，才能过得舒心。于是赵构就传下旨意，把岳飞和岳云一起抓到了大理寺的监狱里面。并且赵构还贴出了榜文，向天下人公布岳飞的罪状，说是因为岳飞的指使，才导致了张宪谋反，所以将岳飞和岳云捉拿归案，一定要将这件事查个水落石出。赵构自己过问这件事，可以看出这件事的重要性。

在审理岳飞的过程中，一开始负责讯问的何铸是和秦桧沆瀣一气的，也曾经告过岳飞的状，但是在审问的过程中，却逐渐对岳飞敬佩起来。何铸将岳飞传唤到堂上，然后逼迫他将谋反的事情老实交代，免得受皮肉之苦。

这时候岳飞实在受不了这种不公平的待遇了，他是个血气方刚的大将军，一下子将衣服撕开，露出后背，让何铸看一看他的身上。何铸顿时惊讶地合不拢嘴，只见岳飞的后背刺着四个龙飞凤舞的大字"精忠报国"。这四个字深深地嵌进岳飞的身体当中，是岳飞的母亲为了让他为国尽忠，亲自给他刺上去的。

何铸虽然是个奸佞之臣，但还是被岳飞的这种忠贞所打动了。后来经过一番调查发现，告岳飞谋反的事情都没有什么确凿的证据，很多都是捏造出来的，这就是说，岳飞完全是受到了别人的陷害。何铸不知道陷害岳飞的人就是秦桧，而且秦桧的背后就是赵构，他把岳飞蒙冤的情况告诉了秦桧。

秦桧见一向都顺着自己的何铸竟然敢和自己唱反调，于是就说这次抓捕岳飞完全是当今天子的主意，他只不过是奉旨办事而已，让他赶紧将岳飞治罪。何铸还是不能听从秦桧的安排，于是大义凛然地和秦桧争辩道："我不光是为了一条人命，更是为了国家的江山社稷，为了千千万万的黎民百姓。现在金国还在一旁虎视眈眈，能和他们对抗的人屈指可数，而岳飞更是这些大将当中的顶梁柱。现在无缘无故就杀死一员大将，这不是毁我宋朝的江山吗？"

秦桧说不过何铸，只好十分生气地走了。由于何铸认为岳飞是冤枉的，因此审讯岳飞的事情便一直拖延下来。赵构一看这样不行，于是就让秦桧随便挑了点毛病，将何铸从御史台调走了，时间不长，又把他的官职给贬了。

然后赵构又让万俟卨、周三畏、罗汝楫这几个人一起调查岳飞谋反案。万俟卨曾经在湖北当提点刑狱，那时候岳飞有一次对他特别不客气，于是他就把岳飞当成了自己的仇人。这一回岳飞落到了他的手中，肯定不会有好果子吃。

岳飞与张宪在第一次接受他们的审讯时，手上和脚上都戴着特别沉重的枷锁，头发乱蓬蓬的，模样狼狈不堪。万俟卨大声朝着岳飞吼叫道："皇上对你们那样好，你们竟然不知道报恩，还要造反，说到底是为什么？"岳飞义正词严地说："我可以对天发誓！绝对没有做过一点对不起国家的事。如果你们真的是按照法律来办事的，怎么可以对忠臣这样陷害呢？如果你们怀着奸邪之心，我就算死也要和你们对抗到底！"

万俟卨见岳飞说得这么坚决，就说："你说你不想造反，我看你是蓄谋已久了。不然的话，你在游天竺寺的时候时，为什么在墙上写出'寒门富贵在何时'这句话，这难道不是有意谋反吗？"其他的那些主审人员也赶紧跟着他的话说下去道："证据确凿，你还有什么可抵赖的，赶紧招了吧！"

岳飞一阵冷笑，抬眼看了看上面正襟危坐的这些官员，虽然一个个长得有鼻子有眼，但却是一群衣冠禽兽，都是秦桧找来的走狗。岳飞知道跟他们根本没有什么道理可讲的，于是长叹一声道："我知道现在我是被秦桧那个狗贼算计了，以前我辛辛苦苦为国效忠，所取得的那些成绩都付诸东流了！"说完这句话，把两只眼睛一闭，随那些人怎么严刑拷打，什么也不说了。

后来这些人对岳飞进行了很多次的审讯，由于岳飞紧咬牙关，什么也不说，尽管这些人让他受尽了折磨，还是不能使他屈服。万俟卨他们见岳飞就像是铜头铁脑一般，什么酷刑也不能让他开口，心中也是非常着急。但是后来岳飞又想出了一个抗议的方法，就是绝食。由于岳飞好几天没有吃东西，再加上整天受着严刑逼供，终于生了一场大病。

见岳飞死活不肯开口，秦桧与万俟卨就让人翻遍了岳飞的那些书信文字之类的东西，想要通过这些东西编造岳飞谋反的证据，并且还派出很多人到各个地方去搜集岳飞的其他罪行。

后来这些人说，在以前淮西战役里面，岳飞曾经对同朝的大将极为蔑视，并且想要对本国的将领进行迫害。还说，有一回岳飞将手下的那些将领聚集到一起开会，突然说现在国家的情况非常糟糕，而且皇上不知道施行仁政。岳飞对皇上指指点点，是对皇上的大不敬之罪。另外，在岳飞刚当上节度使的时候，他志得意满地向人们自夸，说他那时才只有32岁，千古以来，这么早就当上节度使的没有几个。宋朝的开国皇帝宋太祖就是在这个年纪当上节度使的，他这么说就是和宋太祖相提并论，其心可诛。

除了这些，他们还造谣说岳飞在被罢官之后，让自己的幕僚给张宪写过一封信，让张宪采取一定的措施，密谋恢复他的军权，然后再做打算。还让张宪谎称金兀术的军队又来进犯了，然后将襄阳作为岳家军的据点，趁机作乱。他们还编造了一些岳云的罪过，说岳云曾经给张宪写过信，让他想办法让岳飞官复原职。

等这些罪名都编好了之后，因为担心夜长梦多，万俟卨就想要马上结案，给岳飞定罪。本来根据当时的法律，他们给岳飞编造的那些罪名，最多也就是判上两年多的有期徒刑而已，根本到不了斩首的程度。但是万俟卨在秦桧和赵构的授意之下，才不管这些，直接将岳飞判了斩立决、张宪判处绞刑、岳云斩立决，然后将他们的罪名和宣判情况呈报上去，让赵构过目。

由于岳飞的忠心天下皆知，秦桧等人这样残害忠臣，引起了朝廷上下的不满，很多人纷纷对岳飞进行营救。韩世忠顾不上得罪秦桧，去找他理论，最后秦桧竟然说："岳云给岳飞的部下写信造反这件事虽然没有确切的证据，但是或许有那么一件事也说不定……"韩世忠顿时感到怒气冲天，杀害一个国家栋梁，怎么可以凭借一个不靠谱的猜测呢？这真是岂有此理！然而赵构与秦桧狼狈为奸，一心想要将岳飞杀死，别人再怎么说也是没用的。

在岳飞关进大牢里的这段时间，赵构和秦桧商量着，赶紧向金国俯首称臣。最后终于和金国达成协议，划定了自陕西大散关到淮水北面的地区都属于金国，而且还将唐、邓这两个州以及商、秦两个州的一半让给金国；另外宋朝继续向金国俯首称臣，一年还是要向金国缴纳绢帛二十五万匹、白银二十五万两。

一切都做完了，赵构觉得是时候处死岳飞了，于是便传下了圣旨。岳飞在临死之前还在自己的供状上面写下了"天日昭昭，天日昭昭！"八个大字。张宪和岳云也和他一起慷慨赴死。

岳飞的死是一个皇帝残害忠臣的典型例子，尽管全天下人都知道岳飞是冤枉的，但是却没有一个人能扭转这种局面。直到20年以后，赵构才忽然发了善心，将岳飞与张宪的家人释放了，让他们可以随便在各地居住。而一直到宋孝宗当了皇帝以后，岳飞的这个冤案才正式平反。

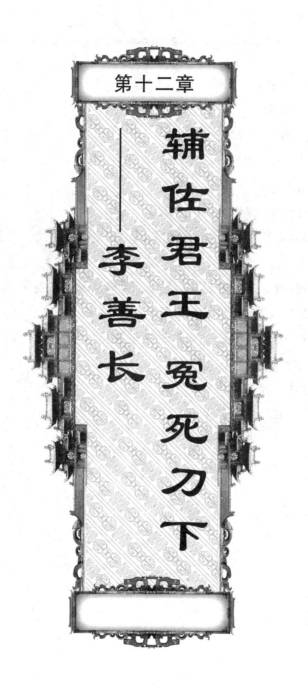

第十二章

——辅佐君王冤死刀下李善长

个人档案

☆姓名：李善长

☆民族：汉族

☆出生日期：1314 年

☆逝世日期：1390 年

☆生平简历：

公元 1314 年，李善长出世。

公元 1351 年，刘福通在颍州起义，淮河南北大震，李善长避乱东山中。

公元 1364 年，朱元璋自立为吴王，拜李善长为右相国。

公元 1367 年，论功被封为宣国公。

公元 1370 年，授开国辅运推诚守正文臣、特进光禄大夫、左柱国、太师、中书左丞相。

公元 1371 年正月，李善长以疾致仕。

公元 1390 年，李善长去世。

人物简评

　　他是一个悲剧性的人物，功比萧何，却没能得以善终；他为人器小，虽然后勤居多，但也为王朝立下了汗马功劳；他跟随朱元璋南征北战，是大明朝的元老功臣；他是居淮西邦之首，亦是开国丞相。他就是辅佐君王却最终冤死刀下的李善长。

生平故事

择主而侍　助取天下

　　李善长，字百室，安徽定远人。他小时候就博览群书，异常聪颖。他根据史册上的道理，便能够得出自己的独到见解；他能够预测时事，大多数都一语成真。这也使得李善长从年轻的时候起就闻名乡里，美誉不断。

　　李善长生于元末时期，政治黑暗，战争连年。那个时候，很多底层百姓都不堪统治者的残酷剥削，纷纷揭竿而起，不久之后便聚集了几股很强大的农民起义大军。其中，以郭子兴带领的红巾军就是其中最为重要的武装队伍。当时，朱元璋还在郭子兴的部下效力。有一天，朱元璋带领一支农民军路过滁阳，声势浩大，四方皆知。李善长听到消息后，便赶来拜见朱元璋，朱元璋心中大为高兴，对其以礼相待。朱元璋知道李善长是一个才能过人之辈，而且在当地的名望比较大，于是便任命李善长为掌书记。

　　有一次，朱元璋问李善长："如今天下局势混乱，四处征战纷起，这天下得到什么时候才能太平啊？"李善长回答道："秦朝末期，天下大乱，汉高祖刘邦当时只是一个普通百姓，带着人民在沛县起义，抵抗秦朝的暴虐统治。刘邦为人豁达，任用贤臣，也从来不妄自杀人，这才成就了帝业。而您的祖先便是沛县人，也称得上汉高祖的同乡了。如今，元朝朝纲紊乱，四处都是战争，元朝气数将尽。而您应该带着众多反抗元朝统治的百姓，趁着这有利的形势，向汉高祖刘邦学习，尽早平定天下。"朱元璋听了之后，心中连连叫好，并且还对李善长嘱托道："现在天下群雄四起，时局混乱，要想赢得胜利，出色的谋士是不好找的。我看这些管文书和当谋士的幕僚，总喜欢说左右将士的坏话，军中上下都不团结，将士们的才能也无法施展，最后自然是要打败仗的。将士们失败了，就好比鸟儿失去了飞翔的翅膀，主帅势孤力单，最后肯定也会灭亡的。所以，要麻烦李先生给我做一个桥梁，以此来调和将士之间的关系，万不可学习那些幕僚的坏样子。"从那个时候开始，朱元璋便以刘邦当作榜样，说话、办事、打仗都模仿刘邦。而李善长在朱元璋的帐下，也是忠心不二，从而更加受到了朱元璋的信任。

到了滁州之后，李善长任职参谋，参与军政机要，主要负责运送和分发军粮，这些都做得很合朱元璋的心意。随着战争局势的发展，朱元璋的名声也越来越响，前来投靠的将士也越来越多。李善长便根据各人的才能，分配给其不同的工作，人尽其才。如果将士之间有了矛盾，那么李善长就要从大局出发，尽力做好其间的协调工作，让他们更好地为朱元璋效力。红巾军的统帅郭子兴，他想把李善长拉拢过去，来辅佐自己，可是最终被李善长拒绝了。朱元璋得知后，就更加器重李善长了。有一次，朱元璋带军来到了和阳（今安徽和县），想要亲自率军攻打鸡笼山寨，于是便命令李善长带着少数将士在驻地留守。元军得知后，便想要趁虚而入，最后却被李善长的伏兵打得落花流水，朱元璋知道后，才知道李善长是一个善于用兵的人。

后来，李善长一直力劝朱元璋渡江，朱元璋带军攻打采石，一直逼到太平城下，李善长张贴榜文，禁止手下的士兵打扰百姓，最后大军进城之后，对百姓丝毫无犯。自从朱元璋担任太平兴国翼大元帅后，便任命李善长为帅府都事。后来，朱元璋做了江南行中书省平章事，又任命李善长为参议。这个时候，军队的赏罚情况和进退策略，大多都是由李善长一人决定。朱元璋把枢密院改造为大都督府，任命李善长兼领任府司马，升职为行省参知政事。

朱元璋做吴王时，拜李善长为右相国。李善长对于典章故事十分熟悉，处事果断，又娴于辞令。朱元璋想要发布政令的时候，都会让李善长书写文告，而且每一次都很符合朱元璋的心意。朱元璋每一次外出征战时，都会让李善长留守集庆，而李善长也是尽忠职守，令手下的很多将士对他无比的佩服，当地的百姓也非常爱戴他。有一次，朱元璋想要制定茶法，李善长便依据元朝的相关律法，将其不好的一面剔除，留下好的方面反复修改，最后才颁布了新茶法，深得民心。后来李善长又制定了钱法，确定了鱼税，使得国富民丰。元顺帝至正二十七年（公元1367年）九月，朱元璋根据平定吴地之功，任命李善长为宣国公。后来又改革官制，拜李善长为左相国。

韩林儿是元朝末期农民起义军的名义领袖，他溺水身亡之后，李善长带领各大臣劝朱元璋应该登基为皇，可是朱元璋怎么都不肯。李善长等人力劝道："您在濠梁（即濠州，今安徽凤阳县东北）起兵，刚开始的时候，手下没有一点土地，而如今起义大业已经完成。四方的豪杰几乎全部铲除，看看这周围四方的人们，都诚心诚意的想要归于您的门下，由此可见，这也是上天的安排。还希望您顺从天意，早日登上皇位，也好抚慰天下百姓和手下诸位大臣。"朱元璋说道："我认为我现在的功业还不足以让天下的百姓臣服，而我的德行也无法让众人心服。再说，现在并没有形成天下归一的形势，四面的势力尚在作梗，如果这个时候登基为帝的话，恐怕很难服众啊。从古时候开始，帝王得到了天下，明明知道自己的皇位是顺应天意，顺应民心，他们还想要把皇位让给那些更加有才能的人。陈友谅刚开始占据一小块土地后，就妄自菲薄、骄傲自满，最后才走向了灭亡之路。而我明知如此，怎么还会重蹈覆辙呢？如果上天真的眷顾于我，那么机会总会有的，急不得之。"这样，登基的事情也就暂时耽搁下来。

公元1368年，朱元璋登基为帝，建大明王朝，年号洪武，后人将他尊称为明太祖。朱元璋登基后，任命李善长为大礼使，主要负责追封皇帝先祖和册封后宫妃子、太子、各位王侯的事宜。做好东宫官属后，李善长又担任起太子少师，后来还被委任为柱国之职。明太祖前往汴梁（今河南开封）时，李善长在南京留守，朝中的事物大多都是由李善长一人安排。李善长不久之后又上报朱元璋，确定了六部官制，并且制定了官民丧服以及东宫朝贺的仪式。朱元璋还派李善长监修《元史》，编制了《祖训录》、《大明集礼》等书。李善长带着诸多儒家学子负责商定了山川河流的神氏封号，而且还明确了各位受封亲王的领地范围以及权力。由此可以说，李善长算是明朝初期第一位拥有实权的丞相。

洪武三年（公元 1370 年），朱元璋对于开国功臣进行了册封典礼。他对诸位大臣说："在战场上，李善长并没有多大的功劳，不过他跟随我的时间很长，而且还勤于职守，及时给军队提供粮饷，说来也是出了不少力，所以应该将其封为国公。"于是，便任命李善长为开国辅运推诚守正文臣、左柱国、太师、中书左丞相、特进光禄大夫以及韩国公，每年有四千石的俸禄，后代子孙皆可承袭他的爵位。朱元璋还赐给了他一块铁券，可以免去其两次死罪。当时的开国功臣还有徐达、李文忠、常遇春的儿子常茂、冯胜和邓愈五人受封。其中，李善长在这些人中的地位最为尊贵。朱元璋大肆褒扬了李善长，并且将他和西汉的开国名相萧何相媲美。从这里也可以看出，朱元璋对李善长是极为信任和恩宠的。

李善长年龄大了之后，因为疾病缠身，最后只能辞官回家休养。朱元璋给了他很丰厚的赏赐，赐数顷良田，150 家守坟家，1500 家佃户，20 家仪仗户。后来，朱元璋又将 15 万江南富民迁到了濠州垦田，统一由李善长管理。就这样，李善长又在濠州待了几年。两年之后，朱元璋又提升李善长的弟弟李存义为太仆丞，李存义的两个儿子李绅、李佑都在郡牧为官。又过了两年，朱元璋将临安公主许配给了李善长的儿子李祺，李祺任职驸马都尉。这样，李善长不仅仅是开国功臣，还是皇亲国戚，一时间荣宠至极！很多官员都争相登门拜访，想依靠着他可以升官发财。由此也可以看出，李善长实为明朝第一重臣。

李善长权极一时，这自然也就使得政敌的不安和非议，非议多了，连朱元璋也开始对李善长有所怀疑了。不久之后，发生了胡惟庸党案，而李善长的厄运也慢慢降临。

祸起胡案　蒙冤而终

胡惟庸和李善长都是淮西派官僚地主集团的核心人物。胡惟庸刚开始任职宁国令，那个时候，李善长为太师，管理朝中政务。于是，胡惟庸便给了李善长二百多两黄金，也由此得到了李善长的极力推荐。胡惟庸先被朱元璋任职为太常卿，后来又经过几次升迁，官拜中书省参知政事，洪武六年（公元1373年），又任职右丞相、左丞相。刚开始的时候，胡惟庸兢兢业业、忠于职守，深得朱元璋的信任。后来，随着他的权势增大，再加上他和李善长都是淮西集团的人，又深受李善长等朝中元老的提拔和支持，这也使得他渐渐露出骄纵不羁的端倪。

胡惟庸和李善长往来密切，之间的情分也是比较深的。后来，他们二人还结为了姻亲，胡惟庸把自己哥哥的女儿嫁给了李善长弟弟的儿子李佑为妻。这样，胡惟庸仗着和李善长之间的关系，变得越发目中无人了。朝中的大事，还没有上报给皇上，他便自行处置了。如果内外诸衙司的奏章上有对自己不利的事情，那么他就会私自把奏本压下来。而那些想要升官发财、财路失意的大臣、军人等为了巴结胡惟庸，他们纷纷献上金帛、名马、古玩等珍贵物品，由此也得到了胡惟庸的庇护。胡惟庸当了明朝七年的丞相，门下的旧臣官僚也形成了一个牢不可破的小集团。

胡惟庸对于官员软硬兼施，逼迫着他们加入自己的集团，并且还产生了谋权夺位的念头。胡惟庸和御史大夫陈宁所在的中书省，能够了解整个大明朝兵马的籍册，这也为发动政变提供了有利的条件。胡惟庸积极争取各个部队的支持，勾结了许多军队将领，并且和手下的亲信们制定了谋权的计划。

胡惟庸认为，如果能够把李善长拉入自己的反叛大营，这无疑是如虎添翼，能够让更多的人归顺自己，从而壮大自己的势力。首先，胡惟庸让李存义作为说客，前去说服李善长。李存义是李善长的堂弟，又是胡惟庸哥哥的亲家，仗着这一层亲戚关系，想要说服李善长，还是有点希望的。李善长听完李存义的来意后，内心非常惊惧："你在胡说什么，反叛可是要诛灭九族的大罪啊。"

李存义眼见根本就说服不了李善长，最后也只能悻悻回地去向胡惟庸报告去了。谁知，这胡惟庸还是不死心，随后又让李善长的老朋友杨文裕前去劝说，而且还许下了承诺，如果夺位成功的话，一定要封李善长为淮西王。李善长依然不为所动。胡惟庸眼见杨文裕也无功而返，最后只好自己亲自登门拜访，结果也是无望而归。其中最重要的一点原因就是，李善长年事已高，他也不可能拿着全家老小的性命去做反叛的事情，他现在只想要能够安度晚年就可以了。可是胡惟庸还是不死心，一段时间后，胡惟庸又派遣李存义前去劝说李善长。李善长还是没有理睬，只是叹了一口气说："我年龄已经大了，没有什么用处了，我只希望我死之后你们能够好自为之。"李存义心知堂兄的脾气，也明白李善长心意已决，于是最后只能又向胡惟庸复命去了。而胡惟庸经过几次的劝说未果，最后也只好放弃了拉拢李善长的念头。

胡惟庸正在精心策划自己的谋反之事时，他的儿子却出事了。原来，胡惟庸的儿子骑着高头大马闯进了马车队，一头撞在车辕上的横木上，骏马当场撞死。胡惟庸听说后，没有问明原因，便将车夫杀死。朱元璋得知后，心中非常生气，并且决定要彻查此案，而且还告示杀人者必须偿命。这一桩人命案彻底震惊了胡惟庸，他也意识到事情的严重性，这不仅会威胁到他的相位，就连他的性命也是危在旦夕。这样一来，他是没有任何退路了，只能尽快带兵谋反。而这个时候，日本国的朝贡使者私下里来拜见胡惟庸。胡惟庸便和日本国君约定，在贡船上承载几千名精锐武士，分别扮成朝贡人员，在约定时间里，和胡惟庸来个里应外合，直逼皇宫，生擒朱元璋；如果抓不到朱元璋，也可以将皇宫的宝物抢劫一空，然后再从海上逃往日本。

洪武十三年（公元 1380 年）正月，胡惟庸谎报说，家中的庭院里竟然流出了甘甜的泉水，想要邀请朱元璋前来观赏。朱元璋一听这等奇事，自然是答应下来。当朱元璋的车队刚走出西华门时，宫内使臣云奇便拦住了朱元璋的车队，拉住朱元璋的坐骑想要说什么，可是却因为呼吸急促一时没能说明来意。朱元璋心中大怒，让随行的将士把云奇拉下马来，狠狠摔在了地上，云奇痛得几乎昏死过去，不过他的手却一直指着胡惟庸的府宅。朱元璋心中顿时醒悟，他便带着众位将士登上了城楼，望向胡惟庸的府宅，只见胡惟庸家的夹墙内竟然有埋伏的士兵，刀枪林立。朱元璋立即下令御林军包围了胡惟庸的府宅，将其当场逮捕，并且严刑逼问出他所有的罪行，最后将他以磔刑处死。与此同时，胡惟庸的党羽御史大夫陈宁、中丞徐节等人，还有他的手下一同 15000 人，全部处死，而受到株连的人就更多了。这也是明朝初期轰动历史的政治大案——胡惟庸党案。

　　胡惟庸党案之后，朝中大臣便污蔑李善长和胡惟庸是同党，劝谏朱元璋要将李善长杀掉。不过，朱元璋并没有答应，他对大臣们说："我刚刚起兵的时候，李善长就前来投靠我，并且说：'可算是盼到了一位贤明的君主出世了。'那个时候我 27 岁，而李善长有 41 岁。李善长所说的每一句话几乎都很符合我的心意，于是我便任命他为书记，主要在一旁出谋划策。后来平定天下之后，我又册封他为国公，还把我的女儿嫁给了他的儿子。李善长是我在患难时候的心腹之交，我怎么忍心杀害他呢，你们什么都不用说了。"所以，这件事情李善长并没有受到任何牵连。当御史台缺少中丞职位的人选时，朱元璋又重新任命李善长为代理，而李善长还是和往常一样，尽忠尽职。就这样，李善长又安安稳稳地做了将近十年的朝官。

　　洪武十八年（公元 1385 年），朝中有人控告李存义父子也是胡惟庸集团的人，理应处死。可是因为李善长的原因，朱元璋却是下诏免去了存义父子的死罪，只是将他们暂时安放在崇明一带。不过，李善长却没有去朱元璋那里谢恩，这让朱元璋很是不高兴。洪武二十三年（公元 1390 年），李善长已经 77 岁了，他想要给自己建筑一座豪华的府第，于是便从信国公汤和那里借来 300 名士兵。汤和将这件事情私下里告诉给朱元璋，朱元璋大为疑虑，想不明白李善长一时借那么多士兵干什么。

四月，李善长的亲戚丁斌犯下了罪行，朱元璋要把他发配边疆，而李善长则是多次向朱元璋求情，希望能够网开一面。可是，朱元璋一向是秉公执法，所以对于李善长的做法，心中也是反感。

后来，朝中又有人向朱元璋告状，说："有一次，大将军蓝玉前往边塞驻守，偶然得到了一份情报，原来胡惟庸私自串通元朝的残余势力，想要举兵谋叛。蓝玉把这件事情详详细细地报告给了李善长。而因为李善长和胡惟庸交情深厚，再加上还有亲戚关系，所以李善长便压下了这件事情，并没有上报给皇上。他竟然敢知情不报，这可是欺君的大罪啊！"御史台的官员趁机也纷纷上奏，揭发李善长的罪状。甚至李善长的家奴卢仲谦等人也状告李善长经常和胡惟庸在一起，私下里来往密切，经常在一起秘事，实有反叛的嫌疑。而这个时候的朱元璋，心里也对李善长极为不满，再加上这些人的从中挑拨，朱元璋便萌发了除去李善长的念头。在朱元璋看来，李善长不仅是开国功臣，而且还是自己的亲家，可是却对胡惟庸一案知情不报，实则是对自己不忠不义。

过了不久，又有大臣面见太祖，说近期星相大变，会有大灾难降临在大明王朝，需要斩杀一些大臣才能够消除这个灾难，否则大明江山会有危险啊。朱元璋心中明白，这是有些人在变相的向他请求杀掉李善长。于是，朱元璋以李善长和胡惟庸一道，私下里勾结北元企图谋叛的罪名，将李善长逮捕。洪武二十三年（公元1390年）夏五月，李善长自缢而亡。因李善长以犯了谋逆罪而被杀，所以李善长家族的七十多口人也全部被诛杀。李善长死的时候，已经是一位白发苍苍、行动不便的老人，试想他怎么可能再做谋反之事呢？而且全家七十几口人惨遭杀害，也真的是太冤了。不过幸好，因为李善长的儿子李祺是皇上的驸马，所以才躲过了这场灾难。李祺夫妻迁移到江浦一带，不仅之后也去世了。而他们的两个儿子李芳、李茂，也因为自己的母亲是当朝的公主，所以才得幸保住性命，并且还在朝中做了官。李芳任职中卫指挥，李茂任职旗手卫镇抚。这也算是对李善长这位功臣的一点安慰了。

时人奏谏　冤案渐明

朱元璋可谓是一个名副其实的马上皇帝，朝中的很多大臣都是多年跟随他南征北战，立下汗马功劳的人。而这些开国功臣自然心中也免不了升起一种傲然之气，而且有很多公侯将相曾经还是朱元璋以前的好朋友，也经常做一些违法犯罪的事情。而这些都对朱元璋的权位带来了很大的威胁，这也是朱元璋真正无法容忍的。朱元璋是一位有着极强权力欲望的皇帝，从大明王朝建立以来，他便注意加强皇权，巩固自己的王朝统治。当他得知宰相胡惟庸想要谋反的时候，便毫不犹豫地派兵镇压了这场还没有来得及实施的叛乱，而且诛杀了和胡惟庸一党有关系的人。

朱元璋的天下是在艰苦的战争环境中成长的，这也就形成了他嗜杀的习性。朱元璋主张以猛治国，运用残酷的刑罚来镇压臣民。其皇太子朱标则是生活在太平年代，长期受到了儒家思想的熏陶。朱标为人宽厚，主张仁义之道。朱元璋知道，凭着朱标的性格和能力根本无法对付朝中的这些大功臣，所以他才决定，在自己的有生之年，一定要把有可能威胁朱标统治的朝臣全部除去。

根据记载，有一次，皇太子朱标对朱元璋说："父皇您已经杀了太多人了，现在弄得朝中上下人心惶惶，这应该不是一个仁君所为吧？"而朱元璋也只是狠狠瞪了他一眼，便拂袖而去。到了第二天，朱元璋将朱标叫到身边，还将一条棘杖放在朱标的面前，并且让朱标拿起来。朱标看着浑身带刺的棘杖，不知道该怎么办才好。朱元璋严肃地说："害怕了吧？因为你害怕它会扎伤你的手是吧？而我如今所做的工作就是要把这些刺全部去掉，然后你再拿起来的时候，不就很容易了吗？而我杀掉了朝中某些大臣，也正是想让你能够顺顺利利地登上王位，当好这个家罢了。"可是皇太子朱标还是反驳道："只有君主贤明，才会有贤明的臣民啊！"朱元璋听了之后很是生气，他以为朱标是在讽刺他不贤明，于是便拿起身边的椅子，想要砸朱标，朱标最后只能逃走。虽然说历史记载未必真实，不过从这件事情上也能够知道，朱元璋之所以要把这些大功臣全部除去，其实就是为了能够让太子朱标可以顺利地接掌皇位，除去太子登基路上的所有隐患。而李善长等人正是在这隐患的行列，所以他们的死绝非偶然啊。

明朝初期的一些文武大臣，大多都有各自依附的派系集团，而每个派系之间的争斗也十分激烈。其中，最具有优势的便是淮西派，太祖朱元璋和徐达、李善长、胡惟庸、汤和等人都是淮西人。以刘基为代表的浙东派，在各政治派系中还属于少数派。淮西派和浙东派之间的怨恨已久，而淮西派自身也有一些不可调和的内部矛盾。与此同时，其他官僚集团和淮西派之间的矛盾也居多不下。在各派政治派系的上面，朱元璋则是牢牢掌控住国家大权，利用各个派系之间的矛盾，让其相互监督，相互制衡。

李善长作为淮西派系的核心人物，他却没能正确恰当地处理好之间的关系，以致于在朝中树立了太多的政敌，这也就引起了朱元璋的猜忌，从而造成了最后的悲剧结果。有一次，太祖前往汴梁（今河南开封）会见各位将领，李善长和御史中丞刘基则是留守南京，李善长的亲信李彬犯了罪过，李善长对此向刘基求情，刘基却不加理睬，在得到朱元璋的同意后，便将李彬杀掉了。而淮西集团一向把浙东地主集团看作是眼中钉，如今再加上这件事，结怨就更加深了。

李善长和淮西派之间的各大臣也不能团结起来。朱元璋还是吴王的时候，李善长和徐达分别任职右相国和左相国，他们二人因为在出兵吴地一事上有了分歧，而一直争执不下，最后朱元璋采用了徐达的建议，取得了最后的胜利。从那之后，徐达和李善长两个人一直无法和平相处。而汤和与李善长的关系处得也并不好。有一次，李善长向汤和借两百多名士兵去营建府邸，就是被汤和告诉给朱元璋，使得朱元璋对李善长更加起疑心了。当有人状告李善长对胡惟庸一党知情不报的时候，朝中更是有不少大臣都纷纷上书，要求处置李善长。由此也可以说，李善长的冤屈，其实也是明朝初期各大集团争相斗争的结果。

从这里也可以知道，李善长的死绝非偶然。不过，李善长毕竟是被冤死的，虽然他是以谋逆罪论处，但是却没有足够的证据来证实这一罪名。再者说，那个时候，胡惟庸一案已经过去十年了，一个白发苍苍的老人哪还有什么精力去谋反呢？可是这么简单的事情，朱元璋却连想都没想，便将李善长处死，可真是荒唐啊。

不过，当时也有很多心地正直的大臣为李善长喊冤。其中就有一个名叫王国用的人，为人刚正不阿，直言敢谏。那个时候，他任职虞部郎中，他在自己的奏折里面详细陈述了李善长冤屈的理由，并且将此呈献给了朱元璋。

奏折大致是这么写的："儿子和兄弟来说，儿子肯定是最亲的，这也是人之常情。李善长和胡惟庸的关系，也就是侄子那辈的亲戚。如果说李善长想要辅佐胡惟庸谋上叛乱，那么他最后也就是一个开国功臣而已，或者是当上了太师。李善长家的男子最多成为驸马，女子最多成为妃子，而这些，皇上您这里就已经差不多满足他了呀。何况，李善长是一个大智慧的人，他怎么可能不明白侥幸心理的道理？当初，元朝处于鼎盛时期时，有多少人都想要谋反，最后都落得个凄惨的下场。而这些可都是李善长亲眼看到的呀。再说，李善长年事已高，人年龄大了，最想要的并不是高官爵位，而是安逸的生活。所以，得过且过的想法，李善长或许是有过的。更何况，他的儿子可是您的驸马，皇上您想想，凡是做出谋反朝廷之事的人，大多都是和您有着深仇大恨，或者是因为局势突变所导致的，都是不得已的情况下才做的。如果，李善长父子想要谋反，以此来脱逃灾祸，那么他们肯定不会像平时那样坦然自若。可是，这么长时间以来，谁也没有发现他们谋反的一丝一毫，如果说他们有心背叛您，这是不能令人信服的。如今李善长已经被冤死，臣在这里恳求皇上您能够明察事实的真相，希望您将来在遇到这种事情的时候，可以以李善长的事作为前车之鉴。李善长如今被冤杀，天下百姓都说'为大明王朝历尽汗马功劳的李善长，却没有落得好的下场啊。'如果再这样下去，天下又会重新陷入四分五裂的局面，还希望皇上您可以为大明的奖赏考虑啊！"

奏折呈上去之后，却一直没有得到回应。其实，朱元璋心里明白，李善长根本就不会谋反的，而他杀害李善长也是因为政治上的需要罢了。

而王国用所说的话也都句句在理，朱元璋也找不到斥责的理由。所以干脆就当作什么都没有看到，也没有回应王国用。而这一份奏折也一直被扣压在宫中了。从那之后，这一起冤案再也无人提起。

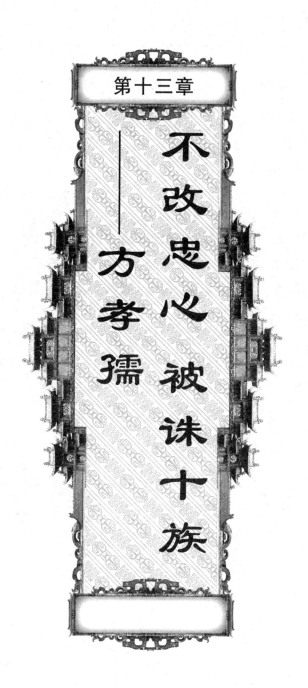

第十三章

——

不改忠心被诛十族

方孝孺

个人档案

☆姓名：方孝孺

☆民族：汉族

☆出生日期：1357 年

☆逝世日期：1402 年

☆生平简历：

公元 1357 年，方孝孺出生。

公元 1371 年，方孝孺任职山东济宁知府。

公元 1392 年，任汉中府教授，蜀献王聘他为世子师。

公元 1399 年，迁侍讲学士，国家大政事都会向他咨询。

公元 1402 年，方孝孺被诛杀。

人物简评

　　他是历史上唯一一个被诛灭十族的人，他也是几百年之后人们给予极高评价的人；明代戏剧家称其为"天地正气"；黄宗羲更是誉他为"明朝诸儒之首"；胡适也将他成为了不起的人物。在纵观方孝孺的一生，其可叹可敬处很多，可是在这"骨鲠之士"美名中，也还有着儒学之士的迂腐和固执。

生平故事

才气出众　"读书种子"

　　建文三年（公元1401年），靖难之役已经僵持了三年，燕军和南军各自都有胜负，谁也没有占据绝对性的优势。再这样下去，对于起兵不顺的燕王朱棣来说很是不利。朱棣知道，燕军的主要优势便是速战速决，如果长时间的僵持下去，那么只会消磨战士的士气，后果不堪设想。这个时候，朱棣做出了一个大胆的决定，他绕过南军的军队集结地山东，直奔金陵而来，想要一战便把南军置于死地。

　　当时正值十二月，北方天气寒冷，而燕军士兵的士气只高不下，每个人都磨刀霍霍，准备大展身手。十二月十二日，燕军在朱棣的带领下从北京出发，而深受朱棣器重的谋士僧道衍将其送到了郊外，突然给朱棣燕王跪下，偷偷地说："臣还有一件事情想要请求燕王。"朱棣听后，心中大吃一惊，急忙询问所为何事。僧道衍说："江南有一位学士，名为方孝孺，学识渊博，又非常有骨气。等到大军成功的那天，如果他不愿意受降，那么还恳请大王能够放过他，不要置他于死地。如果杀了他，那么天下读书人就很难依附于您了。"朱棣原本认为僧道衍有什么重要的事儿相求呢，没想到却是为了一个书生。朱棣想也没想便答应了，然后便带着军队浩浩荡荡地南下了。

那么，方孝孺到底是什么人呢，竟然让僧道衍这般看重，还将他看作是读书人的代表？

方孝孺，字希直，一字希古，浙江海宁人。方孝孺的父亲方克勤是明朝初期的一位官吏，为人正直，曾经担任济宁知府。在上任期间，他处处从百姓的利益出发，严禁当地的差役欺压百姓。而在生活上也非常简朴，每日粗茶淡饭相伴，一件衣服恨不得穿上十几年。洪武八年（公元1375年）方克勤前往金陵，得以见到了明朝的皇帝朱元璋。朱元璋看他的政绩非常出色，于是便赏赐给了他一桌宴席，之后又返回济宁。可是没过多久，方克勤的手下便污蔑他贪污，这也让他丢了官职。后来在空印案中，方克勤遭到了牵连，最终被错杀。

在父亲的影响下，方孝孺从小便心怀天下，一心想要辅佐明君，治理天下，造就一个天下盛世。而少时的方孝孺，也要比同龄人聪慧许多。少年时期的方孝孺儒雅翩翩，双目有神，每天都勤于读书。当地人还称他为"小韩子"，意思也就是第二位韩愈。

为了增长自己的知识，方孝孺长大之后，便前往京城求学，想要拜在文坛领袖宋濂的门下。宋濂和刘基、章溢、叶琛称之为"明初四先生"，他也是当朝太子朱标的老师，学识渊博。宋濂读了方孝孺的文章之后，对其十分赞赏，并称其为"喧啾百鸟中之孤凤凰"。他认为方孝孺所写的文章足以和欧阳修、苏东坡这样的大文豪相媲美。从那之后，二人经常在一起聊天、谈文。而方孝孺确实也没有辜负宋濂的期望，在较短的时间内，学识有了很大的进步。尤其是他的文章，豪放自然，其间充满了凛然正气，每写一篇文章出来，都被人争相抄诵。人们将方孝孺称之为"正士""读书种子"。

洪武十五年（公元1382年），方孝孺受到了朱元璋的召见，朱元璋对皇太孙朱允炆说："这可是一个儒雅庄重之士，应该还要多加磨炼一番，以后好让他辅佐你。"过了十年，朱元璋又召见了方孝孺。这个时候，正赶上胡蓝之狱，朱元璋大肆诛杀有功之臣。于是朱元璋又对方孝孺说："如今的朝廷适合用刑罚治理天下，还不是你出力的时候。"于是，仅仅提拔方孝孺为汉中教授。

朱元璋从一介贫民而坐上了九五之尊的位置，期间历尽辛苦，阅历无数，他自然也练就了一身看人的本领。虽然方孝孺满腹经纶，才华横溢，但他也是一个极其迂腐的人。他一心想着要重现古时的尧舜统治，而却不了解当时复杂的政治斗争，只知道照搬书本，以儒家思想为准则，很明显是一位理想化的人物。对于方孝孺的思想，朱元璋也是看在心里的，这也是他一直不敢给方孝孺重任的原因。他一直希望方孝孺可以在现实生活中多加历练，改变其迂腐的毛病。可是，方孝孺的一生都在追求用儒家学说治理天下，越是了解了现实的黑暗，他越想要用自己的理想和学识为大明王朝贡献一份力量。可以这么说，如果方孝孺不迂腐的话，他就不是方孝孺了。而这既是他的可爱之处，也是他悲惨结局的主要原因。

虽然汉中教授官职并不大，但是方孝孺却是投入了满腔的热情。在任职期间，方孝孺天天忙着和诸位学生讲学，从不知疲倦。蜀献王听说方孝孺是一个学识渊博，人品极高的人，于是便将他聘请为世子的老师。每一次方孝孺拜见蜀献王和世子的时候，总会给他们传播儒家学说的道德观念。蜀献王对方孝孺也十分尊敬，并且还将他读书的地方称之为"正学"庐。

征讨燕王　殚精竭虑

洪武三十一年（1398 年），朱元璋去世。大明王朝的担子落在了皇太孙朱允炆的身上，这个时候的朱允炆只有 21 岁。朱元璋是一个做事雷厉风行，有着鸿图大略的人，而朱允炆却是性格懦弱，喜好诗书。这也是朱元璋生前最不放心的地方，他担心这个文弱的太孙根本就守不住大明的江山。为了巩固朱允炆以后的统治，朱元璋在生前几乎将所有的开国功臣全部杀光。但是让朱元璋没想到的是，在他去世之后的第二年，一场帝位争夺战开始了。而斗争的双方便是朱元璋最为宠爱的儿子朱棣，和其最满意的皇位继承人皇太孙朱允炆。

虽然说朱允炆比较懦弱，但是明朝藩王的危机他还是比较清楚的。所以，朱允炆继位之后，便大肆举行削藩运动，而这也恰巧给了燕王朱棣一个合适的机会。建文元年（1399 年）七月五日，燕王朱棣起兵谋反，谋反的消息传到了金陵，全朝上下一片哗然，一些正义之士纷纷上书朱允炆，要派兵征讨这个以下犯上的乱臣贼子，而这些所有的诏书都是方孝孺一个人执笔的。

建文帝朱允炆喜好诗书，对于才华横溢的方孝孺自然是从内心里崇拜的。朱允炆刚一登基，便将方孝孺任命为翰林侍讲。每当朱允炆遇到读书上的难题时，他总会向方孝孺请教。甚至有些时候，大臣们有事上奏，君臣讨论完之后，朱允炆便让方孝孺坐在皇位上批阅奏折。当时修纂《太祖实录》，其主要领导者也是方孝孺，由此可见，朱允炆是十分看重方孝孺的。

朱允炆在深宫中长大，没有涉世的经验，也不明白凡是圣贤的君主都会本着"霸王道杂之"的道理治理天下，相反，他却和方孝孺一样，希望可以以王道来保证天下太平。由此可以说，朱允炆和方孝孺二人都是比较迂腐的。

所以，当朱棣带兵接连夺下几座城池之后，朱允炆还认为自己的一套保护设施很是严密，根本就不把朱棣的大军看在眼里，却还是和从前一样，一心一意的想要以文来治理国家。他每天都和方孝孺一起商讨复古改制的事情。他们竟然还依据《周礼》的记载，对六部官职名称进行了繁杂的变更，一些已经有上千年历史的官名，也改用了《周礼》中的官名，方孝孺也由翰林侍讲改称为文学博士。他们讨论更改律令，减轻刑罚，用仁义道德来治理国家，并且还想要合并州县，裁减冗员，甚至还讨论着该如何实行井田。明朝王宫中的情景和外面的战火硝烟形成了鲜明的对比，这样一来，朱允炆肯定会延误战机，使得南军连连溃败。燕军则是趁着这个机会拔居庸关，攻破怀来，执宋忠，拿下密云，克取遵化，收服永平，在短短时间内军威大振。这个时候，朱允炆才算是慌了神，他派遣老将耿炳文带军出征，可是最终在真定地区大败。随后，朱允炆又命李景隆代替耿炳文，带领50万大军北伐。

李景隆是朱元璋的外甥李文忠的大儿子，世袭了父亲的爵位，为曹国公。他从小的时候就饱读诗书，对于典故也颇为精通，可是他却只是一个纸上谈兵的贵公子。他不仅没有亲临过战场，而且还是一个狂妄自大，不得人心的人。任命他为将领，后果也就可想而知了。果然，建文二年（1400年）四月，李景隆带军在白沟河和燕军大战，南军兵败如山倒，横尸遍野，李景隆一个人逃到了德州。燕军乘胜追击，李景隆则是一再地溃败，只身一人又逃到了济南。燕军接着将济南团团围住。幸好济南守将赖铁铉和盛庸坚决抵抗，才使得济南没被燕军一举拿下。从五月到八月，夏天过去秋天到来，燕军围困了三个多月的济南还是没有任何进展，最后燕军担心敌人会截断自己的退路，只能于八月十六日班师回北平。

建文三年（1401年），燕军经过一段时间的休整，于二月间再次南下，在夹河之战中打败了盛庸，在藁城又打败了吴杰。从那之后，燕军又乘胜攻下了顺德、广平等地区，河北的很多郡县看到燕军势如破竹，都纷纷打开城门迎接。闰三月二十四日，燕兵攻克大名，不战而下。这个时候，朱棣得知，朱允炆已经将极力主张"削藩"的齐泰、黄子澄罢逐，并且还派人抄了他们的家。其间的用意是非常明了了，也就是说，燕王打着主调齐、黄等这些"奸臣"的旗号起兵反叛，现在齐、黄二人已经伏法，那么朱棣总应该要撤兵了吧。朱允炆的意思是想要夺取准备的机会，可是朱棣却不仅不撤兵，反而还传话给朱允炆，让其先撤兵才行。

朱允炆也并没有根据朱棣的要求先行撤兵，盛庸和吴杰等人依然还在和燕王的军队周旋，并且还派人切断了从北平往大名运粮的通道，这对于燕军来说，可是一个不小的威胁。五月十五日，燕王朱棣让武胜给朱允炆送了一封信，并且还斥责朱允炆一边说撤兵，一边还调兵遣将，切断了自己的粮道，和上一次所发布的诏书意思背道而驰。朱棣又说，希望朱允炆能够在早上把德州和真定的大军撤回，而自己也将在晚上收兵回北平。

朱允炆看了朱棣的信之后，内心颇受感动，想要听从朱棣的意思，撤回两地的大军。于是，朱允炆对方孝孺说："燕王毕竟是朕的叔叔，如果我们俩再这般争斗下去，以后还有什么脸面去见宗庙神灵呢！"方孝孺看着朱允炆，感到又好气又好笑，他一边开导朱允炆，一边说道："皇上真的要撤兵吗，可是一旦大军撤回，就很难在短时间内聚集了。如果朱棣趁这个机会长驱直入，我们该如何御敌呢？如今军威大振，捷报连连，皇上万不可被他的几句甜言所迷惑啊。"朱允炆听了方孝孺的建议，这才打消了撤兵的主意，于是将武胜下到锦衣卫狱中，以表明自己的决绝之心。

虽然方孝孺只是一个儒生，但是要比年轻的朱允炆有头脑。他坚持不在燕军面前服软，在他所草拟的给燕王的答复中，态度强硬，好像主动权优势都在朝廷这方一般。可是，不管方孝孺如何费尽心机，南军的事态已定，已经没有挽回的余地了。

每一次朱棣带兵出征的时候，就会命令世子朱高炽在北平镇守。方孝孺有一个门人名为林嘉猷，让曾经在北平的燕王府中做事，他知道次子朱高煦和三子朱高燧与世子朱高炽一向不和。宦官黄俨也是一个奸诈之人，他投靠在朱高煦和朱高燧的门下，共同挤兑世子。于是方孝孺和林嘉猷就决定要使计离间世子和朱棣的关系。方孝孺将自己的计划告诉给朱允炆，并且草拟书信，派人送给世子高炽。信中主要劝说朱高炽背弃燕王，归顺朝廷，并且还许下给他燕王之位的承诺。书信由锦衣卫千户张保给朱高炽送去。但是世子高炽看见书信之后，根本就没有启封，便直接将书信和张保一并送到了燕王军前。当张保刚到北平的时候，宦官黄俨便让人禀报燕王，说世子朱高炽已经和朝廷密谋，想要谋反燕军。朱棣对这件事情很是怀疑，于是便询问朱高煦。朱高煦说朱高炽和朱允炆的关系一直很好。正说话间，朱高炽所派来的使者到了军前，并且把书信和张保一起交给了朱棣。朱棣看完信之后，心中感慨万千，自己差一点就误会了自己的儿子朱高炽。而由此，方孝孺的计谋失败。

从那之后，朱棣便改变战略，从山东绕过去，直奔金陵，于建文三年（1401 年）十二月带军南下，淝河一战，将南军打得落花流水，斩杀敌人几千人，俘获战马八千余匹。燕军势如破竹，建文四年五月攻下泗州，随后又攻克盱眙，徇扬州，耀兵江上。

朱允炆得知扬州失守的消息后，内心一片恐慌。方孝孺献计说："现在当务之急，应该先派人稳住朱棣才是，我们可以派人给朱棣以割让城池的条件让其退兵。如果能够拖延几天的话，那么就能够等到东南的援兵。那个时候再加上有长江天堑，燕王的军队不识水性，在长江决战，谁胜谁负还说不准呢。"于是，朱允炆便让庆成公主亲自前往燕军大营，商讨割地之事。庆成公主为朱元璋哥哥的女儿，也是朱棣的堂姐。庆成公主看到朱棣后，姐弟二人相抱而哭。庆成公主对燕王提出了割地求和的话。朱棣则是直接说道："这只不过是朱允炆的缓兵之计，好用这中间的空隙去等待援军，我怎么可能会上当呢！"

庆成公主将朱棣的话原原本本地转达给了朱允炆，朱允炆心中十分害怕，于是又询问方孝孺的意见。方孝孺也想不出更好的办法，只能好言相劝，安慰他说，长江就是一个天然的屏障，燕军过江的时候，可以派人烧毁燕军的船只，再加上现在天气炎热，疾病流行，过不了多长时间，朱棣就会退兵的。

更让建文帝坐立不安的是，南军总掌江上舟师的都督佥事陈瑄竟然带着自己的船队投靠在燕军的旗下，接着，镇江守将童俊也带着自己的部下投降于燕王。方孝孺听说这个消息后，内心也是非常的忧虑，不过他在朱允炆面前还是要装作一幅镇定自若的样子。他安慰朱允炆说，城中还有二十万精兵良将，再加上城高池深，粮草充足，足够坚守了。随后，方孝孺还献计说，应该实行坚壁清野，让城外的军民进入皇城，把城外积木也要全部运回城内，这让燕军难以攻下城池。而朱允炆也都一一采纳了这些建议。

此外，方孝孺还说："上一次派遣公主讲和没有成功。而现在可以让诸位王后分守城门，再派遣曹国公李景隆、都督王佐、兵部尚书茹瑺再前往燕军大营，还是以割地为条件求和，然后趁机一探燕军的虚实，以此来等到援军的到来。一旦援兵到了，我们就可以带领几万精锐士兵，内外夹击，和燕军决一死战，肯定能够成功的。即便不能取得胜利，皇上您也可以先前往四川，然后再召集兵马，为以后做准备。"方孝孺说的话并非没有道理，因为现在的朝廷还算有半壁江山，只要上下一心，局面也并没有到了不可挽回的地步。无奈这个时候的朝廷人心涣散，计划都无法顺利的进行。虽然说方孝孺的这个计策很周到，但是却因为这样，也改变不了南军灭亡的事实。

李景隆等人见到朱棣后，又把朱允炆想要割地求和的事情述说了一遍，朱棣听后，冷笑几声，说他们是说客，这只是朱允炆的阴谋，随后又把庆成公主的话说了一遍，并且表示自己一心要除去奸臣，其他的就别无所求了。李景隆等人只好扫兴而回了。

南京作为京师，有重兵把守，城墙历经几十年的修建，也异常坚固。不过城中人看朱允炆大势已去，于是便私下里联合燕军。六月十三日，负责防守金川门的谷王朱穗和李景隆打开城门投降，燕军则是不费吹灰之力便攻下了南京。靖难之役彻底结束。朱棣进驻皇宫后，只见朱允炆已经焚火自杀了。

抗命不屈 被"诛十族"

朱棣攻下南京城之后，朱允炆的那些旧臣大致分为四种，归降依附、举家逃跑、抗节不屈和自杀殉难。在抗节不屈的大臣中认为，朱棣的皇帝来得名不正言不顺，属于谋权篡位，大逆不道，而朱允炆才是合法的明朝统治者。这些大臣忠心于朱允炆，对朱棣则是誓死抵抗。金川门之变后，方孝孺宁死不愿投降，一直在自己的府上，闭门不出，并且还为朱允炆穿起丧服，没日没夜地哭泣。朱棣召见他，想要委以重用，可是他却是宁死不屈，最后被镇抚伍云等押去见了明成祖朱棣。只见那方孝孺身着丧服，在朝上便放声大哭。明成祖朱棣派方孝孺的学生廖镛等人前去劝说，可是却被方孝孺训斥道："你们跟了我这么多年，怎么连是非都不分呢？"明成祖朱棣本意就不想杀他，于是便把他关进监狱里，每日派人前来劝说，可是他始终不愿意投降。明成祖想要拟定登基诏书，而朝中的大臣也一致推荐方孝孺，于是朱棣便把方孝孺放了出来。方孝孺进入朝堂之后，又嚎啕大哭，很是悲惨。

朱棣一时间也被他感动了，他从殿上下来，亲自安慰道："先生不必这般悲伤，我想要效仿周公辅成王的办法。"方孝孺反问道："那么谁是成王呢？"朱棣答道："成王已经自焚而死了。"方孝孺接着又问："那么为什么不立成王的儿子呢？"朱棣说："成王的儿子太小，不足以治理国家。"方孝孺又说："那么为什么不立成王的弟弟呢？"朱棣道："这是朕的家事。"朱棣一边说，一边让人准备好了纸笔，并且将其交给方孝孺，说："登基的诏书，还得先生写才行。"方孝孺把笔摔在地上，一边哭一边骂着说："死就死了，但是我是绝对不会草拟诏书的！"朱棣强压住内心的怒火道："你想要死，难道也不顾念你九族的亲人吗？"方孝孺大声回答道："就算诛灭我十族，我也不怕！"朱棣一时间大怒，立刻让左右的侍卫割破了方孝孺的嘴，一直割到了耳边，然后又将其关进大牢，将他十族的门人全部逮捕。每一次逮捕一个人，他都会将其带到方孝孺的面前，可是方孝孺却是连看也不看。

朱棣这个时候也下定了决心，除了诛灭方孝孺九族外，还把他的朋友门生列入十族的行列。当差役拿着诏书逮捕他的妻子郑氏的时候，郑氏和各位儿子都已经自尽而死。而受到方孝孺案件牵连的人很多，光是在市集上当众砍死的就有873人，谪戍荒微者更是数不胜数。方孝孺的弟弟为方孝友，也因为受株连而被杀害，方孝孺眼睁睁地看着弟弟在面前死去，他心如刀绞，泪流满面。方孝友临死之前还作了一首诗：

阿兄何必泪潸潸，取义成仁在此间。

华表柱头千载后，旅魂依旧到家山。

这首诗让当时的士人感慨万千，并且称赞他不愧是方孝孺的弟弟。

方孝孺是最后一个被杀害的，磔杀于聚宝门外。他在负刑的时候，留下了一首《绝命词》：

天降乱离兮孰知其由，

奸臣得计兮谋国用猷。

忠臣发愤兮血泪交流，

以此殉君兮抑又何求?

呜呼哀哉，庶不我尤!

方孝孺还有两个女儿，都还没有出嫁，被逮捕入京的时候，两人投河而死。

御史郑公智和编修林嘉猷都曾"师事孝孺"，曾经是方孝孺的门生。福建人郑居贞为方孝孺的朋友，曾经任职巩昌通判、河南参政。这些人都因为方孝孺的关系而惨遭杀害。德庆侯廖永忠的孙子廖镛和廖铭曾经在方孝孺门下学习过，方孝孺死后，他们兄弟两个为方孝孺收尸。事情曝光后，他们二人也惨遭杀害。

"九族"指的就是犯人的前四代和后四代，再加上犯人自身的这一代。而朱棣竟然诛了方孝孺十族，残忍至极，可谓是空前绝后。方孝孺接受的是正统的儒家思想，他对朱允炆可谓是忠心不二。而他碰上朱允炆这个皇帝，而且还对其言听计从，也算是有知遇之恩了。不过，不管最后结果如何，方孝孺只是一介书生，在面对朱棣时，竟然可以视死如归，也可以算得上一个英雄。也正因为这样，方孝孺受到了后世人们的敬仰。

第十四章

绝世奇才终成冤魂

——解缙

个人档案

☆姓名：解缙

☆民族：汉族

☆出生日期：1369 年

☆逝世日期：1415 年

☆生平简历：

公元 1369 年，解缙出生。

公元 1387 年，解缙参加江西乡试，名列榜首。

公元 1345 年，解缙中进士，授安福州判宫，迁太史院校书郎。

公元 1407 年，解缙晋翰林学士兼左春坊大学士。

公元 1410 年，解缙奔赴京城，私下谒见太子。

公元 1415 年，朱高煦买通锦衣卫，密令用酒将解缙灌醉后，拖到积雪中活活冻死。时年 47 岁。

人物简评 ❧

　　他是一位旷世奇才，是有着远大抱负的儒家学者；他为明朝第一开国功臣，也是第一实权的宰相；他直言进谏、不畏权势；他一心为国却遭来万般猜忌，本以为可以沉冤得雪，最后却被掩埋于雪中，活活的冻死，徒留下古人一叹。他就是绝世奇才却终为冤魂的解缙。

生平故事 ❧

少年奇才　无所不通

　　洪武二年（1369 年）十月初七，解缙在江西吉水县城东门出生，他的父亲是一个儒生。解缙的父亲名为解开，大哥叫解纶（字大纶），二哥为解纲（字大纪），解缙是家中的老三。

　　解缙的祖父解子元，字真我，是元朝时期的进士。他的父亲解开曾经在国子监学习，明太祖时期，朱元璋曾经召见解开，并且想要赐予他官职，可是解开并没有答应。当下还乘着小船，顺水南下，返回到吉水，后来又在太平山中过起了隐居生活，并且还开办了一家私塾，当起了教书先生。

　　解缙的母亲为高妙莹，出生于名门，自小就通读四书五经，懂医术，凡事都能够分析得很透彻，而且还擅长书法，颇通音律。高氏还是大家小姐的时候，她就看不起那些胭脂俗粉，更是不把金器玉帛放在眼里，她出嫁之后，又严格要求自己，在她看来，那些有长舌习惯的人，肯定是败类，而那些嗜酒贪财的人，也绝非忠良。所以，高氏从小就让儿子们读书学习，参加考试，以此来修身养性，光耀祖宗。从解缙刚开始说话的时候，她便给他讲古代文人奋发上进、努力读书的故事，以此来激发解缙发愤图强的劲头，并且还亲自教授解缙唐诗宋词、《孝经》、《论语》等。

解缙13岁的时候，不仅背熟了《四书》、《五经》，而且还能够应景写诗，比如"云闲山秀丽，风静竹平安，诗兴梅边得，琴清月下弹"等。

洪武（1382年）的端午节，解缙14岁，他看到每家每户的大门上都插上了艾叶和菖蒲，于是他立即又写出了"蒲叶桃叶葡萄叶，草本木本；梅花桂花玫瑰花，春香秋香。"到了除夕的时候，解缙又自己写了一副对联，贴在了自家的大门上，引得邻居争相观看："日望赣江千里帆，夜观庐陵万盏灯"。

谁想，住在解家斜对面的曹尚书看到了这副对联，心里生出了一个坏主意。他在谢家正对着的河堤上栽了一片青竹，想要以此挡住解家"日望赣江千里帆，夜观庐陵万盏灯"的美丽景色。谁知，到了第二年除夕，解缙又贴出了一副春联："门对千根竹，家藏万卷书。"曹尚书看了，便让人把解缙门前的竹子全部砍掉了。解缙知道了，倒也是不生气，只是又在对联的末尾分加了一个字，春联也就成了："门对千根竹短，家藏万卷书长。"曹尚书得知后，心中狠狠地说："我让人把竹子连根拔起，这下看你怎么说。"随后还让仆役们将河堤上的竹根掏得一干二净。解缙见了，不禁失笑，接着又添加了两个字，春联也就变成了："门对千根竹短无，家藏万卷书长有。"

经过这场风波，乡亲们更是对解缙的才华无比地佩服。曹尚书这下可是无计可施了，可是他内心里还是不服气，于是又让人给解缙送去了请帖，想着要当面见见这位风靡的少年。解缙受邀来到了曹尚书家，只见他家的大门紧闭，只开了一个侧门，便想要转身离开。谁知曹尚书却出来笑着说："小子无才嫌地仄。"解缙则答了一句："大鹏展翅恨天低。"曹尚书没有办法，只能打开大门，让解缙进去。他见解缙穿着一身绿色的衣服，又说道："水中蛤蟆穿绿袄。"解缙只是笑笑，指着穿着红色衣服的曹尚书说；"锅里虾公着红袍。"曹尚书很是生气，大骂道："二猿断木深山中，小猴子怎敢对锯（句）！"解缙眼睛一瞪，说道："一马陷入乌泥潭，老畜生岂能出蹄（题）？"曹尚书真是又羞又恼，可是却也承认解缙是一个才华横溢的人。

后来，私塾里的徐先生建议，让县令张仕行做主考官，让解缙作篇文章，也好谋个出路。县令张仕行早就听说过解缙是一个有才之人，也想要着重培养他不仅可以收拢人心，还会落下一个重贤的美名。这一举两得的美名，他自然答应下来。于是，他便召见了解缙，让他写出一篇好文章，并且当众承诺："如果文章写得好的话，那么我就提拔你为秀才，而且还会收你为庠生。"解缙稍加思索了一番，便提笔写下了"之乎也者矣焉哉。"县令看了看，摇了摇头，心想这个解缙也是徒有虚名罢了。周围的人对于解缙的这一做法也心生疑惑，解缙笑了笑，随后又加了七个字"安排七字做秀才"。县令看着篇文章，皱了皱眉头，然后哈哈大笑起来，并且说："不愧是天才的，写得好，短短的两句话，意味深长啊。你确实说出了八股取士的诀窍，言简意赅。好吧，我实现自己的诺言，封你为秀才，收你为庠生。"所有人对解缙的才华也是啧啧称奇。从那之后，解缙的美名传遍了整个吉水县。

初入仕途　直言敢谏

明朝初期，政治安定，经济繁荣，教育事业也开始发展起来。全国各地都纷纷建立起了学校，科举制度也是蒸蒸日上。而这个时候的解缙，满腹才华，也想要参加科举考试，以此来考得一个功名。所以，于洪武二十一年（1388 年），解缙前往洪都（今江西南昌）参加乡试。

这一次，解缙以优秀的成绩中得解元，一举成为江西省的头号名人。到了第二年，所有的举子还要前往南京，参加会试。解缙中举之后，和新婚的妻子徐氏告别，也前往南京赴试。解缙在会试中所写的文章气势磅礴，对于政治的评论也是异常犀利，由此也得到了主考官刘三吾的好评，想要钦点他为一甲状元。可是因为他的言论太过于犀利，所以也只能将其点为第七名进士。他的大哥解纶、妹夫黄金华也高中三甲进士。

解氏一门中了三个进士的消息轰动了整个京城。宫中的胡妃得知后，非常好奇，想要见见他们。于是朱元璋便传解缙进宫，在御花园里面，朱元璋让解缙以园中的杨柳为题，作两首春雨的诗。解缙稍微思索了一番后，便提笔作了两首七绝诗，题为《御园绿柳》诗，

其一

御柳青青近绿池，迎春濯秀不违时。皇恩天地同生育，雨露无私亦共知。

其二

漫漫春风人舜韶，绿柳舒叶乱莺调。君王不肯娱声色，何用辛勤学舞腰。

朱元璋也是略通文墨，解缙做的这两首诗通俗易懂，称颂了皇恩浩荡，也讥讽了那些献媚之人。朱元璋连称好诗，一边下旨让各位大臣互相传阅学习，一边点解缙为翰林院庶吉士，并且让他每天陪伴在左右，负责起草诏书，陪着自己处理公文、政事。

朱元璋有着很强的权力欲望，在他眼中，任何一点危及皇权的行为，他都会想尽一切办法进行镇压，其中，因在文字上触犯"禁忌"而被杀的文人居多，这也是历史上最为罕见的文字狱。朱元璋年轻的时候做过和尚，还参加过红巾军，所以那些与"僧"、"贼"等同音的字或者是相似的字都不能使用，否则就会触犯了朱元璋的"禁忌"。在那个时候，很多文人学者就是因为这件事情而丢了性命。从洪武十七年到洪武二十九年，共有十几万人被朱元璋屠杀，使得全国上下怨声载道，陷入了一片恐慌。

朱元璋的这种行为，引发了朝中大臣官僚集团的反对。早在洪武七年，就有人提出抗议，说朱元璋杀人太多，才致使有才能的人，几年来幸存下来的就没有几个。叶伯巨也以星辰有变动的理由上书，说是由朝廷的刑罚太苛刻所引起。朱元璋看了之后，心中非常气愤，连声说："这个小子真是太放肆了！快把他给我抓起来，我要亲自将他射死。"参议李钦冰也就只是说了一句"皇上已经杀了很多人了，有些过分了"，朱元璋竟把他割乳而死。

在这件事情面前，解缙决定冒死进谏，他上递了一封奏折《大包西封事》，在奏折中他列出了许多不合理的、苛刻的刑罚；并且指出，刑罚

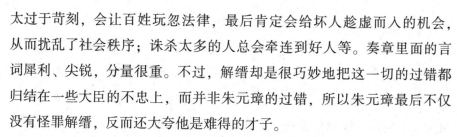

太过于苛刻，会让百姓玩忽法律，最后肯定会给坏人趁虚而入的机会，从而扰乱了社会秩序；诛杀太多的人总会牵连到好人等。奏章里面的言词犀利、尖锐，分量很重。不过，解缙却是很巧妙地把这一切的过错都归结在一些大臣的不忠上，而并非朱元璋的过错，所以朱元璋最后不仅没有怪罪解缙，反而还大夸他是难得的才子。

后来，解缙又写了一篇《太平十策》，主张减轻赋税，重农桑，监禁庵寺，杜绝娼优，免除屠戮，去掉株连等政策，后来还批评朝廷政令几经修改，有太多的杀戮。这些批评都让朱元璋很是恼火，不过解缙夸朱元璋亲贤臣，善于听取谏言，这才压下了心中的怒火。

原来，解缙的一番话让朱元璋想起了马皇后，马皇后临终之前，曾经也讲过类似的话。朱元璋打天下、治理天下的背后，马皇后是出了不少的力，朱元璋一直很敬服她。马皇后临终的时候，拉着朱元璋的手，低声哭泣道："我原本只是一名普通百姓，还是依靠陛下的神武，建立了大明天下，我才得以成为国母。我一生没有其他的愿望，只希望我死了之后，皇上能够亲近贤臣，积极听取谏言，要做到始终如一，这样一来大明江山也就可以稳定了，我死也瞑目了。"朱元璋想到了马皇后，心中的怒火自然消下去了许多。而且，朱元璋还曾经对解缙说："我和你的关系，名义上是君臣，实际上却情同父子，所以你应该知无不言才是。"所以这样一来，朱元璋就更不好 惩罚解缙了。

过了一段时间后，朱元璋便下令禁止酷刑，并且说："朝中大臣如果有擅自使用这些刑罚的人，文武百官都有权利弹劾，朕肯定会严加惩办。"

解缙直言进谏针砭时弊，朱元璋却没有处罚他，由此也可以看出，朱元璋对解缙的恩宠。解缙不仅敢于直言，而且对于朝中的小人奸臣，他也敢于弹劾。当时，都察院有一位官员，名为袁泰。袁泰是一个阿谀奉承的小人，却被朱元璋委以重任。袁泰为人阴险狡诈，他私下里勾结左都御史陈瑛、锦衣卫帅纪纲等人，而且还诬陷朝中有着不同意见的官员，这样一来也使得朝中大臣人人自危，就连开国功臣、皇亲国戚李善长等人都要让袁泰三分。

袁泰也知道自己树敌太多，担心解缙会揭发自己，于是便想要先下手为强，诬陷解缙。可一时间又找不到好的借口，于是他便拿解缙的好朋友夏长文出气，以此杀鸡骇猴。有一次，夏长文和妻子吵架之后，独自一个人坐着喝闷酒，对天长叹。第二天上朝的时候，朱元璋便询问起夏长文为何昨夜叹息。夏长文心中一惊，急忙照实说了一遍，这才险逃一命。后来，夏长文才知道，原来是袁泰和锦衣卫串通起来监视自己，将夏长文独自叹息的图画下来，呈给了朱元璋。

解缙知道后，心中对袁泰的卑鄙行为很是痛恨，于是便起草了《论袁泰奸黠状》，并且把袁泰平时如何陷害忠良、徇私枉法、欺上瞒下的罪行一一列举出来，上书朱元璋要严惩袁泰，以此来明法纪。朱元璋看了解缙的奏折后，便命令相关的人员进行核实。罪证确凿后，朱元璋给了袁泰应有的惩罚，从那之后，解缙在朝中的名声更高了。

宠于太祖 得于成祖

解缙的直言忠谏，也引得一些同行的不满，有些因为害怕自己的罪行被解缙揭发，有的则是嫉妒解缙年纪轻轻，就受到如此的恩宠，心怀妒恨。他们便串通一气，在朱元璋面前诬陷解缙，说他目中无人、狂妄自大等。朱元璋自身也认为解缙不是好掌控的人，经常在众人面前顶撞自己，实在有损天子的尊严，于是便趁此机会下令让解缙去洪都（今江西南昌），任职江西道的监察御史。

而导致解缙失宠的原因，其实还有一种。

洪武二十四年（1393年），朝中大臣污蔑开国元勋李善长是胡惟庸的同党。朱元璋也想趁此机会，除去太子的羁绊，趁机杀害了李善长全家七十多口人，而且还亲自写下诏书，罗列了李善长的罪行，昭告天下。

一年之后，王国用上书为李善长伸冤说：

李善长和陛下同生共死，才打下了天下，是一个有功之臣。他生前是大明的国公，儿子又是当朝的驸马，手中的权势可谓是一人之下万人之上。如果说李善长有篡位的野心，这还倒有些可能，但是如果说他要帮助胡惟庸夺取天下，这就不太合情理了。毕竟疼爱自己的儿子要胜过疼爱自己的兄弟，更何况是兄弟的儿子，这可是人之常情。李善长和胡惟庸，也就是连襟兄弟之亲；而李善长和陛下可是实实在在的亲家呀。如果李善长帮助胡惟庸夺得了天下，也就是第一功臣呀，怎么可能会超过他今天的地位？再说，李善长难道不知道要想夺取天下是何等的困难吗？元朝末期，想要争夺天下的人有很多，可是结果又怎么样呢？大多数的人因为谋逆而灭祖绝后？对于这些事情，李善长又会怎么不知道呢。再说，他年岁已高，要的只是安定的生活，怎么可能会卷入这种是非中来。自古以来，凡是有谋反之心的人，大多都是因为一些重大的变故，最后被迫而为之。如果说是因为要消除天祸，那么就更不应该杀害李善长了。我担心现在的天下人都会以为，像李善长这样的大功臣，最后却落得个凄惨的下场，很是令人心寒啊。而今，李善长已经死了，皇上您一定要从中吸取教训，警戒将来。

朱元璋看完奏折后，也心知有理，无法辩驳，最后只能当作没看见，不发表任何意见。过了一些时候，朱元璋又听说王国用的这封奏章是解缙帮忙起草的，心中大为吃惊。从那之后，朱元璋开始厌恶解缙，并且想要将他罢免。

洪武二十六年（1395年），朱元璋召见解缙的父亲解开。解开这个时候已经年过80，他从吉水匆匆忙忙赶到了京师，在华盖殿拜见了朱元璋。朱元璋向解开询问国家大事，解开对答如流，朱元璋对此很是钦佩。随后，朱元璋又将话题引到了解缙的身上，他严肃地说："你的儿子解缙也是一个难得的学士，只可惜他还太年轻，做起事情来虽然正直但是却没有涵养，这样下去，肯定会遭朝中大臣嫉恨的。幸好，解缙还比较年轻，不如你先把他领回家，再多加教导，积累处世的经验，十年之后再来朝中效力，我肯定会重用他。"解开可是一个聪明人，听完之后，连忙磕头谢恩，立刻带着解缙返回家乡。

解缙回家后，就在吉水县城东门外的鉴湖书院居住。他不分昼夜，不怕严寒酷暑地读书、撰述。八年之后，解缙校正修改了《元史》中的错误，还为《宋书》补写了续篇，删定了《礼记》，而且还精选《道德经》、《烈女传》等读物。除此之外，解缙还作了大量的诗词和散文。他所作的"三说"（《书学详说》、《书学流源详说》、《说诗三则》）和"三颂"（《河清颂》、《嘉禾颂》、《白象颂》）受到了当时人的称赞。他在《说诗三则》中，明确了自己的诗歌创作观念，这对于后世人来说，也有着极其重大的启迪意义。

洪武三十一年（1398年）夏天，明太祖朱元璋因病去世。解缙听说后，当下便辞别父亲，跪拜母亲的灵柩，并且对妻子徐氏再三叮嘱一番后，便赶去了京师。

因为解缙曾经弹劾过袁泰，所以袁泰心里是恨极了解缙。他听说解缙已经在来南京的路上时，便上书刚刚登基的建文帝朱允炆，说解缙的母亲刚刚去世，还没有下葬，他便离家远行，这是不孝；而先祖在世的时候，让他回乡攻读，10年之后再入朝为官。如今，解缙只是在家里呆了8年便进京，这就违背了圣旨，这是不忠。朱允炆认为袁泰说得有道理，于是便将解缙贬到河州（今甘肃兰州西北），让他当了一名小卫吏。解缙在河州四年，每天都无所事事，再加上思乡心切，郁闷心情更是与日俱增。他想要尽早返回京师，能够一展自己的才华。

解缙想到了礼部侍郎兼翰林院大学士董伦。于是，他给董伦写了一封信，想要让董伦帮忙。董伦收到信后，将解缙推荐给朱允炆。朱允炆又任命解缙为翰林院待诏。解缙收到诏书后，急忙赶回了京师上任。

就在这个时候，明王朝的政治局势发生了剧烈的变化。朱允炆所推行的削藩政策触动了燕王朱棣，朱棣决定先发制人，起兵反抗。朱棣从北平（今北京）起兵，发动了"靖难之役"，打败了侄子朱允炆的大军，而朱允炆是生是死至今都没有定论。最后，朱棣坐上了皇帝的宝座，并且改年号为永乐，也就是明成祖。

朱棣登基之后，命令方孝孺为其起草登基诏书，方孝孺不从，最后被惨遭诛灭十族。这个时候，朱棣又想起了一个人，那就是当初拿着玉玺恭迎他进城的解缙。于是，便命人将解缙召来，为其起草诏书，昭告天下。

解缙是支持朱棣登基的。因为在他看来，虽然朱允炆称得上是一位仁君，但是他心肠太软，遇事没有主见，并不是成就大事的人。朱棣虽然皇位来得不明不正，但是他却是一个胸怀大略、智勇双全的人，以后必定能够统一天下，也能够治理好天下。所以，解缙收到朱棣的命令后，便开始执笔起草诏书。

朱棣对解缙所起草的登基诏书非常满意，于是又提拔解缙为翰林侍读，并且命令解缙与杨士奇、胡广、杨荣、金幼孜、黄淮、胡俨六人同进文渊阁，可以参与朝中政事。不久，又提升解缙为侍读学士，并且负责编撰《太祖实录》和《烈女传》两本书籍，可以任意调阅中央六部所保存的各种诏书、表册、疏草，还有皇宫中各类书籍。有了这一得天独厚的条件，不到一年的工夫，解缙便完成了这两本书的编撰工作，受到了朱棣的表扬和赏赐。

朱棣从小就比较好学，还在太子少师刘三吾的门下学习过，进而养成了喜欢读书、爱好收藏书籍的习惯。朱棣登基之后，对于书籍的编撰和收藏工作尤为关心，闲暇时候他也会经常在殿里面阅读书籍。有一次，朱棣询问文渊阁的藏书情况，解缙说道还有很多种类的书并没有收藏。朱棣听了很不高兴，说："老百姓家中入宫还有剩余的钱，他们就会想方设法的买书，而我们却无法做到这一点吗？"于是就命令礼部尚书郑赐派人四处搜购图书，想要的书都必须买到，而那些经典书籍，则不惜花重金也要购买到。

朱棣对于文化类的书籍也异常重视。他认为金玉的受益是有限度的，而书籍对人们的益处是无限的。而朱棣看完解缙主编的《明太宗实录》和《烈女传》后，对此非常满意，他认为解缙非常有才华，于是又想让他编撰一部比这两部更宏伟的史书。可是要修撰什么呢？正好这个时候，郑和第一次下西洋胜利而归，为明朝开通了一条海上通道，如果文化也可以这样，那么岂不是可以流芳百世了？永乐元年（1403 年）七月，朱棣召见解缙等大臣说："天下间古往今来的事物，都被记录在各个书籍里面，很是散乱，秩序繁多，不宜查看。我想要把天下间书籍上记载的所有事物都分门别类，按韵收辑，进而编撰成一部大书，这样一来翻看起来也就方便许多了。"于是，朱棣又把这项任务交给了解缙，并且再三嘱附："书本里面的内容越详细越好，凡是有文字以来的经、史、子、集百家之书，乃至天文、医卜、僧道、地志、阴阳、技艺之言等都要包含进去，切忌不要繁琐。"

解缙听了十分高兴。想他在家中苦读八年，当时就有要编撰一部文献的想法，而今朱棣自己提出了这个想法，正所谓求之不得。解缙急忙答道："皇上如果喜欢它便检阅，要集结天下间的儒英，臣请得执笔随其后，大备百日之典，勒成一经，以造福于万世。"朱棣心中大喜，立刻应诺了解缙的要求，并且将任务全权交给解缙处理。解缙推举姚广孝做监修、刘季篪当总事，朱棣也都一一答应下来。

永乐元年七月，开始进行编撰工作。解缙带着编纂《明太祖实录》的原班人马，又新招了几百名文学专家，从文渊阁调出了几万卷书，不分昼夜地工作。历经四年的时候，历史上的第一步百科全书最终完成。解缙将编撰好的图书呈给朱棣观看，朱棣很是高兴，并且为其取名为《文献大成》。解缙等一百四十七个参与编书的人，都受到了不同程度的赏赐。不过没多久，朱棣审阅完毕之后，感觉内容还是不够全面，于是又下令重修，而负责主编的还是解缙。重修时候的阵容更大了，这一次参与编撰的文人达到了三千人，人们便把这件盛事称之为"三千文士修大典"。可是就在这个时候，解缙因为商讨立太子的事情而得罪了二皇子朱高煦，后来解缙受到诬告被贬黜京外。姚广孝等人依然根据解缙的指示，又经过了四年的时间，于永乐五年编修完成。这一次朱棣很是满意，并且还亲自为此书写了序言，将这部书命名为《永乐大典》。

《永乐大典》总共有二万二千二百一十一卷，一万一千零九十五本，共三亿七千余万字，是我国最大的一部类书，同时也是世界上最大和最早的一部百科全书。解缙在此书的编撰中，功不可没。

解缙虽然深受朱棣的恩宠，但是他并没有因为这样而恃宠而骄，居功自傲。相反，他还是和以前一样刚正不阿、为官忠直。永乐二年（1404年）春天，朱棣写出了十个朝廷命官的名字，并且将其交给了解缙，让解缙用最短的语言来评价一下他们。

这十个人中，有些曾经和解缙还有过很深厚的交情。礼部尚书兼左春坊大学士李至刚便是其中一位。不过解缙却不偏不向，也直言李至刚"诞而附势，虽然有才但是却行的不正"；兵部侍郎方宾没有什么大的才干，解缙说他"薄书之才，驵僧之心"。在这十个人中，还有一位官至左都御史，名为陈瑛，也深得朱棣的宠爱。解缙对这些也不管，直接将其评为"刻于用法，好恶颇端"。解缙对于其他几位官员也都做了一个肯定的评价，而这便是传说中"廷官十论"的故事。

朱棣看完解缙的评语后，把他递给了太子朱高炽。朱高炽问解缙说："那你说说尹昌隆、王汝玉二人如何呢？"解缙答道："尹昌隆是一个读书人，虽然明礼但是却没有大肚量。而王汝玉倒是一个难得的才士，但是他却又有很重的私心。"解缙这种中肯的评论，让朱棣十分高兴。

有一天，朱棣在奉天门召集了六部大臣，要求大家直言进谏，并且还当众夸奖了解缙，朱棣说："唐太宗时期，有魏征那般直言进谏的人，而如今这样的人却是少了，更别说形成一种风气了。如果能够让提意见的人无所惧怕，那么听意见的人也会很高兴的，天下也就太平了。我愿意用这些话与大家共勉。"

不久，朱棣奖给解缙一个金绮衣，并且还赐赠他与尚书同等的地位；凡是一些诏敕号令，朱棣也会让解缙撰写，写好之后再颁布全国。朱棣在朝中还曾经说过："天下间不能一日没有我，而我则不能一日没有解缙。"由此可以看出解缙在明成祖时期所受的恩宠至极。

议立储君　招致祸端

在立储问题上，朱棣也是非常的头疼，因为他的皇位就是篡夺而来的，所以在这个事情上，朱棣要比朱元璋更加的敏感。

朱棣有四个儿子五个女儿，其中四皇子朱高爔早夭，而五个女儿也都嫁给了功臣的儿子。如今他身边也就剩下了大皇子朱高炽、二皇子朱高煦和三子朱高燧三人了。虽然朱棣不像他父皇朱元璋那样娶了很多妻子，生了很多儿子，但是就这三个儿子的争斗，就已经让朱棣头疼的了。特别是，朱高炽和朱高煦的争储斗争，还直接影响到了永乐朝的政事。

就连解缙也被牵连其中，招惹了祸端。

早在洪武二十八年（1395年），明太祖朱元璋便将朱高炽册封为世子，事实上也就是燕王朱棣名正言顺的继承人。而其他的两个儿子也就只能做郡王了，身份就非常低微了。朱高炽是一个温和儒雅、端庄沉静、喜好读书的人，他时常和众位大臣们谈论儒家学说，谈古论今，所以朱高炽受儒家学说的影响非常深刻。朱元璋十分喜欢他这个孙子，认为他有着君王之风，不过他老爹朱棣却非常不喜欢他的这种性格。其实朱高炽也不是平庸之辈，在靖难之役中，他在北平留守，虽然说有其母亲徐氏、道衍等人的帮助，但是能够用一万人的力量来抵抗五十万大军，进而守住了北平，这也说明朱高炽也并非等闲之辈。只是朱高炽中年之后，身体愈发肥胖，到后来甚至连走路都需要人搀扶，这也是朱棣最为不满的原因。

朱棣的二皇子朱高煦和朱高炽正好相反。他不喜欢读书，整日舞刀弄枪，性情残暴，行为轻浮，浑身透着一股赖皮气。在"靖难之役"中，朱高煦一直陪伴在朱棣的左右，跟随朱棣南征北战，几次救朱棣于危难之中，所以朱棣非常赏识他这个儿子，认为他最像自己，有资格继承自己的事业。朱棣也曾经许下承诺，要立朱高煦为太子。朱高煦也由此变得居功自傲，每日幻想着自己可以成为太子。

而最受朱棣的宠爱的莫过于三皇子朱高燧了，他生性聪敏，后来被封为赵王，曾经受命赴北平监国。不过朱高燧为人阴险，而且和二皇子朱高煦勾结在一起，想要谋杀太子朱高炽。并且他还拉拢宦官黄俨和朝中大臣，想要私下里夺取皇位，不过后来被有心人告发，受到了朱棣的训斥。

对于太子一事，朝中总共分为两派。第一派便是以朱高煦为首的勇武之士，因为在"靖难之役"中立过功劳，所以他们认为天下应该是武将的天下，应该立朱高煦为太子。而以解缙为代表的文臣却认为朱高煦性情凶狠，不是太子的人选，倒是朱高炽有着君王之风，是最佳的太子人选。

朱棣对于大皇子和二皇子的性情都非常了解，他虽然同意朱元璋平天下要靠武将，而治天下却不能仅凭武力的观点，不过因为祺国公邱福、驸马王宁等人都拥戴朱高煦，而自己也倾向于朱高煦，所以一时间拿不定主意。于是，朱棣便把解缙秘密召进宫，询问他关于立储的看法。

解缙说："按理说这是皇上的家事，但也是国家的大事。如果处理得好，那么家和国都会得到益处。自古以来，都是立长子为储。再说大皇子生性仁孝，天下人心所向，很适合立为太子，这对国家来说是天大的好事。如果不立皇长子，却立次子，那么肯定会起争端的。如果这个先例一开，以后就别想再有安宁的日子了，终会危及到社会。而古代很多的事实案例，都可以作为前车之鉴。"朱棣一直沉默不语。解缙心知朱棣最为喜欢朱高炽的大儿子朱瞻基，于是又说道："皇长子暂且不说，难道皇上不顾及一下您的好圣孙吗？"这句话倒是说到了朱元璋的心坎里。

正在这个时候，内宫太监呈上来一幅画朱棣展开一看，只看到是一只白额大虎，正在回身看着自己身后的一只幼虎长啸，神情很是亲昵。解缙看完之后，微微一笑。朱棣问他为何发笑。解缙吟诗作答：

虎为百兽尊，谁敢触其怒？

唯有父子情，一步一回顾。

朱棣听了之后，非常高兴，于是当即决定立长子朱高炽为太子、并且册封二皇子朱高煦为汉王，而且还让解缙起草诏书，昭告天下。

其实，朱棣立朱高炽为太子确实是不得已的办法。那个时候，朱元璋立朱高炽为燕世子，而且朝中大臣也都赞成立朱高炽为太子。朱棣自身夺得皇位已经违背了朱元璋的意思，如果再不听从众人的意见，执意废长立庶的话，那么必定会引得天下怨念了。正因为这样，朱高炽被册立为太子。而解缙对于议立太子的论述，也只是促进朱棣早下决定而已。

后来，朱棣秘密召见解缙的事情被二皇子朱高煦知道了。从那之后，朱高煦的心里是恨透了解缙，而这也为解缙受冤埋下了祸根。

虽然说朱高炽已经贵为太子，但是他的处境却也异常的艰难。朱棣不喜欢这个儿子，朱高炽每日也是提心吊胆，就算是这样，还经常受到朱棣的训斥。相反，朱棣却对二皇子朱高煦宠爱有加。这也使得朱高煦更加有恃无恐，时时想着要如何扳倒太子，谋得嫡位。朝中大臣对此有有所察觉，也意识到如果再这样下去，肯定会引来大乱的。于是，朝中大臣纷纷上书，请求朱棣处理好太子和汉王之间的关系。

可是，朱棣却不喜欢别人私下里谈论太子的事情。立朱高炽为太子，原本就不是他心中所愿，再加上自从他谋得皇位之后，总觉得名不正言不顺。所以，当臣子们提及朱高煦有谋夺嫡位的企图时，他的心里就会不舒服。有一些大臣因为这件事情而被关入大牢，也有一些臣子自此丢了性命。大理寺右丞耿通便是其中的代表人物，他见二皇子朱高煦夺嫡的活动越来越明显，而太子易改的危险也越来越大，于是便对朱棣进谏说："二皇子朱高煦夺嫡的目的很明显，几乎没有什么误会的地方。"朱棣听了，心中非常恼火，认为他是在离间他们的父子感情，于是便将其处以磔刑。

解缙对于太子一事也是直言进谏，虽然他并没有受到太严酷的惩罚，但是也就此惹怒了朱棣。解缙曾经对朱棣谏道："你只是纵容二皇子的做法，却看不到朱高炽的事情，只是鼓励他们两个兄弟争斗，这是不合适的。"这一句话，可是让朱棣大为震怒，他以为这是在离间他们的父子感情，不过又想解缙的功劳很大，所以也就没有怪罪于他。不过从那之后，解缙便被朱棣疏远了。

还有两件事，也是直接导致解缙受冷落的原因。朱棣登基之后，便决定重新修建北平，为迁都做准备，以此加强对全国的控制。很多官员便趁此机会，搜刮民脂民膏，给朱棣进献财宝，以此来博得朱棣的欢心。解缙可是看不惯了，他想要找个办法劝谏一下朱棣。

在献宝的那天，朝中百官纷纷把自己得到的珍奇物品献给朱棣，而只有解缙用银盒盛着一束金色的稻穗献上。朱棣心中很是生气，想要治他个欺君之罪。

解缙不慌不忙地吟道：

万岁爱宝不识宝，误了国事怎得了。

天下倘若缺此宝，不出五天人便倒。

来之不易方为贵，黎民百姓血汗浇。

今朝解缙献稻死，来日田间尽长草。

朱棣听了之后，沉思不语。于是，解缙又进言四句：

解缙进忠言，稻乃国之宝。

此宝富国民，社稷千秋牢。

朱棣知道解缙说的有理，便也没有再说什么，可是他心里却是觉得解缙戏弄了他，由此也有些厌恶解缙了。朱棣想要征讨交趾（今属越南），解缙第一个站出来反对，他认为，"化外之民，反复无常"，与其出兵征讨，倒不如让他们年年进贡，这比出兵要划算得多。可是朱棣却不高兴了，他并没有听取解缙的意见，反而更加冷落他了。后来，朱棣赐给内阁学士黄淮等五人二品纱罗衣的时候，独独不赐予解缙。汉王朱高煦从心底也是恨透了解缙，他见朱棣已经慢慢地疏远了解缙，心中不由得一喜，认为报仇的机会来了。于是，朱高煦就对朱棣说："我们皇室自己的事情，现在连外人都知道了，这还不是因为多嘴的解缙说出去的，真是目中无人啊。"朱棣对此深信不疑，心中对解缙的不满也更加深了。不久之后，礼部郎中李至刚诬告解缙主持廷试的时候，批阅不公，包庇同乡。原本李至刚就是一个奸诈的小人，解缙曾经在朱棣面前说过他的坏话，所以李志刚也是怨恨解缙的。李至刚趁着解缙失宠的机会，诬陷解缙。朱棣原本就比较恼恨解缙，听了李至刚的话后，二话不说，便将解缙贬往广西去做布政司参议。事情过后，李至刚又进一步诬陷解缙，说解缙心存怨恨，不愿意去广西上任。朱棣心中大怒，又下令解缙改任为交趾布政司参议。

解缙收到命令后，安排家室返回老家吉水，自己一个人只身前往交趾上任。

蒙冤下诏狱　惨死雪中

解缙在交趾做官三年，大胆地推举了一些同乡人担任重要官职；又严令手下和士兵尊重当地风俗、遵纪守法、忠于职守。所以，交趾百姓对解缙异常拥护。

解缙为了进一步对朱棣讲明交趾的治理想法，于是便在永乐八年离开交趾，前往南京面见朱棣。

解缙费尽千辛万苦才赶到了南京，可是这个时候朱棣却带兵出征了，只留下皇太子朱高炽留守京师，处理国事。于是解缙便去拜见太子，将其在交趾的情况详详细细地告诉给朱高炽，并且还提出了一套治理交趾的政治方案。随后，解缙离京返回交趾。

在返回的途中，解缙看到赣江被泥沙阻塞了交通，两岸一带的旱情也非常的严重。解缙心想，如果能够治理赣江，疏通河道，让船只通行，南北交通，洪涝时排水，干旱时浇田。这对于整个国家的百姓都是有好处的。于是，解缙立刻着手写了《请凿赣江通南北》的奏章，让人送往京师，请求朝廷派人治理赣江。

朱高煦知道了解缙入京拜见皇太子的事情，于是他便利用这件事情，诬陷解缙，想要置他于死地。朱高煦立即对朱棣报告说，解缙私下里拜见太子，有违君臣之礼；随后又匆忙南下，这就代表着他心中有鬼。而这个时候的朱棣，正为战争不顺而心中恼火，他听完之后，气得肺都要炸了。他认为，解缙趁着自己不在京师的时候，私下里会见太子，一定有不可告人的企图。正好这个时候，解缙的《凿赣江通南北》奏章送到。朱棣打开一看，更是火大，于是立即下令，逮捕解缙。

这个时候，解缙还在南下的路上，中途却不知什么原因被逮捕了，暂时被关押在南京由锦衣卫看管的诏狱里。

朱高煦借着解缙入狱的事情，对文人学士大肆污蔑。最后，因解缙一事又牵连出很多宗人府和翰林院的官员，进而造成了永乐时期立储过程中的第一个大案。

为了把解缙等人置于死地，沉重打击太子朱高炽的势力，朱高煦想要逼着解缙承认谋叛的罪名。但是朱高煦却知道，解缙是绝对不会答应的。于是他便勾结锦衣卫帅纪纲，想要用严厉的刑罚逼迫解缙就范。

纪纲为锦衣卫的总头目，是一个阴险狡诈之辈，经常诬告忠良，朝中百官都恨极了他，不过因为他有朱高煦做靠山，权大势大，也都没有人敢反抗。锦衣卫是明太祖朱元璋时期所设立的机构，目的就是监视朝中的各大官员。它直接服务于皇帝，旗下设有诏狱，又称之为天牢，专门关押皇权的反对者。纪纲则是锦衣卫的主帅，有着很大的权力。他经常肆意诬告不服他的官员，而且还以谋逆的罪名把他们关押在诏狱里，致使这些官员轻则被罢免官职，重则被诛杀甚至灭族。朝中大小官员都对他都惧怕至极，而解缙却不买他的账。所以，纪纲一直想找一个机会报复解缙。有一次宴会上，纪纲便作了一首歪诗，以此来嘲讽解缙道：

塘里水鸭，嘴扁脚短叫呷呷；

洞中乌龟，颈长壳硬矮拍拍。

解缙知道纪纲原本只是一个秀才，因为屡次考不中，便在家乡和地痞、流氓在一起，没有什么学问上的长进，溜须拍马的本事倒是学了不少，于是便决定教训他一下，帮大家出一口气。解缙离开坐席走到大厅中，当着别人的面，嘴里还拿着一副对联回敬纪纲：

墙上芦苇，头重脚轻根底浅；

山间竹笋，嘴尖皮厚腹中空。

纪纲一时间满脸通红，但是对解缙来说也是没有什么办法。从那之后，纪纲和解缙成了冤家。

这次解缙被冤入狱，朱高煦请纪纲来提审解缙，这也正合了纪纲的心意。纪纲想要迫使解缙承认叛乱的罪名，便对他用严刑逼供。但是解缙却坚决不承认强加在自己身上的罪名。他心里很明白，如果招架不住皮肉之苦而承认的话，不仅自己会被杀，就连皇太子也会受到牵连。最后，纪纲不管用什么办法都不能逼迫解缙承认罪行，所以也无法擅自处置他，最后只能将他关押在死牢里。

永乐十三年（1415 年），就是解缙入狱之后的第五年冬天，纪纲把诏狱中的囚犯姓名呈递给朱棣过目。朱棣打开名册，看到上面还写着解缙的名字，于是问道："解缙还在呀?"纪纲听了之后，心里一愣，不知道朱棣到底什么意思。后来他仔细一想，终于明白了，这是朱棣暗示他将解缙杀掉。纪纲非常欣喜，心想：解缙这下你可是死定了，我也终于可以报仇了。

这天，下着大雪，北风呼啸。纪纲命令狱卒打开牢门，说是要探望解缙。他走进牢门之后，便对着解缙喊道："解学士，恭喜恭喜啊，皇上大喜，社稷大喜，解学士大喜啊!"解缙心中很是纳闷，不由得问道："喜从何来啊?"纪纲说："郑和第三次下西洋已经成功归来，这一次不仅带回来很多的奇珍异宝，而且还在苏门答腊打败了王子苏斡刺者，大壮我国威。所以，皇上大大奖赏那些有功之士，并且要大赦天下。解学士，这下您可以官复原职、上朝议政了。真是恭喜恭喜啊！"解缙听了之后，非常高兴，他以为苍天有眼，自己终于熬到出头之日。纪纲见解缙已经上当了，于是又进一步相劝，邀请解缙到小厅饮酒赏雪。解缙为人忠厚，没有多想，便答应下来。

可是，解缙哪想得到纪纲的心思，纪纲是铁了心要置他于死地，以报当时受辱之仇。为了让解缙死得神不知鬼不觉，纪纲在解缙的酒中放了一些迷药。解缙被迷昏后，纪纲便让人把解缙扔到了雪地里。寒冬腊月，不到一个时辰，解缙便被大雪掩埋了。而这一位旷古奇才、铮铮铁骨就这样活活地被冻死了。那个时候，解缙只有 47 岁。

解缙去世之后，官府又派人前往吉水，抄了解缙的家，并且将他的妻子儿女以及吉水的解氏家族全部逮捕，迁往辽东（今山东省文登县）戍边。

十年后（1425 年），太子朱高炽登基，他拿出在永乐三年解缙所写的"廷官十论"，让朝中大臣杨士奇看，并且说道："人们都说解缙是狂慢无礼的人，如今二十年已经过去了，而他对于这十个人的评价也都一一应验了。这也就是说，解缙只是见解独到罢了，并不是轻狂之辈啊。"杨士奇曾经和解缙在文渊阁里面共过事，他听后也是连连点头。于是，朱高炽便下令赦免解缙的家族。后来，年事已高的解缙夫人徐氏又带着自己的儿女和家族中的部分人，返回了故乡吉水。

正统元年（1436 年）八月，英宗朱祁镇下令将解缙的财产全部归还。

成化元年（1465 年），宪宗朱见深下令恢复解缙生前的官衔，并且追封为朝仪大夫，谥号"文毅公"，而且还在南京和吉水两地为解缙举办了隆重的葬礼。还规定，解缙出丧的时候，两地的武官要扛丧，文官要吊孝。

虽然解缙只活了 47 岁，但是他生前为人公正清廉，又敢替百姓讲话，因此，直到现在，民间还有很多关于解缙的传说和故事。

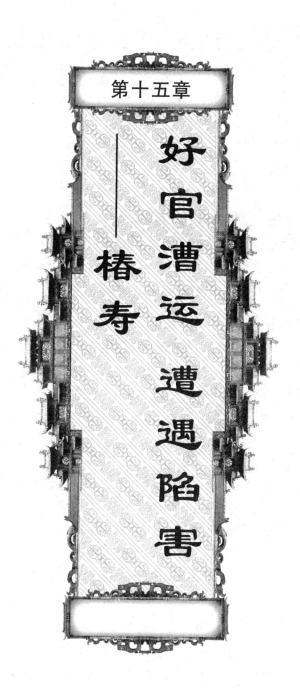

第十五章

好官漕运遭遇陷害

——椿寿

个人档案

☆姓名：椿寿

☆民族：汉

☆出生日期：不详

☆逝世日期：不详

☆生平简历

公元 1849 年，任署理巡抚，主理漕运。

同年，自杀于府中。

人物简评

　　他初涉官场，不懂得圆滑世故，不明白官场奸诈；为了凑足漕船税粮，他想尽了千般办法，可是却禁不住奸臣的恐吓，而前功尽弃；他便是好官漕运，最后却落得个自杀冤死下场的椿寿。

生平故事

初涉官场　不懂事故

　　清朝咸丰时期，浙江省衙门新上任了一位巡抚，姓黄，名宗汉，字寿臣，是福建晋江人，道光十五年（1835 年）乙未正科翰林，曾经担任过户科给事中、兵部主事、山东按察使、甘肃布政使等职务，咸丰年间被提拔为浙江巡抚。

　　黄宗汉这个人的品性极为恶劣，是一个贪财好色之徒。黄宗汉有一个儿媳妇，长得很是漂亮，不知道怎么回事竟然和黄宗汉勾结在一起。有一天，二人正在卿卿我我的时候，突然被儿子撞见。儿子气愤不已，上前给了妻子几耳光，后来又剪下了头发，去峨眉山做了和尚。这件事情不知道被谁张扬了出去，黄宗汉的恶名更加响亮了。就这样，山东呆不下去，又被调往了甘肃任职布政使。黄宗汉声名狼藉，却因为和他同年的人有的为军机大臣，有则是在户部为官，有这些靠山，黄宗汉自然有他升官发财的路子。咸丰元年（1851 年），云南巡抚张亮基调任湖南，而黄宗汉则是升迁为云南巡抚。黄宗汉嫌云南路途遥远，是一个穷山僻壤的地方，于是又托人将其改任浙江。上任之后，黄宗汉得知浙江的漕运已经延期，这可是一个发财的大好机会，于是便想要向身为藩司、又署理巡抚的椿寿敲一笔竹杠。

黄宗汉可是一个心思阴险的人。他明明心里想要钱，却不说出来，而是给人暗示，以此来达到自己的目的。有一次，他在花厅接见椿寿，半开玩笑的用手摸了摸椿寿头上的顶子，随后还拍拍他的肩膀，意思也就是说椿寿头上的乌纱帽全部掌控在他的手中。而这一次的暗示，椿寿并没有什么反应。于是，到了晚上，黄宗汉又派了一名自己的心腹去椿寿的府中，神色诡谲地说：“巡抚现在急用四万两银子，可是还没有着落呢。”询问椿寿有没有什么办法。

椿寿并没有理解这位心腹的话，于是便告诉这个人，自己并没有多余的积蓄，拿不出四万两银子，也无法给巡抚提供帮助。黄宗汉的心腹走了之后，椿寿的幕僚提醒他：黄巡抚刚刚上任，便开口借款，这其中必有蹊跷，大人要小心才是。椿寿是旗人，道光庚子年中进士，曾经担任工部主事，后来又外放到浙江任布政使。巡抚外调，他只是打理了一段时间，他原本是为公子哥儿，刚刚进入官场，根本不了解其中尔虞我诈和人心阴险，而他自己也认为，只要自己行得正，就不用害怕任何事情。所以他心知黄宗汉想要勒索，却并不多加理会。

湖州之行　制服钱老大

对于椿寿的反应，黄宗汉心里非常的生气，不过表面上却还是不动声色，暗地里却让椿寿在漕运上延期，想要以此来打击椿寿。

所谓漕运，意思也就是说通过水路运输把将征收的粮食运往京城或者其他指定地点。在宋朝之前主要是百姓运动，而到了元朝初期则是使用军队运动，到了清朝时期，则是改为官收官兑。漕运可是关系到国家社稷，再加上路途遥远，船只中途转运的消耗，官吏从中剥削等，耗费了巨大的资产。所以，每一位承担这项任务的官员，都提心吊胆，把其当作是最为重要的事情来看待。因为稍有不慎，轻则丢官，重则就会丢了性命。椿寿署理巡抚后，正好赶上浙江全省大旱，粮食几乎颗粒无收。

这样一来，粮食便不能按照约定的日期入驻国库，再加上当年的雨量稀少，河干水浅，粮船根本就不能行进。到了九月，邻省江苏的三十二万担漕粮糙米，二万七千多担白米，全部如期运往指定地点，而浙江的漕米却仍然在岸边滞留，一直没有启运，耽误了好几个月的时间。如果能够降下大雨，灌满河道，那么漕米在短时间内就能够启运，运往通州卸米进仓，如果粮船无法按限期返回，那么就会耽误下一年的漕米运输。这原本是一个可大可小的问题，如果上司能够替椿寿说两句话，那么椿寿所受到的处罚就是极轻的；如果上司不帮忙的话，那么椿寿就会受到严重的处罚。黄宗汉因为多次索贿不成，于是便想要从这件事情上来报复椿寿。

这一天，黄宗汉让人将椿寿以商谈漕运之事的名义请到了衙门。

因为装载漕米的船一直都没能起航，椿寿又听说巡抚要见他，他心里自然非常紧张。急急忙忙赶到衙门，见了黄宗汉，只见他面含笑容，这才略微放下心来。

黄宗汉幽幽地问："椿寿大人，今年的漕运到底是怎么安排的？"

"卑职无能，以致于漕运耽误了日期。"

黄宗汉装作很惊讶地说："延期？为什么要延期啊？是什么原因致使延期的呢？"

"今年浙江全省大旱，河道干涸，不利于航行，所以才会耽误了起航。"

黄宗汉又故意笑笑说："河道干涸，本官怎么不知道，不过还请问椿寿大人，大旱是五月之后的事情，漕船按照规定应该什么时候启运？什么时候返回呢？"

根据朝廷所下的规矩，浙江的漕船在二月底之前已经全部起航，最晚就不会超过四月份。如今已经是九月份了，而漕船却只是起航了一半，这些怎么可能都是天气的原因呢？经过这一问，椿寿也就没有什么话可以说了。

椿寿听了之后，不知道该说些什么，黄宗汉见此情景，心里也非常高兴。对于浙江漕船运输延误的原因，黄宗汉心里非常清楚，可是他非得让椿寿自己说出来。

椿寿沉思了一会儿说："漕船一直不能起航，其实不完全因为天气的原因。漕帮有很多的弊端，花样繁琐，在其中也是做了很多的手脚……"

话还没有说完，黄宗汉便哈哈大笑起来："椿大人，你可真会给自己找借口，浙江漕帮从中作梗，那江苏漕帮就闲着了吗？为什么江苏的漕船能够按时起航，按时返回呢？"

"大人，今年漕帮不仅花样多，而且还因为南漕海运的问题。他们害怕会丢失了饭碗，所以并不是很积极，这也是漕船延误的原因之一。"椿寿理直气壮地回答。

黄宗汉见椿寿口气强硬，不由得怒斥道："即便南漕海运能够完成，那也是明年的事情，和今年有什么关系？漕船壮丁担心生存问题，而你作为藩司，为什么不严加督催？"

这几句话，正是椿寿的要害。今年漕运之所以延期，也是因为他没有丰富的经验，没有及时的督促，这才上了漕帮的当，致使延期。这个时候，椿寿后悔已经晚了，他只能默默地坐在那里，不再说任何话。

黄宗汉见椿寿已经被自己问的无话可说，心中大为高兴，随后又装作十分关心的样子问："那么现在该怎么办呢？椿大人有什么想法吗？"

椿寿呆呆地坐在那里，心里也在苦苦思索，他想，就是说一千道一万，也都是想要让漕船尽快启程，只要船开了，那么日期耽误几天，还是能够饶恕的，可是如果漕船一直不走的话，最后也就百口莫辩了。想到这里，椿寿立即回答道："是，是，卑职一定会尽心竭力，在一个月内让漕船全数启运。"

"好，好。"黄宗汉心知，一个月之内，漕船根本无法按期启动，而他也不说破，还故意称赞道："老弟的这个决定很好，不过以后怎么做，还得等我商量好了，再另行通知。"

椿寿是一个性情耿直的人，他看到黄宗汉态度转好，口气也有所缓和，根本就没有怀疑他会有什么企图，随后便起身告辞了。为了不让椿寿疑心，黄宗汉还将其送出了大厅。

椿寿回到府中，和幕僚商议，并且把和黄宗汉谈话的情况一一转述。有些人认为黄宗汉依仗着自己受到宠幸，非常骄傲，不过他御下极严，如今既然态度已经有所好转，想想也不会太过于苛刻了。漕船延运，只要是黄宗汉肯出面说情，那么对于上司也就好交代了。有些人则不这么认为，他们说黄宗汉是一个极其阴险狡诈之人，心狠手辣，上一次索贿不成，肯定心存报复。如果暗地里放箭，真是让人难以防范，所以不管做什么事情都应该更加谨慎小心才是。椿寿当面领教过黄宗汉步步紧逼的滋味，心中也起了警惕。他对幕僚们的两种看法都表示认同，不过现下最急的便是要把漕船启运。只有这样，才不会让黄宗汉抓住把柄。

说起漕运，幕僚们都认为要想在一个月内让所有的船只都启用，其他的地方倒都很容易，只是湖州八帮那里可能会有些困难。有一位幕僚算了笔账，湖州府应该交三十八万多担漕粮，几乎是整个浙江省的一半，可是偏偏那里的漕船一只也没有启行，而那些漕帮的尖丁、管事个个都蛮横无理，仗着财大势大，并不把官吏放在眼里。椿寿听了之后，也意识到事态的严重性，于是决定亲自前往湖州，去见见那湖州八帮的刁蛮头目。

第二天，椿寿带着一位幕僚和几名武功颇深的随从，坐船来到了湖州的南浔镇。

南浔镇是湖州府治，也是漕帮的聚集之地，是浙江省最为肥沃的土地。这里大都是豪富之家，每家每户都有园林，也有各自的戏班子。一听说藩台驾到，知府宋有光和一些富豪商人亲自前往码头迎接，只有漕帮的尖丁一个也没有去。椿寿下船之后，和前来迎接的人寒暄了几句，阴着脸问道："钱老大在家吗？"

钱老大，原名书田。书田家世代都在运河上驾船，他的父亲做了漕帮尖丁，一生中积累了不少的钱财，在南浔镇上建筑了豪华的住宅，还在乡下买了几百亩的田地出租出去。他的父亲死后，漕帮尖丁传到钱老大手中，在钱老大的管理下，家业更加兴旺。钱老大是一个很爱财的人，对手下的人剥削得很厉害，人们对他更是恨得牙齿痒痒。这一次，湖州八帮的船只之所以一只都没有起航，主要原因就是以钱老大为首的人装私货而耽误了开船的时间。

知府听藩台提起了钱老大，急忙作揖回答："应该在家里吧，属下这就让人把他叫来。"

"也好，你让钱老大去公馆见我。"椿寿嘱咐道。

钱老大昨天睡在自己的情人家里，早上刚一起床，便听到了藩台的传唤。于是，便慢悠悠地洗漱完毕，吃过中饭才来到公馆。刚一走进大厅，钱老大就感觉到氛围有些不对劲，藩台高高坐在上面，身旁还站着几个拿刀的亲兵，一个个都瞪大了眼睛，怒视着他。钱老大这个时候心中有些害怕，他急忙双膝跪下："小民钱书田拜见大人。"

椿寿严肃地问："你便是钱老大？"

钱书田回答道："草民正是！"

"漕船上装载私货，可是违反法律的，这个你难道不知道吗？"

钱老大见椿寿突然提到了这件事情，心里有些紧张，他回道："知道！"

"那么你为什么还要明知故犯？"椿寿大声说。

钱老大被椿寿大声一喝，心里更加紧张了，他说："这……"

椿寿不等他解释，就命令左右："给我拿下！"

话音刚落，就走上来几名亲兵，拿出早就准备好的绳子，把钱老大五花大绑地捆起来了。

"你身为尖丁，为了转运私货，而耽误了漕船的启运，本官先把你拿下，然后再奏明朝廷，押下去。"

"等一下，等一下。"钱老大哀求道。

"你还有什么要说的！"

"小人犯法，理应要治罪，可是即便杀了我，漕船也不能按期启运，倒不如只……"钱老大说。

椿寿看了幕僚一眼，说道："说下去。"

"只要大人能够宽恕小人，小人一定能够想出办法来，让漕船按时启运。"

"如果再延期呢？"

"小人用项上人头担保。"

"好，就以三天为期限，三天之后你再来见本官。"

于是，亲兵们上前帮钱老大松了绳子，钱老大也谢恩退了出去。

三天之后，钱老大带着八帮的尖丁来到了公馆，向椿寿说出他们商量的结果。

"启禀大人，今年河水比较浅，航班的时间已经耽误了，要想按时走确实有些困难。不过，不管走不走，我们都会赔偿损失，所以我们商量，走也好不走也罢，各个帮派要赔偿损失，只能一次，不能两次。"

椿寿点点头："那依你们看，该怎样走呢？"

"办法倒是有，就是有些麻烦。先是请当地的百姓疏通河道，然后再让人用船分载，以此来减轻漕船的负担。这样一来，漕米再多，也是可以运走的。"

椿寿听了之后，虽然认为这个办法可以，但是也知道这项工程非常巨大，于是又问道："如果不走的话，那么就只能奏请变价缴银，你们可否计算了，该赔偿多少银两？"

那位幕僚插进来说："户部定价为每担二两银子，市价则是七钱到八钱银子，一担需要赔付一两二钱银子。"

椿寿问道："那么依一担赔一两二钱银子算，要赔付多少呢？"

"船上一共有二十七万六千担漕米，一共要赔付三十三万一千二百两银子。"有一位尖丁回答道。

这个时候，那位幕僚提出不同的意见。他说："大人，与其拿着这些钱去赔偿，倒不如拿着这些钱疏通河道，雇用民船。这样，既可以交差，也可以治理运河，也算是大功一件啊。"

椿寿听了之后，觉得有道理，于是问道："那么需要多少天，才能把河道疏通，可以启运。"

有人算了一下，回答说：如果所有的事情都比较顺利的话，在一个半月的时间内就可以完成，能够顺利航行。

椿寿听了之后，又思索了一会儿，便决定采用这个意见，于是便邀请来湖州知府，对其交代了浚河的事情，并且把这项任务委任给知府负责。这时候，钱老大和其他尖丁又一次对椿寿说："报告大人，不管是疏浚河道，还是变价漕粮，湖州八帮都会鼎力支持，不过有一点需要讲清楚，漕帮只能担负这一次的钱，我们拿三十三万两的六成，也就是二十万两银子，往后如果再有什么事情，漕帮可不负任何责任。"

椿寿心知漕帮说得有道理，于是拍着胸脯道："这一次就这么说定了，你们出二十万两银子，往后再有什么事情的话，本官会一力承担，绝对不会再麻烦你们。"

贪官刁难　含冤自缢

湖州之行，虽然收服了钱老大，有着一定的收效，可是也因为椿寿这一次出行，路途遥远，劳心劳力，刚一回到府中，便病倒了。医生开了几个药方，说是因为过度操劳所致，要其在家养病。

可是，病情还没有痊愈，椿寿便前去拜见黄宗汉，对他说了这一次湖州之行所做的决定。黄宗汉听了听了之后，对其大大赞赏了一番。有黄宗汉的这一番赞赏，也使得椿寿心中压抑了几个月的大石头着了地，浑身轻松了不少。

一个多月后，湖州知府让人送来了信，信上说：疏通河道的工作进行得很顺利，再有半个月的时间，基本上就可以完工了。到那个时候，湖州八帮的漕船便可以全部开出。过了半个月之后，湖州方面又传来喜讯，说是漕船已经全部开出，再加上最近天气比较好，航船也比较顺利。椿寿得知后，心里很是高兴。

椿寿夫人看到丈夫这几个月为了漕粮的事情寝食不安，内心里也比较难过。如今漕船已经全部运出，丈夫的脸上总算看到了一丝喜色。这一天，她亲自下厨，为椿寿做了一些他最喜欢的菜品，和他坐在院子里共饮。她拿起酒壶，给椿寿倒了一杯酒，随后又把自己的酒杯斟满，然后举起杯来，说道："来，臣妾敬大人一杯，愿大人从今往后官运亨通，事事顺心如意。"

椿寿也端起酒杯，刚要送入口中，突然看到一个下人闯了进来，说道："老爷，抚台衙门让人来说，有急事要见老爷，让老爷立即前去。"

椿寿听了之后，赶紧放下手中的酒杯，对夫人说："抚台这个人可不好侍候，我得赶紧去了，还要请夫人见谅。"

夫人叹了一口气说道："老爷您赶快去吧，臣妾在家等着您。"

椿寿急急忙忙来到了抚台衙门，看到黄宗汉早就在花厅等候，他上前施了一个礼，问道："大人这般急着召见，不知道是因为什么事情啊？"

黄宗汉笑笑说："听说漕船已经全部起航，足以看出老弟可是一个干将啊。不过，本官这里有一件事情，还要和椿大人商量一下啊。"

"大人请讲。"

"今年漕船耽误到九月中旬才启运，不知道什么时候到达通州，什么时候又可以返回，椿大人计算了没有？"

椿寿心里默默算了一下说："漕船返回，最快也得明年四月。"

"明年四月返回，船只还要修补，然后还得去各地受兑漕米，这下不知道要用多长时间？"黄宗汉又逼着问。

椿寿见抚台这样紧逼，也已经知道了事情的严重性，不过他还是硬着头皮、小心翼翼地回答道："依在下看来，从修补到受漕，如果顺利进行的话，也得七月底八月初才能结束。"

黄宗汉听了，装作很惊讶地样子说："根据椿大人的说法，明年新漕，还得像今年一样，推迟到八、九月才能够启运啊。"他大声说："这可不行，肯定不行。"

椿寿没有官场经验，看到黄宗汉发急，反而安慰着说："大人，这个不用担心，明年就要改用海运了呀？"

"什么不用担心？"黄宗汉突然生气地说："今年漕船归你负责，明年便是我负责了，你这么做到底是什么意思，难道要故意给我找麻烦吗？"

椿寿看抚台变了脸色，心中很是疑惑，他急忙解释道："下官怎么可能会与大人为难呢。"

"那你倒是说说，明年如果新漕延误，该怎么办呢？照这样下去，年年都会延期，什么时候才能到头？"

椿寿还是不知道这是黄宗汉故意整他，他依然解释道："大人不需要着急，漕运既然已经延误，倒不如上报给朝廷，奏请明年漕米实行海运。"

"如果朝廷不允许呢？"

"只要大人肯出面，应该没什么问题的。"

黄宗汉见椿寿一点求他的意思都没有，心里就更加生气了。他拍着桌子，大怒道："你的口气可真大，你这么有把握，这件事情就交给你办如何？"

椿寿自当官以来，那里受过这么大的气，他原本想要大声回敬几句，可是一想到漕运延误，自己的乌纱帽都掌握在他的手里，顿时气就消了一半，只得忍气吞声赔罪说："大人还请息怒，刚才卑职说话冲了一些，还望大人不要怪罪。漕运上的过错，还要大人多多包涵才行。"

黄宗汉见椿寿已经低下头来，心想：现在认错还不算晚，接下来就看你的态度了。于是，黄宗汉便说："大家都在朝中做事，能包涵处自然是要包涵的，不过事情已经到了这个地步……"说到这里，黄宗汉故意摇摇头，还接连说了几个难字。

椿寿这下更慌张了，他又祈求道："大人有什么见解，还请赐教。"

黄宗汉心中暗笑，可真是一个书呆子，到现在都不明白。于是便装模作样地说："让我想想吧。"说完，便起身送客。

椿寿回到府中，夫人还在桌前等候，饭菜早就已经凉了，他见丈夫满面愁容，担心地问："黄宗汉找你所为何事，难道还是漕米的事情吗？"

椿寿点点头。

夫人咬牙切齿地说："这黄宗汉可真是一个心狠手辣之辈，他几次都找你麻烦。哎，还是先吃饭再想办法吧。"

椿寿摇了摇头，呆呆地坐了一会儿，走到前厅，把府中的幕僚找来，将黄宗汉的事情说了一遍，并且急着说："各位看看，黄宗汉到底打得什么主意？"

幕僚们听说黄宗汉又说起漕米的事情，心中都非常诧异。他们想了一会儿后，又七嘴八舌的讨论起来。有人说黄宗汉几次在漕米上大做文章，说来说去也都是为了银两，大人何不忍着点，给他包上几万两银子，这样事情也就可以解决了。

椿寿听了这些话，心中悔恨万千。当时，黄宗汉明里暗里说了很多次，只是自己初涉官场，不明白其中的道理，所以才断然拒绝，现在才被他整治的这般惨。

而今之计，只好忍痛送上这笔厚礼，以此来保全自己了。于是，他一边让人去黄宗汉那里打探消息，一边又回去和夫人商量封礼之事。夫人听了之后，从箱子底下拿出一个精致的首饰盒，打开一看，里面是一对金凤凰，金光闪闪很是耀眼。夫人含着泪说："这本是娘家给的传家之宝，估计值四万两银子，老爷还是拿出去卖了吧！"

椿寿推脱道："夫人，这可使不得，为夫从浮收中去想办法。"

二人正在商讨间，忽然那听到下人来报，前去打听消息的人回来了。椿寿来到前厅，这个人告诉椿寿说："小人得到确定消息，抚台为了让明年新漕能够按时受兑启运，不耽误期限，准备把湖州八帮的漕船追回来，和明年一起装运。"

椿寿听了之后，并没有识出黄宗汉的诡计，反而是心疼湖州八帮所花掉的疏通河道的费用，和自己没什么关系。那么既然和自己没有关系，钱财自然也无需再送了。

第二天，黄宗汉果然派人送来了公事。公事上说："为了不耽误明年的漕船启运，已经追回了湖州八帮的漕船，其他的事情听候命令。"椿寿看完了公事，却是半点也不敢怠慢，急忙派出得力的人手，乘船赶往运河去拦截湖州八帮的漕船，而自己则是前往黄宗汉的府上，求见抚台，请示该如何处理截回漕船上的漕米。

椿寿来到抚台衙门前，把手中的册子递上去，随后戈什哈接过册子走进去，又走出来说道："抚台因为身体有恙，现在正在治疗，不方便待客。"椿寿听了之后，也只能回去了。第二天早上，椿寿又前去拜见黄宗汉，可是黄宗汉还是以疾病为理由，不愿意会客。接连去了五天，椿寿都没有见到黄宗汉的影子。第六天，有人给椿寿送了一份公文，并且说："抚台传谕，请大人依照公文办理。"椿寿打开公文，看了没几行字，顿时大骂道："黄宗汉啊黄宗汉，我和你没有什么仇恨，你怎么硬要置我于死地。"大骂了一会儿后，椿寿拿着公文哭着回到了衙门。

幕僚们都听说椿寿是哭着回到衙门的，心知肯定和黄宗汉有关系，而且事情还不小，于是便齐聚花厅，询问原由。椿寿一脸悲戚之色，并且把黄宗汉的公文给大家看。幕僚们看了之后，心中都恨透了黄宗汉。

原来公文的内容为：黄宗汉为了统筹漕运全局，为了让明年的漕船可以按时启运和返航，所以决定追回今年的湖州八帮的漕米，然后留浙变价，一共有二十七万六千担漕米，根据国家规定的价格，每石二两银子，一共需要五十五万二千两，一个月内要全数奉上。

黄宗汉这招可以说阴狠毒辣。如果做出漕米留浙变价的决定，所得到的银子就可以在今年浮收中支付，就和现在的情况有所不同。漕帮的赔款已经拿了出来，用在了疏通河道上。而且出事之前已经约好只赔付那一次，不会再赔付第二次。黄宗汉把湖州八帮的船追回，椿寿心中已经十分愧疚了，现在怎么可能好意思再开口要钱呢？至于"浮收"，也早就已经分发出去，根本无处追回。如今这五十五万两银子的赔款，竟然全部压在了自己的头上。

椿寿这个时候悔恨交加、心灰意冷，他很后悔当时为什么没有给黄宗汉送去那四万两银子，也恨这黄宗汉的心狠手辣。他椿寿目光呆滞地坐在那里，一动不动，也不说一句话。

幕僚们都知道椿寿的积蓄并不多，怎么可能拿出这么多的银两来。大家在大厅内坐着，苦苦思索着，想要想出一个可以解决的办法。最后，人们认为解铃须用系铃人，最终的办法还是要去求黄宗汉才行。

椿寿和幕僚们失策的地方就在于，他们只知道黄宗汉想要报复椿寿，可是却忘记了黄宗汉可是一个爱财之人，如果这个时候，椿寿派人前去说情，然后再奉上几万两银子，事情还是有转机的。可是椿寿和他的幕僚们都钻进了死胡同，一心想要求着黄宗汉收回命令，所以才接连碰壁。第一次，椿寿硬着头皮去求见黄宗汉，可是被下人推辞，第二次、第三次仍是这样。椿寿沉不住气，生气地对自己的手下说："你们回去把我的床铺取来，我今天就在这门房里睡了，如果见不到抚台我就不回去了。"黄宗汉的下人把这件事情告诉给了黄宗汉，黄宗汉生气极了，都到这个时候了，还不知道给自己送礼，却一味地要求自己退步，真是气死人了。于是他决定一定要给椿寿一点颜色瞧瞧，便吩咐自己的下人，要藩司到大厅等候。

椿寿等了两个多小时，才看到黄宗汉从内室悠悠地走出来，满面红光，一点病后初愈的样子都没有。黄宗汉刚一看到椿寿，便阴沉着脸说："椿寿大人有什么事情，非得见我不行啊??"

椿寿陪着笑说："惊动了大人还请大人原谅，卑职实在是不安，只是漕米之事……"

黄宗汉没等椿寿说完，便打断他的话说："椿寿大人是为了漕米的事情?"

"是。"

"不要再说这件事情了，我已经把它上奏给朝廷了。"黄宗汉冷冷地回答。

椿寿一听，真是如晴天霹雳，一时间坐在了凳子上，等回过神来后，大厅内哪里还有黄宗汉的影子。这时，椿寿的下人对他说："大人，回府吧，轿子停在门外等候多时了。"

椿寿流着泪，从凳子上挣扎着坐起身，由下人搀扶着，走出了黄宗汉的府上。

当天晚上，椿寿在自己的房子里转了好几圈，伴着灯光，含着泪写下一封遗书，想要让朝廷为自己伸冤。写完遗书后，椿寿唤来下人，嘱咐道："天亮之后，一定要把这份公文快马加鞭的送往京师，不得延误。"

过了一会儿，天已经完全黑了，椿寿整理好自己的衣服，上吊自杀。

第十六章

变法强国迫害成冤

——谭嗣同

个人档案

☆姓名：谭嗣同

☆民族：汉

☆出生日期：1865 年

☆逝世日期：1898 年

☆生平简历：

公元 1865 年 3 月 10 日，谭嗣同出生。

公元 1877 年，谭嗣同在浏阳与唐才常从师涂启先，开始接触算学、格致等自然科学。

公元 1884 年，谭嗣同离家出走，四处游访，结交名士。

公元 1894 年，中日甲午战争爆发。

公元 1897 年夏秋间，谭嗣同写成重要著作《仁学》。

公元 1898 年初，谭嗣同接受了倾向维新的湖南巡抚陈宝箴的邀请，回到湖南协助举办新政。

公元 1898 年 3 月，谭嗣同与唐明夷待访录才常等人创建了维新团体南学会。

公元 1898 年 9 月 28 日，谭嗣同被杀。

人物简评

他是维新变法的倡导者，是民主思想的追随者；他的一生都在为变法而努力，他的生命也全部付诸于中国伟大的复兴运动；他不畏强权，不畏生死，敢于向势力顽固的慈禧集团叫板；在面对死亡的时候，他慷慨激昂，无所畏惧，成就了戊戌六君子，也成就了整个为中华复兴而努力的中国人。他就是变法强国，最终却惨遭迫害的谭嗣同。

生平故事

年少壮志　洞悉国运

谭嗣同，字复生，号壮飞。从明朝末期开始，谭嗣同的祖辈便在湖南浏阳定居，世代为官。谭学琴是谭嗣同的祖父，也是清朝最高学府——国子监的学生。其父谭继洵考试获得一甲第二名（榜眼），任职户部主事，后来升任户部郎中。父亲37岁的时候，谭嗣同在北京出生。

谭嗣同小的时候非常聪明，喜好读书。5岁的时候，他就在北京读书，过了没多长时间，他就能够准确地辨别四声，可以和人们作诗应答。在学习的过程中，不用老师督促，他就能够把书中的内容全部背下来。8岁那一年，因为过度的疲劳，谭嗣同的嗓子无法发出声音。可是他并没有因此而耽误学习，和从前一样，早早起来看书，直到夜深了才睡下。母亲从浏阳老家回来之后，听说了这件事情，心中又心疼又欣慰，甚至笑着说："这个孩子的脾气很倔强，能够自立自强，我以后就算是死了，也不会担心的。"

10岁的时候，谭嗣同拜在欧阳中鹄的门下学习中国古典文化。欧阳中鹄是一个学识渊博，有着宏伟抱负、忧国忧民的老师，他的思想非常先进，因而对谭嗣同带来了很重要的影响。谭嗣同的父亲想要让谭嗣同参加科举考试，考取功名。可是，这却不是谭嗣同的理想，他对科举的评价是"岂有此理"四个字，在他看来，科举考试对于社稷并没有什么帮助，反而倒是青睐于八股文。在欧阳教师的教导下，谭嗣同先后学习了先秦经学、诸子、宋明理学和清代诸家的学说等，并且吸取到很多有用的东西。他希望能够得到经国济世、学以致用的学问。明朝末期，王夫之、黄宗羲对儒家思想和对封建制度的批判精神以及清朝中期龚自珍、魏源所倡导的经世致用思想给了谭嗣同很大的启示。他没日没夜地钻研这些人的论点著作，希望有一天可以实现自己的伟大抱负。此外，想要大展宏图，还应该有勇猛顽强的精神和技艺超群的武艺。为此，谭嗣同专门请教于当时的武林高手大刀王五，学习击剑术。大刀王五早期的时候在直隶（河北）、河南、陕西和甘肃一带专门杀富济贫、扶弱锄强，人们将他称之为"义侠"。谭嗣同很是钦佩大刀王五为民解难的侠义之举，决心要为了祖国的事业而练武强身。

12岁的时候，北京城内外瘟疫肆虐。谭嗣同的母亲、姐姐和哥哥先后染病去世。谭嗣同自己也染上了疾病，一直昏睡了三天才醒过来。在这一场灾难中，谭嗣同失去了三位亲人，内心自然是无比悲痛的。可是，母亲现在尸骨未寒，谭嗣同又受到了继母的歧视和虐待。在继母那里，痛苦万分的他几次想要用死亡来解脱自己的生命。

后来，1883年，谭嗣同和父亲一起前往兰州任所。兰州在中国的西北边，有着一望无际的原野，谭嗣同在这里找到了归属感。每日他骑马纵情驰骋在原野上，奔波在祖国的锦绣山河中。第二年，法国军队入侵滇闽，中法战争爆发，最后却落得个"中国不败而败，法国不胜而胜"的结果。对于此，谭嗣同心中很不理解，为了解开心里的疑惑，找出一条拯救中国的道路，谭嗣同决定前往各地漫游，结交志同道合的朋友，体察民情。在几年的漫游旅途中，谭嗣同的足迹遍布直隶、浙江、湖南、江苏、安徽、河南、湖北、台湾等地，亲眼目睹了民不聊生的惨状，亲眼看到过路边饿死的贫民。由此，谭嗣同也发出了"风景不殊，山河顿异；城部犹是，人民复非"的哀叹。

1894 年 7 月，中日甲午战争爆发。软弱无能的清政府一味地妥协投降，使得中国军队惨遭失败。听到这一噩耗后，谭嗣同写下了一首诗，以此抒发自己心中的悲愤之情：世间无物抵春愁，合向苍冥一哭休；四万万人齐下泪，天涯何处是神州。意思也就是说，人们都说春愁是最为愁人的"春愁最愁人"，只可惜现在的民族危机才是人们最大的春愁。它给我增加了太多的痛苦，这种痛苦时时刻刻折磨着我，我应该对着上天大哭一场，以发泄我内心积久的愤懑。并不是只有我一个人这样，民族危亡时期，四万万中国人都流下了悲痛的泪水，我看着远处的天际，心中苦苦地思索着，到底什么才是理想的中国。

1895 年 3 月，中日签订了《马关条约》。中国被迫赔偿日本 2 亿两白银，并且把台湾、辽东半岛、澎湖列岛以及其岛屿割让给日本。国内百姓听到这个消息后，无不悲愤哀伤。从爱国绅士再到普通民众，都感到无比的惋惜和痛恨，而一些身在北京的台湾人更是不禁失声痛哭。那个时候，谭嗣同正在老家浏阳，听到消息后，寝食难安，每日在房内彷徨，痛定思痛。

当时，广东举人康有为邀请了 1300 名举人，上书皇帝，提出"拒和"、"迁都"、"变法"的主张。这时候，远在湖南的谭嗣同，虽然还没有和康有为见过面，不过他的思想和康有为却是不谋而合。谭嗣同认为，那些只知道从外国引进先进机器技术是不行的，最为主要的应该学习西方卓越的制度和法律法令。紧接着，谭嗣同又提出了一项具体的改革方案等。

谭嗣同变法思想的根本就是以西方资本主义国家的政治制度为模式，改进中国的封建专制制度，这一思想有着划时代的意义，它不仅揭示了时代发展的方向，也表示着中国封建专制制度将面临着前所未有的挑战。

振兴工商业 推行湖南新政

1896 年春，谭嗣同和父亲一起前往北京，随后又前去天津考察工业设施的发展情况，不过他的这番行动却也让他了解到了百姓生活凄惨的一面，从那之后他也萌生了发展工商业的念头。去了不久，谭嗣同的父亲给他买了一个官，是候补知府，分司浙江。在上任之前，谭嗣同还特意去拜访了光绪皇帝的老师翁同龢。6 月底，谭嗣同到达南京任所。他上任之后，亲眼目睹了官场的黑暗和贪婪。谭嗣同洁身自好，不和贪官们同流合污，并且在闲暇时候，他会和自己湖南的朋友商讨救国大业。

陈宝箴刚刚任职湖南巡抚，他受到了谭嗣同爱国热情的感染，一心想要实施谭嗣同实业救国的方案。1895 年 1 月，清政府成立湖南矿务总局。

湖南矿务局成立后，谭嗣同和老师欧阳中鹄、唐才常、刘淞芙等人一起筹建湘矿。经过化验，矿石都是质量优良的稀有矿。于是，唐才常等人筹划着在浏阳西乡跃龙市开办煤井。

在和一些民族资产阶级人士交往中，谭嗣同对他们的要求和期望有了进一步的了解，而且还认为，新兴资产阶级一定要摆脱封建势力强加在自己身上的枷锁，争取到政治上的解放，这样才有可能突破封建主义对资本主义的干扰和限制，从而使得资本主义健康顺利地发展。所以一方面，谭嗣同希望封建地主能够投资于新式企业，并且开设学校，学习科学技术，培养专门人才，以此有计划、有步骤地将工业和农业纳入生产；另一方面则是期望统治者能够改变压制民族资本主义的政策，借鉴西方资本主义的思想，允许"官民"自主创办矿业，不但给予充分的自主权，而且也不可从中禁止阻拦，相反应该鼓舞其士气，减轻赋税。如果厘金暂时不能废黜的话，也应该给予资产阶级理财的权利，从而杜绝征收厘金的种种弊端，然后再慢慢地代替，这样才能够有利于资本主义的发展，才有可能成为列强中的一员。

要说变法最为有效的一个省就是湖南了，其中的主要核心人物便是谭嗣同。

1897 年 10 月，湖南巡抚陈宝箴邀请谭嗣同前往湖南，和湖南的一些才人，开始推行湖南新政的工作。

湖南新政中最为重要的一项内容便是兴办学会。维新人士认为，近代中国之所以屡战屡败，主要是因为中国四亿人口就好比散沙一般，没有民族凝聚力。所以，要想让中国摆脱危机，就一定要团结起来，形成一种公德。而想要达到这个目的，就需要借助于学会才行。

1895年，康有为等人在北京成立了强学会，强学会是维新派成立的最早的最具有政治性质的组织。强学会成立的目的就是为了挽救当下的时局，每十天聚会一次，给一些人讲自强的道理。翁同龢老师对强学会非常支持，也一度吸引了很多朝中官员和士大夫，会员数一度达到了几千人。强学会也成了传播思想的阵地。可是，在1896年初，朝廷封禁了北京强学会，谭嗣同听到这个消息后，立刻在湖南着手准备建立强学会分会的事情，可惜最后并没有成功。

1897年冬，德国强占了胶州湾，帝国主义加紧了瓜分中国的步伐。在上海的康有为听说了，急忙赶到了北京。上书光绪皇帝，应该当机立断，立即执行维新变法，否则后果不堪设想。光绪皇帝对于康有为的想法很是支持，于是便立即召见了康有为，却遭到了以恭亲王奕忻为主的一些守旧大臣的阻拦。

这时候，谭嗣同、唐才常等人商议筹备南学会。在湖南巡抚陈宝箴的支持下，1898年2月，南学会成立，其总会设立在长沙，由陈宝箴挑选本省的十位士绅任职总会长，然后通过这十个人来联系南学会的会友。会友总共分为三类，一类为议事会友，主要由创立者谭嗣同、唐才常担任，主要负责商定会中事务章程；第二类是讲论会友，固定时间进行讲学，随时进行答问，讲学术的为皮锡瑞，讲政教的为黄遵宪，讲天文的则是谭嗣同，讲地理的是邹代钧；第三类则是联系会友，负责咨询回复的工作。南学会每星期召开一次大会，或者是听人演讲，或者是公议地方的事情。南学会每一次都有一千人左右参加，很是热闹。

谭嗣同演讲的时候，经常会挥动着双臂，气势轩昂，观点明晰，语言一击即中，很受听众的喜爱。谭嗣同第一次演讲题目是《中国情形危急》。他分析了中国目前的现状，随后还演讲了《论今日西学皆中国古学派所有》，宣扬了西方资产阶级的近代论和天赋人权论，对中国两千多年的封建君主专制制度进行了猛烈的抨击。

谭嗣同希望以湖南为中心，把维新变法推行至全国，想要掀起一场全国性的维新变法运动。与此同时，谭嗣同还期望南学会可以在一定程度上担当起"议院"的作用。

在南学会的影响下，湖南各州政府纷纷响应，培养能够改变社会的人才，削弱守旧的顽固势力，传播西方政治和科学学说，推动维新变法的顺利发展，由此也产生了积极的影响。

在南学会的倡导下，湖南设置了保卫局。这是官绅合办的机构，目的就是为了维护市区的秩序等。谭嗣同建议保卫局，不仅要抵抗帝国主义对百姓的蹂躏和屠杀，而且还应该设置迁善所，逮捕那些有流氓、拐骗、盗窃等罪行的人。强制他们从事劳动、学习技术，以此引导他们弃恶扬善，出狱之后可以自食其力、自给自足。

为了培养有用的人才，就必须除去腐朽的古老教育观念，应该创办学校。而教育贤才，又应该以算术、物理、化学等学科为主。1895 年，谭嗣同和好朋友唐才常、刘善涵等人商议，准备在谭嗣同的老家浏阳设置算学馆。谭嗣同还拟定了算学馆《开创章程》和《经常章程》，除了规定的时间外，剩余时间都要学习儒家经典、历史，阅读外国史书、了解政事、化学、物理等书籍及各种报刊。谭嗣同的主张，受到了老师欧阳中鹄以及唐才常等人的支持，不过他们的行动却是受到了顽固派的强烈反对。那个时候，浏阳的灾情严重，所以说算学馆的兴建也只能暂停。在这种前提下，谭嗣同召集了 16 个人，组成了一个小型的算学学社，自己出钱，购买书籍，聘请教师。历经种种辛苦，在 1897 年，终于建成了浏阳算学馆。

在湖南，谭嗣同推行的另一个重要内容便是创办了《湘报》（日刊）。1898 年 3 月 7 日，谭嗣同、唐才常联手创办了《湘报》，每天一张，在长沙出版，唐才常、熊希龄主编，内容非常广泛，主要包括奏疏、圣旨、社论、本省以及国内外政治、经济、军事新闻等方面。在此之前，湖南曾经刊登过《湘学报》的旬刊，上面便是大肆鼓吹维新运动。后来，谭嗣同考虑到，列强目前对中国虎视眈眈，现下的当务之急就是要让百姓们知道目前的现状，明白中国所处的困境。由此，谭嗣同又重新创立了《湘学》日刊。

维新派宣传新思想和变法主张的喉舌便是《湘报》，它上面的文章都是一针见血，有着很强的感染力，读了之后让人为之振奋，还有比较深刻的说理性，让人们从中受到了民主思想的熏陶。谭嗣同先后在《湘报》上发表了二十多篇文章，每一篇文章都非常犀利。在之后的《湘报》上却很少再看到谭嗣同的文章，这也就说明清朝廷对于维新变法的压制是非常厉害的，而谭嗣同的文章也确实让旧封建的顽固势力感到胆战心惊。对于西方资本主义社会的政学说《湘报》，上面有有关西方资本主义民主政治制度的介绍，大力宣扬维新变法运动，对于湖南以及各地的维新变法的介绍，推动了人们思想的进步和解放，增强了人们救亡图存、维新变法的自觉性。

推动变法　迎难而上

为了推动变法的成功，谭嗣同已经做好了随时牺牲的准备。那个时候，谭嗣同等维新派的人在湖南推行变法工作，受到了很大的困难，几乎全部停止。而朝中顽固势力的压制和阻挠，也使得谭嗣同认识到在中国实行变法的困难和必要性。所以，当和平改革遭到破坏的时候，他又开始寻找新的出路，那就是用武力来解决中国目前的问题。

清朝具有反清性质的秘密团体便是哥老会，成员大多来自于破产农民、手工业工人、退伍军人和游民，头目称呼为"袍哥"。根据历史记载，哥老会的重点组织地区便是湖南，大约有十二万会员，他们崇拜刚正侠义，时常会做一些劫富济贫的侠义之举。哥老会的这些举动，都让谭嗣同无比的向往。所以，谭嗣同才决定和唐才常一起，依据毕永年所提供的线索，和哥老会的成员联系，并且在内部设立自立会，作为哥老会的核心人物，他们准备在适当的时机，让这支反清队伍发挥出应有的作用，而且还准备在京结纳有志之士，以此作为接应。

1898年6月11日，光绪皇帝颁布了"定国是诏"，以此决定变法。6月13日，侍读学士徐致靖把谭嗣同、康有为等人推荐给了光绪皇帝，他认为谭嗣同是一个学识渊博、敢于担当、不畏艰难的爱国勇士，可以将其任命为朝中上的参谋，可以为皇帝冲锋陷阵，遏制敌人。如果光绪皇帝重用谭嗣同等人，让他们在学堂工作，让他们在那里教书，或者是开办译书局，让他们从事翻译工作，这样就能够各司其职，实际的效果也会很快地显现出来。奏折当天刚呈上去，光绪皇帝便立即下令"送部引见"。谭嗣同收到上谕后，他感受到了光绪皇帝维新变法的决心，也看到了中国改革的希望，而自己心中的梦想也将要实现了。谭嗣同兴奋得一夜未睡，不过他也明白，光绪皇帝支持维新变法，这只是维新变法的开始，往后的变法之路还很艰难，将有更大的阻力和考验在等待着他们。临上京的时候，谭嗣同再三叮咛自己的妻子，一定要"视荣华如梦幻，视死辱为常事，无喜无悲，顺其自然"。在给时务学堂学生的留言中，他借用了佛经中"我不入地狱，谁入地狱"的话语，写下了"我不病，谁当病者"的话，以此来表明谭嗣同为维新变法献身的决心。

在湖南新政蓬勃发展的时候，康有为、梁启超等人为了推动维新变法思想，他们上书光绪皇帝，让光绪皇帝支持改革主张，由此也取得了很好的成绩。

在 1896 年至 1897 年初，以康有为为代表的维新变法知识分子，创办了很多种报刊，而这些报刊成了宣传维新变法思想和主张的媒介，沉重批判了封建顽固势力。其中，最为有名的便是有徐勤等主编的上海强学会机关报《强学报》（上海），以梁启超为首的所创办的《时务报》，以章太炎为首的《经世报》和《译书公会报》，夏曾佑创办的《国闻报》等。这些报刊都如雨后春笋般涌现出来，这在中国可是绝无仅有的。

1898 年 1 月 29 日，康有为上书《应诏统筹全局折》，请求光绪皇帝正式开始维新变法运动确定维新变法政策，精选人才，改革中央政权机构。在这一次的上书中，康有为对光绪皇帝讲述了维新变法的重要性，反驳了顽固派对于维新变法的种种责难和阻挠。对于这份奏折，光绪皇帝十分满意，还把这个奏折放在案几上，每日都要看一遍，这样他就更加了解各国兴衰的原因了。而这也让光绪皇帝更加坚定了实施维新变法的决心。

此外，同年 4 月，康有为在北京又发起了救亡图存的运动，成立了保国会。保国会的宗旨是"保国、保种、保教"，总会在北京、上海地区，而在各省、各府、各县成立分会。在保国会的大力影响下，又先后成立了保川会、保浙会、保滇会。保国会的出现，也为日后的维新变法运动做了准备。

自 1895 年公车上书以来，大大传播了资产阶级维新思想，维新派的力量也在渐渐地增大，在上海、湖南、北京、天津以及广东等地都掀起了维新运动的热潮，维新变法运动已经创办了三千多所学堂、报馆、学会、书局，这也为以后的百日维新奠定了组织基础和思想基础。1898 年春夏之交，变法与反变法的思想愈演愈烈。而光绪皇帝是一位无权皇帝，他也想借着维新变法运动，来实现自己的一番作为。

光绪皇帝为了巩固清朝的统治，想要通过维新变法运动，从慈禧手中夺得实权，改变国家软弱的现状，重新治理财政，这也是光绪皇帝大力支持变法的理由。经过康有为等人的几次上书，再加上维新人士的积极活动，光绪皇帝决定利用维新运动来实施自己的变法策略。

谭嗣同接到光绪皇帝的传召后，立即起身前往京城，可是走到湖北的时候，谭嗣同突然染病，形程也就耽搁下来。可是光绪皇帝一再来电催促，要立刻赶往京城，不要耽搁。最后，谭嗣同只能带病动身。8 月21 日，谭嗣同到达北京，住在宣武门外的浏阳会馆。浏阳会馆和康有为所在的南海会馆距离不远，所以这两个人也经常在一起商议、研究危险变法的实施和推动策略。

9 月 5 日，谭嗣同拜见了光绪皇帝，并且说出了自己对维新变法的看法和理解。光绪皇帝非常欣赏谭嗣同。光绪皇帝还特别允许康有为专折奏事，并且任命其为总理衙门章京上行走，而在谭嗣同觐见的当天，光绪皇帝便授予谭嗣同、杨锐、林旭、刘光第等四人四品卿的官职，可以参与新政。

变法失败　未来何在

维新变法运动触动了以慈禧太后为首的顽固派的利益，进而遭到了他们的强烈的反对和阻挠。而对于光绪皇帝所实施的一系列变法和新政的口谕，除了那些手中没有实权的开明帝党官员的支持外，其他人都保持着观望的态度，甚至有些官员还明目张胆的抵制。比如两江总督刘坤和两广总督谭钟麟，对于光绪皇帝所下的诏令，竟然没有回复一个字，经过几经催促，刘坤还谎称皇帝的诏文根本就没有送达等，而谭钟麟则是置之不理的状态。虽然光绪皇帝也谕令对陈宝箴进行奖励，并且厉声训斥了刘坤和谭钟麟等人，但是维新变法在大多数的省份中还是无法顺利推行。所以，这也使得光绪皇帝对于维新变法的诏谕都成了一纸空文。而慈禧太后集团阴险奸诈，从维新变法推行那日开始，他们就已经做好了准备，等待反扑的时机。

"明定国是"诏书颁布的第四天，也就是 6 月 15 日，慈禧太后逼迫光绪皇帝一天发了三道圣旨：第一道圣旨，是罢免光绪皇帝的老师翁同龢的军机大臣和总理衙门大臣等职务，驱逐回乡。翁同龢是维新变法的支持者，这一圣旨，无疑是对光绪皇帝和维新变法运动的一个沉重打击。第二道圣旨则是，凡是那些接受本新职的二品以上官员，一定得亲自前往慈禧太后那里谢恩才可以。而已经"归政"的慈禧太后，和往常一样，不会再召见朝中大臣。这一举动就是为了更好地控制光绪皇帝，掌握朝中的用人大权，堵住光绪皇帝和破格重用维新派和支持变法的帝党官员的渠道。第三道圣旨则是荣禄署理直隶总督，而荣禄则是慈禧太后的亲信。不久之后，光绪皇帝又实授荣禄统帅北洋三军，也就是董福祥的甘军，聂士诚的武毅军和袁世凯的新建陆军，并且加封文渊阁大学士衔（军机大臣及内外名官之资望特重者，授大学士作为荣典）。于是荣禄身兼数职，一时间，权倾朝野。与此同时，慈禧太后又将自己的心腹安插在朝中各处，控制了北京城内外和颐和园的警卫权。

9 月 14 日，光绪皇帝决定开懋勤殿，想着要任命康有为、杨深秀、梁启超、谭嗣同、林旭、李瑞菜、康广仁、杨锐、徐致靖、刘光第等人为变法顾问，以此来提供维新变法的改革方案。为了避开慈禧太后和守旧大臣的指责，光绪皇帝让谭嗣同根据内监拿出的康熙、乾隆、咸丰三朝"圣训"，拟定好"诏谕"，然后请慈禧太后下令。而谭嗣同也从这件事情中看出，光绪皇帝手中确实没有什么权利，事事都要受制于慈禧太后。与此同时，谭嗣同也想到马上就要到天津阅兵了，那个时候很可能会出现非常激烈的斗争，虽然说维新变法得到了光绪皇帝的大力支持，但是光绪皇帝毕竟是一个无权皇帝，手中没有军队实权，所以也就没办法保障维新变法运动的顺利实施和推行。

在这样的前提上，谭嗣同考虑到该怎样利用光绪皇帝这层关系，争取到拥有重兵元帅的支援。那么，到底哪一位元帅是最合适的呢？经过谭嗣同和康有为悉心研究后，他们把目光定在了袁世凯的身上。因为袁世凯曾经是强学会的会员，并且手中还有7000人的武装部队。于是，康有为便决定派遣徐致靖的侄子徐仁录去天津小站探探袁世凯的虚实。见面之后，袁世凯很假意把维新派称赞了一番，而谭嗣同也秘密向光绪皇帝推荐袁世凯，称袁世凯为将才，应该派遣袁世凯包围慈禧太后所在的颐和园，先发制人，除去维新变法运动的障碍。光绪皇帝看了谭嗣同的奏折后，立刻采纳了他的意见，并且召袁世凯进京。9月16日，光绪皇帝召见了袁世凯，对他大大夸奖了一番后，又升任他为侍郎，让他负责练兵事务，以保证维新变法的顺利推行。

9月中旬，政变风声四起，光绪皇帝每日都活在惊惶失措中，14日早上，光绪皇帝召见了杨锐，并且询问他是否有一个好的政策，既可以排除维新变法的阻力，除去旧的制度，改变中国软弱的局面，而又不能违背了慈禧太后的旨意，并且还哭着商议保全的方法。杨锐原本是张之洞的门生，也是支持维新变法运动的新进官僚代表。不过这个时候，杨锐却是害怕发表任何一切，最后光绪皇帝只能下了一道密旨，说自己的地位马上要保不住了，还希望杨锐和康有为、谭嗣同等人商议对策，赶快想办法"相救"。杨锐接到密诏后，心中惶恐不安，好几天都呆在家里，不敢外出。

光绪帝召见袁世凯那天，他还前往颐和园向慈禧太后请了安，并且知道了阴谋政变的危急情况，第二天返回宫中后，他又拟定了第二道密旨，让林旭带出，密旨上说让康有为等人立即离京，留着性命以后好为他继续出力。随后，光绪帝又召见袁世凯，对袁世凯授意：返回天津之后，即刻带兵入京，免得意外发生。

袁世凯原本是李鸿章提拔的洋务派官僚，虽然曾经参加过康有为创办的强学会，但是也只想要借这个机会为自己赚取点名声，根本就不支持维新变法。而对于光绪皇帝的要求，他也只是敷衍了事，表面上应承，而心里却是不愿意冒这个险的。所以，他拜见完光绪皇帝之后，随后又去拜见了刚毅、王文韶、裕禄等太后集团的大臣，并且说自己没有什么功劳却得到了光绪皇帝的赏识，自己受之有愧，一定会尽快辞去这个官职的。而且还表示，虽然光绪皇帝提拔了自己，但是自己是绝对不会和慈禧太后一党为敌的。

顽固派知道光绪帝召见并且提拔了袁世凯之后，荣禄立即秘密制造了英俄两国在海参崴开战的谣言，借着这个机会调动聂士诚的武毅军移扎在天津陈家沟一带，以此把守住北京到各个小站的通道，防止袁世凯的军队西行；随后，还将董福祥的甘军调到了北京南面的长辛店，准备镇压光绪皇帝一党和维新派运动。慈禧太后为首的顽固派开始准备政变事宜，局势一时间很是紧张。而据说，光绪皇帝的第一次密诏，直到 9 月 18 日早晨，杨锐才将其交给林旭。林旭则立刻把两道密诏分别给谭嗣同和康有为送去。康有为、谭嗣同看了之后，痛哭不已，但是却又没有什么好的办法，除了拉拢袁世凯以外，他们还幻想着得到英国、日本的支持，以此来挽救败局。

为了和沙皇俄国争夺在中国的争霸权，英国和日本帝国都纷纷表示愿意支持中国的维新变法运动。而维新派的人却也相信了他们的话，一直赞扬英国和日本是"救人之国"，并且上奏光绪皇帝，请他和英国、日本联合起来，抵制顽固势力。而英国和日本也密切注视着中国当局的发展。9 月 14 日，日本前任首相伊藤博文来到北京，想要博取光绪皇帝和维新派的信任，以此来进一步掌控中国。可是，他来到中国后发现，维新变法运动的失败已经成为定局，所以也就不愿意再支持光绪皇帝的维新派了。康有为等人曾经多次前往外国大使馆要求得到支持，但是却没有得到任何的结果。

9 月 18 日，谭嗣同急电唐才常：速速带着同志们，来北京相助。到了晚上，谭嗣同一个人去了法华寺，拜见袁世凯。他还没有等下人们的通传，便直接闯入了袁世凯的住宅。他直接问道："荣禄他们想要趁皇上到天津阅兵的机会，将皇上废黜，这件事情你听说了吗？"袁世凯回答："嗯，我倒是听到了一点风声"。谭嗣同接着说："如今，皇上已经危在旦夕，而能够救他的人也就只有你一个了。你愿意救他，就救他，如果你不愿意救他的话，那么你现在就可以把我杀了，然后去慈禧太后那里告密，这样你荣华富贵的日子也就到了！"袁世凯看到谭嗣同疾言厉色，腰间还有利刃，貌似在里面藏了兵器。袁世凯心知，如果达不到他的目的，谭嗣同是不会回去的，于是便假惺惺地说："你将我袁世凯看作是什么人了。你我二人可都是受过皇上恩典的，保皇上可是你我的责任。有什么需要我做的，你尽管吩咐，我袁世凯肯定会万死不辞的！"

听了袁世凯的这番话，谭嗣同认为袁世凯已经被自己说动了，急忙将光绪皇帝的密诏拿出来，激动地说："如果你是真心想要救皇上，那么现在就立刻带兵赶往天津，将荣禄杀死后，然后再带兵回京，抽出一半的军队囚禁颐和园，而另一半的军队则是守卫皇宫，好好的保卫皇上。"而且，谭嗣同还对袁世凯说，他自己已经雇佣了几十个英雄好汉，并且致电湖南召集了很多良将，这些人不久就会到达京师，而由谭嗣同亲自带领这些人和慈禧太后对决。

袁世凯听了这番话，左右推辞，经谭嗣同再三叮嘱后，袁世凯才表示："如果皇上在阅兵的时候，能够立即跑到我的大营里，并且命令我诛杀奸贼，那么我袁世凯肯定会以死相搏的"。谭嗣同接着说："荣禄可不是泛泛之辈，只怕没有那么好对付。"袁世凯拍拍自己的胸脯说："如果皇上在我军营里，只要一声令下，杀死荣禄还不就和杀死一条狗一般！"谭嗣又提醒道："恐怕这次等不到十月，就会发生政变，时局紧迫，还是早做准备的好。"

袁世凯便借口事情紧迫，要赶快回天津部署为由，打发走了谭嗣同。谭嗣同走了之后，袁世凯便开始思量。他想光绪皇帝是一个虚设的皇帝，手中没有权利也没有军队，就连维新派也只是一群秀才书生的运动罢了。慈禧太后掌权很多年，在朝中的势力已经根深蒂固，依靠光绪皇帝，性命堪忧，而依靠慈禧太后，则是一个升官发财的好机会啊。

9月20日，袁世凯向光绪皇帝再一次表示了自己的忠心，到了晚上，袁世凯急急忙忙赶回了天津，直接去了荣禄的衙门告密，并且还一起商议镇压维新派运动的政策。当天晚上，荣禄急忙进京，把这件事情告诉给慈禧太后。第二天早上，慈禧太后立即发动政变。经过周密的部署，慈禧让人收回了光绪帝的玺绶，随后将光绪皇帝囚禁在中南海的瀛台，并且宣布重新"训政"。与此同时，她还下令大力追捕维新派，想要斩草除根，彻底斩断维新变法的思想。

政变前一天，康有为依照光绪皇帝的旨意，离开了北京，前往上海一带，最后在英国人的照顾下，逃到了香港。梁启超则是在政变的当天躲进了日本公使馆，后来在日本人的掩护下，从天津地区逃到了日本。从6月11日至9月21日，历时103天的"新政"最终结束。

为变法而死　死得其所

1898年9月21日，政变之后的当天中午，谭嗣同还在自己的住所里和梁启超商量对策。两个人坐在床上，苦苦思索。突然，听到有人来报告说，朝廷中派人前来南海会馆搜捕康有为，随后又听说慈禧太后又重新垂帘听政，这让梁启超和谭嗣同二人吃惊不已，他们开始担忧康有为的安全，对于维新变法的夭折也是深表痛惜。谭嗣同对梁启超说："以前我们一直在筹划着怎么营救皇上，可是现在也没有办法了，就连救康有为我们都没有什么办法。我已经没有什么事情可做了，只等着就义的那一天了！即便这样，我们也都知道天下间的事情并没有全都尽人意的，你可以试着去日本大使馆，拜见伊藤博文，让他致电日本驻上海领事的人，希望能够出手救助康有为先生。"

当天晚上，梁启超依照谭嗣同的主意前往日本大使馆，可是谭嗣同却整天不出门，等着唐才常带领哥老会的成员的到来，希望能够把光绪皇帝从瀛台救出来。可是，时局紧迫，容不得太多等待的时间，最后谭嗣同和大刀王五商量营救光绪皇帝的计划。谁想，自从发生政变之后，紫禁城外的每一处岗哨都增添到20人，来来回回的巡视，没有间歇。再加上各土门戒备森严，这样一来，营救光绪皇帝的计划只能被迫终止。

为了保存维新力量，以图日后的谋动，大刀王五苦苦劝说谭嗣同应该暂时躲避一下，并且还甘愿做谭嗣同的保镖，护送谭嗣同出京。可是，谭嗣同死活不同意。他将自己最喜欢的"凤矩"宝剑赠给大刀王五，以此当作纪念。这个时候，谭嗣同已经做好了断头的准备。

9月23日，谭嗣同心知死亡在所难免，不过他还是不顾自己的安危，只身前往日本大使馆，劝说在那里藏身的梁启超，让他前往日本，以待来日。他对梁启超说："如果不能暂时躲避的话，那么就无法寻找机会重新再来了；如果没有为事业敢于献身的人，那么也就无法激励后来人"。随后，谭嗣同和梁启超一起去拜见了英国传教士李提摩太，商量营救光绪皇帝的办法。最后决定，由容闳去拜见美国公使，梁启超则是去见日本公使，李提摩太去拜见英国公使，让他们想方设法的保护光绪皇帝。不过那个时候，这几个外国公使恰好不在，所以让这一设想又落空了。

在和梁启超告别的时候，谭嗣同将自己所写的诗文辞稿本数册和一箱家书全部交托给了梁启超。

谭嗣同从日本大使馆回来后，又见了几位志士，商量着营救的事宜。有一天，日本大使馆派遣人来到谭嗣同的寓所，劝说谭嗣同可以先离开京城，而且日本大使馆会保证他的安全。可是，谭嗣同却说："各国变法的时候，是避免不了血流成河的。今天，在中国却从来没有因为变法而流血的人，这也是中国为什么不昌盛的原因。有之，请自嗣同始！"

9月24日，谭嗣同被捕，囚禁在刑部监狱。大刀王五为了让谭嗣同少受狱吏的折磨，还专程给狱吏送了很多钱。谭嗣同在狱中视死如归，还在监狱中留下了一首慷慨激昂的诗：

望门投止思张俭，忍死须臾待杜根，我自横刀向天笑，去留肝胆两昆仑。

9月28日，称之为北京最为黑暗的一天。在北京宣武门外的菜市口刑场上，临时搭建起六根木柱，每一个木柱上面都绑着六个维新志士。他们分别是谭嗣同、刘先军、林旭、杨锐、康广仁、杨深秀。刑场周围聚满了人。只见谭嗣同正气凛然地对监斩官刚毅喝道："你这厮过来，我有些话说！"刚毅不敢正视谭嗣同，只是示意刽子手，立刻行刑。谭嗣同对周围的百姓大喊道："有心杀贼，无力回天，死得其所，快哉，快哉！"说完，便英勇就义了。

这一年，谭嗣同只有 33 岁。

在维新变法运动中，谭嗣同是这场革命的核心人物。他一生追求民主政治思想，对于封建专制制度提出了强烈的批判。他的爱国精神激励着一代又一代的人们，激励着后人为了中华民族的复兴而不断地努力。